本书受湖南科技学院法学应用特色学科和湖南省教育厅科学研究重点项目"整体性治理视域下数据知识产权保护研究"（23A0579）资助。

版权作品使用者权研究
观念嬗变与制度因应

包红光 ○ 著

Research on the Users' Rights of Copyright Works:
Conceptual Transformation and Institutional Response

中国社会科学出版社

图书在版编目（CIP）数据

版权作品使用者权研究：观念嬗变与制度因应/
包红光著．—北京：中国社会科学出版社，2024.5
　ISBN 978 - 7 - 5227 - 3453 - 8

　Ⅰ.①版…　Ⅱ.①包…　Ⅲ.①版权—研究—中国
Ⅳ.①D923.414

中国国家版本馆 CIP 数据核字（2024）第 079499 号

出　版　人	赵剑英
选题策划	宋燕鹏
责任编辑	金　燕
责任校对	李　硕
责任印制	李寡寡

出　　版	中国社会科学出版社
社　　址	北京鼓楼西大街甲 158 号
邮　　编	100720
网　　址	http://www.csspw.cn
发 行 部	010 - 84083685
门 市 部	010 - 84029450
经　　销	新华书店及其他书店

印　　刷	北京明恒达印务有限公司
装　　订	廊坊市广阳区广增装订厂
版　　次	2024 年 5 月第 1 版
印　　次	2024 年 5 月第 1 次印刷

开　　本	710×1000　1/16
印　　张	20
插　　页	2
字　　数	281 千字
定　　价	116.00 元

凡购买中国社会科学出版社图书，如有质量问题请与本社营销中心联系调换
电话：010 - 84083683

前　言

为应对版权的持续扩张和公有领域的日渐式微，自帕特森伊始，陆续有学者提出应尊重作品使用者的版权法主体地位，将"版权限制和例外"确定为"作品使用者权"而非单纯的侵权抗辩事由，以平衡版权利益关系。世界范围内关于数字经济对版权影响的研究以及为法律改革提出建议的政策文件，都把注意力集中在作品使用者的利益上。一些国际版权条约如《马拉喀什条约》和国家版权立法如《英国版权法》通过确立部分版权限制和例外强制性地位以及救济保障措施，事实上赋予了这些"版权限制和例外"作品使用者权地位。少数国家如加拿大的司法判例更是明确宣告，"包括合理使用在内的版权限制和例外不仅仅是版权的漏洞，而属于作品使用者权，是版权制度不可分割的重要组成部分"，令全球瞩目，并进一步引发了学术界的研究热潮。现实生活中，人们对以权利人为中心的知识产权监管及其对用户和公众利益的不利影响亦深感不满。然而，既有的观念根深蒂固，加之相关立法阙如，批评之声不绝于耳，支持者也尚未在观念主张之余提出系统的制度应对方案。本书正是基于此而确立了选题。

作品使用者权并非要在版权法中新设一项权利，也不意味着对版权的削减，而是指使用者可以合法使用版权作品并排除版权人和其他主体不当限制的权利，与版权合理使用、公有领域、人权等范畴既有联系也存在显著区别。从历史的角度看，作品使用者权（自由）经历了从印刷版权时期作为事实存在，到模拟技术时期自由日益受限，再到数字网络时代急剧消减的过程，这一演进过程为作品使用者权的证成提供了历史支撑，也揭示了作品使用者权的现实必要性。

作品使用者权观念的确立具有正当性。从哲学维度看，浪漫主义和主体性哲学影响下的作者中心主义是版权不断扩张的思想根源，随着浪漫主义向结构主义过渡，以及主体性哲学向主体间性哲学转向，作者中心主义日渐式微，作品使用者回归版权生态系统，作品使用者权获得了哲学上的正当性；版权制度安排导致版权人权利日益集中和作品使用者边缘化，分配正义原则要求超越版权在财富积累中的作用，赋予个人获取知识和文化的权利，承认作品使用者权是版权系统不可分割的组成部分。新自由主义经济学观念宰制下的版权制度过于关注对版权的强化保护，却忽视了作品价值本身的内涵，作品的价值远非单一版权垄断下的市场价值，还包括充分文化互动下的文化多样性价值；市场失灵和价格歧视理论可以在一定程度上解释版权制度，但并不能成为数字网络环境下废除版权限制和例外制度的依据；相反，以动态效率取代静态效率，要求重视版权制度对后续创新的激励和影响，将版权限制和例外的性质确定为作品使用者权并给予制度保障，促进长远的版权效率，这也得到了各国版权产业实践的印证。版权的限制和例外涉及社会公众的言论自由、受教育权和参与文化的基本人权，较之版权财产权有着更高的价值位阶。作品使用者权的观念形塑，有助于应对版权扩张对上述基本人权的冲击。作者并非一个孤立的个体，而是版权生态系统的产物。创造是一个对话和交流的过程，版权制度的目的在于构建创作参与者和贡献者之间的关系，除了初始作者和后续作者应该享有版权之外，作品使用者也应当基于其对文化的贡献享有使用作品的某些"权利"；利益平衡是版权制度的重要目标，抽象的公共利益主张已难以胜任这一角色，承认作品使用者权，通过权利制约权利，是数字网络时代平衡版权利益关系的应然选择。

目前国内外不少学者从规范和价值层面质疑作品使用者权，认为其不符合权利的基本要素，存在逻辑缺陷，且缺乏必要的社会维度，有碍公共利益的实现。现有的版权规则足以保障作品使用者的利益和社会公共利益。然而，作品使用者权作为排除他人不当限制的消极权利，与一般的民事权利不尽相同。立足于民事权利特征的批判并不科学，以部分现行立法未规定权利人对使用者的义务为依据否认作品使用者权，不仅忽略了另外一些国家的相反规定，也存在一个致命的缺陷，即以（可能并不完善的）实然立法否定作品使用者权的应然正当性，也没有考虑到立法变动的未来可能性，不足为取；权利范式固然有其缺陷，但在版权不断扩张和异化的背景下，以具体的作品使用者权取代抽象的公共利益诉求，是平衡版权利益关系的应然选择，也无法被其他替代措施所涵盖。

版权相关国际条约的灵活性规定为作品使用者权的国内立法留足了自由裁量空间，《马拉喀什条约》更是被视为第一份旨在促进特定作品使用者权的国际版权文书。加拿大、以色列等国家的司法机关先后在判决中明确宣告，"版权限制和例外属于作品使用者权"；一些国家和区域立法赋予部分版权限制和例外的强制性效力，以及针对版权合同和技术措施限制的救济途径，事实上承认了这些版权限制和例外的作品使用者权地位。可见，作品使用者权的确立现实可行，但也存在很大的不确定性。

作品使用者权不仅体现一种观念的转换，更需要以相关的制度革新加以保障。具体而言，应当调整合理使用制度，采取开放、灵活的立法模式，宽泛解释使用目的，豁免帮助合理使用权实现的行为，实行有限的举证责任倒置；加强并完善对版权技术措施、版权用户合同以及其他版权私人执法的法律规制，要求版权人对用户友好的版权框架负责，赋予作品使用者获得法律救济的权利。

在我国著作权法未来的修订中，应当增加合理使用的一般条款及具体情形，调整兜底条款；弱化对版权技术措施的保护，限制版权合同的法律效力，建立版权格式合同的公共审查制度；完善避风港规则，制裁版权滥用行为，保护网络用户的合法权益。

目录 CONTENTS

导　　论

第一节　选题的背景与意义

知识产权保护是手段，激发创新活力、推动社会发展是目的，与科技、文化、产业和国际竞争息息相关的版权制度更不例外。一般认为，版权制度的最终目的不是单纯保护版权人的人身和财产权利，而是通过授予版本专有权以激励创作，促进文化的生产和传播，提升人力资本，实现公共利益的最大化，这也构成了版权制度的正当性基础。从历史到当下，从国内到域外，尽管也不乏争论，但对此基本上都予以认同。传统上，版权只针对商业性使用作品的行为，并不介入私人使用领域，版权法在保护版权人专有权利的同时，也通过其"内置的安全阀"包括作品独创性要求、思想表达二分法、版权期限制度、版权限制与例外等对版权进行严格限制。公众的言论自由、受教育的权利，以及参与公共文化的权利和自由得以维系，版权制度在很长一段时间内处于稳定的平衡状态。随着复制和传播技术的发展，版权作品在社会经济文化生活中的作用日益显著，在新自由主义经济学和市场价值决定论的观念"宰制"下，出版商利益集团尤其是欧美版权产业发达国家推动版权不断扩张，版权客体日益扩大，版权内容不断增加，版权期限逐步延长，并且通过双边或多边国际条约加以巩固，向世界各国强力推行，版权的天平出现倾斜。数字网络技术的发展进一步冲击了现行版权制度，数字网络环境下，"作品的利用从拥有复制件转变为直接体验作品内容"[①]，传统的"守门人"版权保护机制失灵，数字格式的作品能以几乎为零的边际成本瞬时复制和传播，且质量不会下降，极大地诱发了网络盗版行为，版权侵权开始泛滥。应运而生的数字版权管理系统在抑制侵权和促进交易方面发挥了一定的作用，与此同时，作为被动防御机制的合理使用等版权限制和例外在技术措施、标准化数字版权合同以及其他版权在线执法面前显得弱小无力，甚至失去生存空间，版权制度的原有平衡被打破，社会整体创新能力遭受不利影响，版权法的既有范式亟须调整。面对这一现状，有学者提出"版权的本质是使用者权利的法"[②]；也有学者主张将版权的例外和限制明确为作品使用者权，以此对抗不断膨胀的版权[③]。世界范围内关于数字经济对版权影响的研究以及为法律改革提出建议的政策文件，都把注意力集中在作品使用者的利益上。[④] 一些国际版权条约如《马拉喀什条约》[⑤] 和国家版权立法如《英国版权法》[⑥] 通过确立部分版权限制和例外强制性地位以及救济保障措施，事实上赋予了这些"版权限制和例外"作品使用者权地位。少数国家如加拿大的司法判例更是明确宣告，"包括合理使用在内的版权限制和例外不仅仅是版权

---

① Ginsburg J. C. , "From Having Copies to Experiencing Works: The Development of an Access Right in U. S. Copyright Law", *Journal of the Copyright Society of the USA*, Vol. 50, No. 8, 2000, p. 118.

② L. Ray Patterson and Stanley W. Lindberg, *The Nature of Copyright: A Law of Users' Rights*, Georgia: University of Georgia Press, 1991.

③ 王国柱：《作品使用者权的价值回归与制度构建——对"著作权中心主义"的反思》，《东北大学学报》（社会科学版）2013 年第 1 期。

④ See e. g. , Austl, Commonwealth, Law Reform Commission, *Copyright and the Digital Economy* (Report No. 122) (Sydney: ALRC, 2013).

⑤ 《马拉喀什条约》，2020 - 09 - 06，Online: https://wipolex. wipo. int/en/text/303276.

⑥ UKCDPA, s 296ZE (3).

的漏洞，而属于作品使用者权，是版权制度不可分割的重要组成部分"①，令全球瞩目，并进一步引发了学术界的研究热潮。现实生活中，人们对以权利人为中心的知识产权监管及其对用户和公众利益的不利影响亦深感不满。例如，2012 年美国众议院提出的《禁止网络盗版法案》（*Stop Online Piracy Act*）②和参议院提出的《保护知识产权法案》（*Protection Intellectual Property Act*）③都遭到了社会的强烈反对。这两项法案也因此被放弃。2012 年欧洲议会拒绝批准 2011 年《反假冒贸易协定》（*ACTA*），反映出同样的不满情绪。④然而，受制于传统观念，以及"作品使用者权"本身的不确定性，加之相关立法阙如，对作品使用者权的批评之声亦不绝于耳，支持者也尚未在观念确认之余提出具有可操作性的制度安排，尚需进一步深入探讨。

我国版权制度移植于西方，版权制度史十分短暂，版权法的制定和修改很大程度上是迫于加入世界贸易组织和西方国家的压力进行的，因此，长期以来，我国版权制度的主要基调是不断加大版权保护力度，维护版权人的合法权益。版权法第三次修订基于自主创新的内在动力，其基本立场也是进一步强化版权保护，打击侵犯版权的行为。正因如此，我国现行立法和司法实践对作品使用者权均未予承认。学术界自吴汉东教授于 1996 年提出"版权合理使用是使用者的权利"⑤以来，已有少数学者开始了对作品使用者权的探索，但研究十分薄弱，成果不多，也很不系统。关于是否应当承认作品使用者权还存在争论，对于何为作品使用者权，作品使用者权的性

---

① CCH Canadian v. Law Soc'y of Upper Can. , 1 S. C. R.

② US, Bill HR 3261, *Stop Online Piracy Act*, 112th Cong, 2011.

③ US, Bill S 968, *Preventing Real Online Threats to Economic Creativity and Heft of Intellectual Property Act of 2011*, 112th Cong, 2011.

④ Benjamin F, "Lobbying and Lawmaking in the European Union: The Development of Copyright Law and the Rejection of the Anti – Counterfeiting Trade Agreement", *Oxford Journal of Legal Studies*, Vol. 35, No. 3, 2015, p. 490.

⑤ 吴汉东:《著作权合理使用制度研究》，中国政法大学出版社 2005 年版，第 137 页。

质、范围等基本理论问题没有形成一致意见；对作品使用者权的正当性证成、域外相关立法与实践的考察、具体的对策措施和制度安排等问题的研究也相当有限。当前，我国版权立法和理论秉持着"以作者和传播者为中心"的传统版权范式和立场。就我国的版权实践而言，一方面，侵犯版权行为泛滥，亟须进一步强化版权保护；另一方面，版权人利用技术措施、版权格式合同等限制甚至剥夺社会公众合法使用作品权利的现象亦不在少数，封闭列举式版权合理使用立法模式在应对丰富多样的社会现实过程中暴露出诸多不足，版权人滥用版权谋取不正当利益的现象也引发了公众的普遍不满，但相关立法规制阙如。在此背景下，本书的研究具有重要的理论和现实意义。

一　理论意义

第一，有利于推动版权既有范式的调整。现行版权法以作者和传播者为中心构建版权制度体系，忽略了社会公众在版权生态系统中的重要价值，这一缺陷在信息网络时代更加突出，导致版权利益日益失衡。从观念上将版权的限制和例外确立为作品使用者权并给予制度保障，让作品使用者步入版权框架的中心，与版权人并列，有利于化解版权制度在数字网络时代面临的矛盾和冲突，推动"以作者和传播者为中心"的传统版权范式的调整。

第二，有助于版权平衡理论的进一步发展。传统的平衡理论认为，版权制度通过版权保护与版权限制可以实现利益平衡，技术的发展尤其是数字网络技术的普及打破了原有的局面，以作品使用者权概念取代抽象的社会公共利益诉求，旨在通过权利制约权利以实现版权平衡，开阔了版权平衡理论的视野。

二　实际应用价值

第一，有利于促进社会成员全面认识版权制度的目的宗旨，破除片面强调版权保护而无视其他利益主体和社会公共利益的错误思想，构建良性的版权生态系统。

第二，作品使用者权的观念确认与制度因应必然涉及版权法相关规则的调整，有助于合理使用、版权技术措施保护、版权合同等相关制度的修改完善，进而为社会公众留下更加充足的创新空间，推动社会科技文化的繁荣发展。

第二节　国内外研究现状述评

一　国内研究现状综述

目前，国内关于作品使用者权的研究十分薄弱，成果很少，主要以期刊论文形式呈现，尚未发现专门研究该问题的硕士、博士学位论文和学术专著。已有的研究也往往停留在是否应当承认作品使用者权及其理由这一较为初级的层面，且研究不够深入、系统。同时，作品使用者权在某种意义上属于知识产权法和版权法哲学层面的问题，也与版权合理使用、版权技术措施、数字版权合同等相关，目前国内关于这些问题的研究成果非常丰富，为本书的研究提供了学术支撑。

（一）关于是否应当承认作品使用者权的争论

从文献检索情况看，国内学者中最早关注作品使用者权的是吴汉东教授，在其博士学位论文《著作权合理使用制度研究》中，吴汉东教授认为著作权合理使用的性质为"使用者权利"，并从民事权利的基本特征、社会公众对精神产品的需求、习惯的法律认可和著作权法利益平衡的精神等方面进行了论证。① 随后，董炳和教授在《合理使用：著作权的例外还是使用者的权利》一文中批评了"合

---

① 吴汉东：《著作权合理使用制度研究》，中国政法大学出版社 2005 年版，第 137 页。

理使用属于使用者权利”的观点，坚持合理使用是著作权的例外，认为“权利论”与著作权的专有性相矛盾，与“有权利必有救济”的规则相冲突，也与技术措施反规避条款相违背。但其同时也承认，尽管著作权合理使用不是民事权利，但不能否认其权利性质，属于言论自由在著作权领域的延伸。①

彭学龙教授认为，传统模拟环境下，获取权系专属于作品使用者的权利；数字环境下，版权人应享有控制作品获取的权利。因此，获取权既是社会公众受教育权、学习权在版权领域的体现，也是版权人控制作品获取以获得收益的权利，二者对立统一。② 朱理教授在《合理使用的法律属性——使用者的权利、著作权的限制还是其他》一文中认为，针对版权合同或技术措施对合理使用的妨碍，使用者无法获得法律的强制救济，因此合理使用是使用者的特权，是一种客观权利而非主观权利。③ 但其在随后的《著作权的边界：信息社会著作权的限制与例外研究》一书中改变了立场，认为在信息社会需要把著作权的限制和例外从特权转变为权利，从而排除技术措施和著作权格式合同的妨碍。④ 韦景竹教授在《版权制度中的公共利益研究》一书中认为，使用者的权利与作者的权利是不可分割的。为了维护公共利益，应当认真对待使用者权利，将其视为独立的民事权利，而非达到外在于它们自身目标的某种手段。⑤ 于玉教授则认为，合理使用并不是一种法定权利，而是专有权所能控制行为的例外或者是使用者的抗辩。⑥ 李雨峰教授从宪法的维度出发，主张作品

---

① 董炳和：《合理使用：著作权的例外还是使用者的权利》，《法商研究（原中南政法学院学报）》1998 年第 3 期。

② 彭学龙：《论著作权语境下的获取权》，《法商研究》2010 年第 4 期。

③ 朱理：《合理使用的法律属性——使用者的权利、著作权的限制还是其他》，《电子知识产权》2010 年第 3 期。

④ 朱理：《著作权的边界——信息社会著作权的限制与例外研究》，北京大学出版社 2011 年版，第 35 页。

⑤ 韦景竹：《版权制度中的公共利益研究》，中山大学出版社 2011 年版，第 78 页。

⑥ 于玉：《著作权合理使用制度研究——应对数字网络环境挑战》，知识产权出版社 2012 年版，第 27 页。

的使用属于读者的权利和公民信息自由的范畴，在保护权利人的同时，也应保障使用者的信息自由。① 徐瑄教授等认为，版权法蕴含了一个版权利益平衡的对价机制，版权包含了作品使用者的表达自由、学习权利和受教育的权利。版权的全球扩张破坏了这种社会正义，这就要求我们掌握版权立法的对价技艺。②

（二）关于作品使用者权的正当性、范围及制度保障等问题的研究

倪受春教授基于数字版权管理对用户的隐私、合理使用、权利转让等基本权利的威胁，提出了数字版权管理技术下用户权利保护的总体原则。③ 李杨教授在其博士学位论文《著作权财产权体系中的个人使用研究》中认为，数字环境下个人使用遭受多重挤压，版权法应当认真对待使用者权。"使用者权"本质上是表达自由权、文化参与权、受教育权以及隐私权等宪法人权在著作权法中的具体化，而非一般意义上的民事权利。使用者权在著作权关系中属于客观法意义上的自然权利，著作权人和其他主体应对其承担消极不作为义务。在与著作权人的权利纠纷中，使用者权虽主要表现为一种抗辩权，但不排除其具有请求权的性质。④ 马利博士认为，使用者权与版权法的性质、版权限制紧密相连，其不仅将合理使用上升为权利的高度，还包含着社会公众获取文化知识的普遍利益需求，具有正当性和重要价值。技术措施下版权不断扩张，使用者权随之消减，必须对版权技术措施加以限制，保障使用者权的实现。⑤ 王国柱博士从基本人权、私权逻辑和利益平衡机制等方面论证了作品使用者权的

① 李雨峰：《著作权的宪法之维》，法律出版社 2012 年版，第 8 页。
② 徐瑄、吴雨辉：《论版权立法的对价技艺》，《知识产权》2013 年第 10 期。
③ 倪受春：《数字版权管理技术下的用户权利保护》，《电信科学》2008 年第 3 期。
④ 李杨：《著作财产权体系中的个人使用问题研究》，博士学位论文，西南政法大学，2012 年。
⑤ 马利：《版权技术措施的反思与完善——以"使用者权"为研究视角》，《郑州大学学报》（哲学社会科学版）2012 年第 2 期。

正当性，且认为，其不能仅仅被界定为著作权限制制度，也不等同于社会公共利益，其具有独立的制度价值，需要从权利构造的角度完善。具体包括：在立法上设置一般条款明确使用者权的概念和内容；对合理使用制度进行权利化改造，回应技术保护措施等。① 金利锋教授等认为，著作权法律体系中主要包含狭义著作权人的利益、传播者的利益和使用者的利益三种法益，使用者的利益与著作权人的利益是对立统一的关系。现实中，使用者权利的失位加剧了三种法益的失衡，公共利益受损。应以接触权为切入点创设使用者权，以实现著作权的非财产权化，解决技术措施带来的法益失衡，复建三类主体之间的有效制衡，实现著作权法的目标宗旨。② 梅术文教授认为，版权法为技术措施提供的"超版权"法律保护打破了传统版权的利益平衡，应当进行限制，他从宪法、版权法和技术创新的角度论证了确立使用者权的正当性，认为使用者权在现有制度架构中包括合理规避权和自助权，还可以进一步扩展为豁免提供规避设备或服务的第三方责任，以及权利人向第三方交存规避装置供使用者免费获取。③ 梁祺琳教授等认为，技术措施无法区分公有领域和私有领域，侵害了作品使用的自由和信息安全，对合理使用制度造成巨大冲击，导致使用者权受限，社会整体创新能力受损。应当明确版权法的本质是使用者权利的法律，严格区分控制访问和控制使用的技术措施，明确构成侵权的规避行为的类型，增加相关允许规避的情形。④ 相比较已有的成果仅从某几个方面研究作品使用者权，刘银良教授则从著作权法中公众的类型化、公众使用权的法理基础、公众使用权的结构和公众使用权的边界及可诉性等方面对著作权法中

---

① 王国柱：《作品使用者权的价值回归与制度构建——对"著作权中心主义"的反思》，《东北大学学报》（社会科学版）2013 年第 1 期。

② 金利锋、许海英：《论著作权法的三元权利构建模式——使用者权初论》，《大连民族学院学报》2015 年第 2 期。

③ 梅术文：《论技术措施版权保护中的使用者权》，《知识产权》2015 年第 1 期。

④ 梁祺琳、梁伟：《论网络环境下作品使用者的权利侵害——以禁止规避技术措施为视角》，《科技与出版》2017 年第 1 期。

的公众使用权进行了较为全面的研究。①

（三）关于版权作品使用者利益的研究

部分学者认识到保护作品使用者的必要性，但未将其上升至权利的高度，而是作为利益对待。

李云老师认为，网络环境下版权人新的专有权利必须受到以最终用户为代表的公共利益的制约，版权技术措施应当受到限制。② 尤杰博士在其博士学位论文中批判了"版权——言论自由权"的功利主义进路和自然权利进路，认为在数字参与式文化语境中，应当遵循"版权——言论自由权"的平等主义进路，平等对待版权权利人和作品使用者的自由。③ 梁志文教授指出，作为版权生态重要组成部分的使用者利益在公共利益的宏大叙事语境下缺乏足够的具有可操作性的制度保障，其地位日趋边缘化，现行路径包括默示许可、首次销售原则、合理使用存在局限性，应重视权利穷竭作为保护使用者利益的制度。④ 胡开忠教授等在《英国版权例外制度的最新修订及启示》一文中认为，我国应借鉴英国立法，扩大合理使用的范围，明确规定著作权人不得对合理使用行为设定限制，真正保护作品使用者的利益。⑤ 瞿昊晖博士通过对美国判例的考察，评述了保护使用者利益现有路径的局限性，认为应同时保护创作者和使用者的利益，维护著作权法的良性生态，促进相关产业的可持续发展。⑥ 黄嘉敏论

---

① 刘银良：《著作权法中的公众使用权》，《中国社会科学》2020 年第 10 期。
② 李云：《电子书版权保护与最终用户利益的平衡——对亚马逊删除电子书事件的思考》，《图书馆建设》2011 年第 11 期。
③ 尤杰：《数字传播时代的版权与言论自由权之争：对转换性使用的哲学思考》，博士学位论文，上海大学，2011 年。
④ 梁志文：《论版权法上使用者利益的保护》，《法律科学（西北政法大学学报）》2013 年第 6 期。
⑤ 胡开忠、赵加兵：《英国版权例外制度的最新修订及启示》，《知识产权》2014 年第 8 期。
⑥ 瞿昊晖：《论 3D 打印产品设计图作品的使用者利益——以美国判例为启示》，《中南大学学报》（社会科学版）2015 年第 5 期。

证了权利用尽原则对作品使用者权益保护的正当性，针对网络版权许可协议和技术措施对作品使用者权益的不利影响，提出排除权利用尽原则的未经协商的许可协议无效，确立排除权利用尽的技术措施的效力认定规则，去除影响使用者权益的技术障碍。[①] 王翀教授认为，著作权法涉及社会、政治、经济、教育和艺术等各个方面，不能只专注于作者权利的保护，而应顾及广大使用者的有关利益，完善专有权利的占有与知识的传播、扩散机制，构建知识产权经济性法益和非经济性法益的衡平机制。[②] 黄玉烨教授基于利益平衡以及促进数字版权产业发展的考量，主张创设信息网络传播权有限用尽原则，在附条件和附期限的情况下允许消费者转售数字作品，以适应数字作品二手市场的发展需求。[③]

综上，国内学界对"作品使用者权"内涵的认识经历了从"合理使用权"扩大到版权的例外和限制的过程，研究内容也从最初的抽象理念和正当性证成逐步迈向更为具体的使用者的类型、使用者权的内容和实现路径，取得了一定的理论成果。但总体而言，国内关于作品使用者权的研究还十分薄弱，对于是否应当承认作品使用者权还存在争议，没有形成统一意见。支持作品使用者权的学者对此问题的研究大多停留在抽象的理念层面，往往基于宏大叙事的人权保护证成作品使用者权的正当性，视野不够开阔，论证尚不充分。对于确立作品使用者权可能存在的现实障碍预计不足。很多研究也只是针对作为特定主体（如消费者）的使用者和特定情境（如版权技术保护措施）下的使用者权的保护，针对其他主体和领域的研究还很欠缺。对域外新近的相关立法、司法实践和研究动态的关注还很不够，对于如何实现和保障作品使用者权也缺乏更加具体、细致的制度安排。

---

① 黄嘉敏：《网络环境下版权权利用尽原则研究》，硕士学位论文，华南理工大学，2015 年。

② 王翀：《论知识产权法对利益冲突的平衡》，《政治与法律》2016 年第 1 期。

③ 黄玉烨、何蓉：《数字环境下首次销售原则的适用困境与出路》，《浙江大学学报》（人文社会科学版）2018 年第 6 期。

二　国外研究现状综述

版权制度在西方发达国家有几百年的历史，对于版权制度的反思也与版权制度的演变相伴相随，域外学者对版权的过度扩张以及对版权制度的反思有着更多的研究和更加激进的论断。例如，彼得·达沃豪斯和约翰·布雷斯韦特在《信息封建主义》一书中，揭露了《Trips 协定》出台的真相和不平等性以及知识产权过度保护的弊害，并提出了"民主化产权，抵御新的不平等和知识公共化"等改革方案。① 劳伦斯·莱斯格在《代码 2.0：网络空间中的法律》一书中，认为网络空间中的版权并没有受到比现实空间中更多的威胁，而是获得了更为有效的保护。当法律和代码共同作用时，合理使用消逝，公有领域被挤占，对未来的启示是：版权得到了过分的保护，关键不在于著作权利，而在于著作义务，即受保护的财产所有人使其财产可被他人使用的义务。② 在这种学术背景下，西方学者对于作品使用者权也有着更多的思考，形成了更为丰富的研究成果，既有论文，也有著作。尤其是 2004 年加拿大最高法院明确将合理使用确定为使用者的权利之后，在全球范围内引发了对作品使用者权的研究高潮。研究的内容涵盖了作品使用者权的各个方面，包括作品使用者权的性质、范围、正当性、现实障碍、实现路径等，几部专著更是对此进行了较为系统的研究。

林德伯格和帕特森合著的《版权的本质：保护使用者权利的法律》一书是最早系统研究作品使用者权的著作。作者基于"个人有权使用版权材料是美国版权暗含的第四大政策""复制权是一项附属性权利而不是独立的权利""版权人受保护的是版权，而非作品，因此消费者对作品的使用并未延伸至对版权的使用""出版商作为版权

① ［澳］彼得·达沃豪斯、约翰·布雷斯韦特：《信息封建主义》，刘雪涛译，知识产权出版社 2005 年版。

② ［美］劳伦斯·莱斯格：《代码 2.0：网络空间中的法律》，李旭、沈伟伟译，清华大学出版社 2009 年版。

的受让人的权利控制范围限于对版权的使用而非对作品的使用""版权给予版权人的法定控制只限于复制品的公开发行和作品的公开表演，即控制一级市场，而不授权版权人创立对作品使用的二级市场"的分析，提出版权的本质是使用者权利。使用者权包括合理使用和个人使用两个分支，合理使用得到了公认，个人使用则没有。应当禁止版权滥用，保护作品使用者的学习权利和公共利益。①

David Vaver 在《版权法》一书中提到，作品使用者权不仅仅是漏洞，所有者权利和使用者权都应得到公平和平衡的解读②，这一论点也直接为加拿大最高法院在 CCH 案中采纳。（Jessica Litman）也在《数字版权》一书中认为，著作权法并非仅仅出于保证作者和传播者获得利益的目的而存在，作品的使用者也享有权利。③

迈克尔·盖斯特主编的《为了公共利益——加拿大版权法的未来》④ 一书是在加拿大 C – 60 版权法案改革的背景下，由多名学者就版权改革的相关问题撰写文章并结集出版的一本著作，其主要立场是加拿大的版权改革应重视公共利益，通过平等对待权利人和使用者的利益，使二者达致平衡。书中很多文章涉及作品使用者权，其中有几篇文章进行了比较系统的研究。迈拉·陶菲克在《国际版权法：使用者权的消减》一文中认为，尽管国际版权相关条约存在强化版权保护的趋势，但也包含了保护版权作品使用者的规定，国内立法者在解释和执行国际版权义务时有很大的自由裁量权。简·贝利在《米其林案：在加拿大版权改革进程中保护使用者权》一文中认为，表达和聆听的自由是创新良性循环的重要内容，获取和利用别人表达的信息和观点，潜在创作者才能变

---

① L. Ray Patterson and Stanley W. Lindberg, *The Nature of Copyright：A Law of Users' Rights*, Georgia：University of Georgia Press, 1991.

② David Vaver, *Copyright Law*, Toronto：Irwin Law, 2000, p. 173.

③ Jessica Litman, *Digital Copyright*, New York：Prometheus Books, 2001, p. 180.

④ ［加］迈克尔·盖斯特主编：《为了公共利益——加拿大版权法的未来》，李静译，知识产权出版社 2008 年版。

为真正的创作者。要实现宪法的正当性，应注重对使用者权的广泛保护，作者还就此提出了一系列对策。迈克尔·盖斯特在《反破解立法与竞争法：加拿大的独创规定》一文中认为，使用技术保护措施创设访问控制的独占权对消费者很不公平，应增加使用者权，规定使用者有权为了合理目的破解技术措施。卡里斯·克雷格在《加拿大版权法中合理使用制度的变迁：为立法改革建言》一文中认为，使用者权十分重要，它让所有者与使用者可以处于平等的地位相抗衡，并为使用者的需求正名。但是单单一个权利标签不可能改变全局，使用者权本身并没有扩大合理使用的范围，应规定开放式的合理使用条款。亚伯拉罕·德拉西诺韦尔在《认真对待使用者权》一文中认为，使用者权不是作者权的例外，而是与作者权不可分割的核心内容，它们一起构成版权法内在最深层结构的完整部分，而非服务外部目标的可有可无的工具。

Drassinower Abraham 在 *What's Wrong with Copying?*[①] 一书中，将版权法描述为一个区分非法复制和合法复制的框架，而不仅仅是禁止复制的法。他认为创作是一种交流的过程；作品不是一个事物，而是一个人通过言语向他人讲话的交际行为；用户权利和版权一样都以作者身份为基础，用户权利不应被视为例外，而是版权不可分割的一部分。

Pascale Chapdelaine 在 *Copyright User Rights：Contracts and the Erosion of Property*[②] 一书中对作品使用者权做了系统的研究，与大多数文献从宏观的角度（人权、宪法、竞争法）来看待使用者的利益不同，作者采用了一种完全不同的方法，通过财产、合同、版权法和救济将版权使用者的权利界定为私有权利，且不忽视私法与公法之间的不断互动。作者得出结论认为，基于作品使用者的身份和利益

---

① Drassinower Abraham, *What's Wrong with Copying?*, Cambridge：Harvard University Press，2015.

② Pascale Chapdelaine, *Copyright User Rights：Contracts and the Erosion of Property*，Oxford：Oxford University Press，2017.

的多样性，以及使用者体验版权作品的不同方式，应采取一种多元化的理论方法来证明作品使用者权的存在和范围。

Ruth L. Okediji 主编的 *Copyright Law in An Age of Limitations and Exceptions*① 一书收集了版权法著名学者关于版权限制和例外的相关文章，该书的主要立场是对版权的过度扩张进行批评，认为应当采取更加灵活、开放的合理使用制度，以保障版权用户基于版权限制和例外应当享有的权益。其中，Niva Elkin - Koren 在 *Copyright in a Digital Ecosystem：A User Rights Approach* 一文中认为，作品使用者在服务和实现版权法目标方面具有关键作用，应使版权人承担相应的义务，赋予作品使用者获得救济的权利。对合理使用进行解释时，应更加突出使用者利益，对限制合理使用的版权合同进行法律监督。Michael Geist 在 *The Canadian Copyright Story：How Canada Improbably Became the World Leader on Users' Rights in Copyright Law* 一文中介绍了加拿大作品使用者权话语方式的演变过程，并总结了加拿大成为世界作品使用者权领导者的相关经验，包括公众的积极参与、互联网工具的使用、学者的推动、政策基础和国际条约的灵活性等。

2012 年 7 月 12 日，加拿大最高法院在一天之内就裁定了五起版权案件，其中两起直接涉及作品使用者权。在此背景下，Michael Geist 汇集版权法学者对该五起案件及先前相关判例涉及的相关问题的研究成果，编纂了 *The Copyright Pentalogy：How the Supreme Court of Canada Shook the Foundations of Canadian Copyright Law*② 一书。该书的主要立场是支持加拿大最高法院的判决，将版权例外（如公平交易）视为作品使用者权，扩大合理使用范围并以广泛和自由的方式进行解释。Ariel Katz 在 *Fair Use 2.0：The Rebirth of Fair Dealing in Canada* 一文中认为，在 CCH 案宣布合理使用是作品使用者权之前，

---

① Ruth L. Okediji, *Copyright Law in An Age of Limitations and Exceptions*, New York: Cambridge University Press, 2017.

② Michael Geist, *The Copyright Pentalogy：How the Supreme Court of Canada Shook the Foundations of Canadian Copyright Law*, Ottawa: University of Ottawa Press, 2013.

法院和评论员经常将未经许可使用他人作品的行为称为履行作品使用者权，并采用了"合理使用权"一词。公共利益在两个世纪前就已被承认，如果版权法的目的是鼓励未来的创新和创造力，那么合理使用在适用目的方面必须是灵活的。Michael Geist 明确支持 CCH 案的使用者权话语，认为应当对合理使用下所列举的目的进行灵活、广泛的解释。Giuseppina d'Agostino 支持 CCH 案及版权五部曲中的使用者权利话语，但同时认为，版权五部曲对 CCH 案合理使用六要素的严格遵循，导致了一个更加苛刻的合理使用框架。应让不同的团体走到一起，制定用户最佳规范，将平衡重新纳入版权范畴。

Burton Ong 认为，应区分不同类别用户的权利，使用相同作品的学生用户可能拥有不同于其他用户的权利，公共图书馆或档案馆的用户可能比其他机构用户拥有更大的权利来使用受版权保护的作品。[1] Julie E. Cohen 认为，用户在版权系统中扮演作品接受者和后续作者两个重要角色，两种角色都促进了知识的进步，因此作者权利理论也必须以用户理论为基础。[2] Darren Hudson Hick 从逻辑上分析了"访问权"和类似的作品使用者权模型在概念上的缺陷，进而否认作品使用者权。[3] Marcella Favale 认为，数字时代的到来加剧了所有者权利和用户访问作品之间的紧张关系。从言论和信息自由的角度看，接触文化和信息意味着接触作品，因此，版权法必须允许用户行使他们的基本权利。版权的内置安全阀为言论自由提供保障的同时也存在功能失调的问题，一个可能的解决方案是对作品的使用者给予更大的保护，以实现文化传播这一版权目标。[4] Amartzi 在其

----

[1]　Burton Ong, "Fissures in the Facade of Fair – Dealing: Users' Rights in Works Protected by Copyright", *Singapore Journal of Legal Studies*, Vol. 14, No. 1, 2004, pp. 150 – 172.

[2]　Julie E. Cohen, "The Place of the User in Copyright Law", *Fordham Law Review*, Vol. 74, No. 2, 2005, pp. 347 – 374.

[3]　Darren Hudson Hick, "Mystery and Misdirection: Some Problems of Fair Use and Users' Rights", *Journal of the Copyright Society of the USA*, Vol. 56, No. 2 – 3, 2009, pp. 485 – 504.

[4]　Marcella Favale, "The Right of Access in Digital Copyright: Right of the Owner or Right of the User", *Journal of World Intellectual Property*, Vol. 15, No. 1, 2012, pp. 1 – 25.

博士学位论文 *Digital Rights Management and the Rights of End - Users*[①] 中从人权正当性、利益平衡等方面论证了终端用户使用权的正当性，认为合法的个人使用包括对数字版权管理实施版权例外的能力、对数字发行的作品适用穷竭原则的能力、行使私有复制例外的能力、修改和摘录数字作品的能力以及规避技术措施以实现设备互操作性的能力等，应当在立法中承认用户规避数字权利管理系统的权利以进行合法使用，并从事与这种规避相关的私人工具制造。David Vaver 认为，有关作品使用者权的言论有其历史依据，将版权限制和例外视为作品使用者权并没有内在的错误。这些权利可能不是可转让的权利，也不是霍菲尔德所设想的具有相关义务的权利，但它们仍然是权利，超出了所有者的控制。[②] Chapdelaine P. 认为，虽然加拿大版权例外已被 CCH 案宣告为权利，但其性质和范围仍不确定，需要立法的进一步明确以及版权合同和技术措施保护等制度的变革。[③] Sampsung Xiaoxiang Shi 等将作者置于与其他贡献者、用户和公众的关系网络中，主张版权法的使命是通过在动态的创造过程中分配权利，来构建创造者和文化创新贡献者之间的关系，支持更具对话性和灵活性的版权制度，让公众和消费者享有更多使用、分享和传播作品的权利和自由。[④] Samuelson P. 认为，作品使用者至少在批评性评论方面应该拥有"合理使用"的权利，禁止规避访问控制是合理的，但绕过技术措施合理使用受其保护的作品并不违反反规避规则。[⑤] Niva Elkin - Koren 认为，合理使用的作品使用者权方法有助于

---

① Vasiliki Samartzi, *Digital Rights Management and the Rights of End - Users*, Ph. D. dissertation, Queen Mary, University of London, 2013.

② David Vaver, "Copyright Defenses as User Rights", *Journal of the Copyright Society of the USA*, Vol. 60, No. 4, 2013, pp. 661 –672.

③ Chapdelaine P., "The Ambivalent Nature of Copyright Users' Rights", *Intellectual Property Journal*, Vol. 26, No. 1, 2013, pp. 1 –46.

④ Shi S. X. and Fitzgerald B. F., "A Relational Theory of Authorship", *Health Law Journal*, Special Edition, 2008, pp. 193 –210.

⑤ Samuelson P., "Possible Futures of Fair Use", *Washington Law Review*, Vol. 90, No. 2, 2015, pp. 815 –869.

限制发布删除通知的版权所有者的权利，规范在线中介机构的私人版权执法，为取消不公平限制合理使用和基本自由的使用条款提供法律框架和制度保障。① Flynn S. 等通过实证研究发现，没有证据表明开放作品使用者权会对版权密集型产业的收入造成损害。相反，更开放的作品使用者权可以促进创新。虽然所有国家都趋向于更开放的作品使用者权，但在低/中/高收入国家中，版权限制的开放程度存在着巨大且不断扩大的差距，国内立法者和国际架构在促进和保护更开放的作品使用者权方面可以发挥作用。② Ezieddin Elmahjub 从分配正义的角度论证了作品使用者权的正当性，建议把版权定义为积极的作品使用者权而非有限的例外，并在澳大利亚版权法中引入合理使用权。③ Carys J. Craig 对"使用者权"的国际轨迹进行了考察和比较，分析了"使用者权"观念在促进公众利益方面的重要作用，并指出了作品使用者权话语可能存在的不利影响，最后主张应当谨慎使用"作品使用者权"概念。④ Pascale Chapdelaine 从获得司法正义的角度，认为作品使用者权不应以他们对版权人阻碍作品合法使用所能采取的救济措施来衡量；而应根据是否将为它们规定更明确的权利进行评估，不需要在法庭上诉诸那些传统的救济办法，以确保获得版权作品。⑤ Saleh Al - Sharieh 从文化参与、接受教育和言论自由等人权的角度论证了作品使用者权的正当性，认为使用者的人权和作者的人权都不是绝对的，它们相互依存。尊重作者的排

---

① Niva Elkin - Koren, "The New Frontiers of User Rights", *American University International Law Review*, Vol. 32, No. 1, 2016, pp. 1 - 42.

② Flynn S. and Palmedo M., "The User Rights Database: Measuring the Impact of Copyright Balance", Available at SSRN 3082371, 2017, pp. 1 - 22.

③ Ezieddin Elmahjub, "Nicolas Suzor Fair Use and Fairness in Copyright: A Distributive Justice Perspective on Users' Rights", *Monash University Law Review*, Vol. 43, No. 1, 2017, pp. 274 - 298.

④ Carys J. Craig, "Globalizing User Rights - Talk: On Copyright Limits and Rhetorical Risks", *American University International Law Review*, Vol. 33, No. 1, 2017, pp. 1 - 73.

⑤ Pascale Chapdelaine, "Copyright User Rights and Remedies: An Access to Justice Perspective", *Laws*, Vol. 7, No. 3, 2018, pp. 1 - 26.

他性权利，未必需要干扰作品使用者权，保障使用者的人权也不一定会剥夺作者的精神和物质利益。① Tatiana Eleni Synodinou 认为，版权法实现利益平衡的有效途径是采用对使用者利益的具体承认机制，如确立可以在法庭上强制执行的使用者权。必须承认所有版权例外情况都是强制性的，并建立有效的程序机制来保障合法用户的权利。②

总体而言，域外学者对作品使用者权的研究起步较早，成果更为丰富，研究也更为系统和具体。尤其是对于作品使用者权的正当性，学者们从不同的学科角度进行了论证，既有宏观审视，也有微观分析；既有理论探索，也有实证考察。对于作品使用者权可能面临的现实困境也进行了多方思考，既有逻辑诘难，也有对于如何获得救济以及与版权国际条约协调一致的质疑，还有对"权利话语可能会模糊社会公共利益，加剧版权所有者对权利的道德或所有权主张"的担忧。对于如何落实作品使用者权，学者们也从不同的角度进行了阐述。这些研究成果对于本书的研究具有重要的借鉴意义。但多数研究只是从某一个或几个侧面进行的，全面系统性的研究成果还很少见，为后来者的进一步探索留下了空间。

第三节　研究内容与研究方法

一　研究内容

本书的主要内容可分为导论和正文两部分。其中正文部分包括以下具体内容。

---

① Saleh Al-Sharieh, "Securing the Future of Copyright Users' Rights in Canada", *Windsor Yearbook of Access to Justice*, Vol. 35, No. 1, 2018, pp. 11-39.

② Tatiana Eleni Synodinou, "Lawfulness for Users in European Copyright Law: Acquis and Perspectives", *Journal of Intellectual Property*, *Information Technology & Electronic Commerce Law*, Vol. 10, No. 1, 2019, pp. 20-37.

第一章"作品使用者权概述"。本章首先梳理了作品使用者权（自由）的三个历史演进阶段：印刷版权时期——作品使用者权的事实存在；模拟技术时期——版权扩张下作品使用自由受限；数字网络时代——超版权保护与作品使用自由的急剧消减。这一梳理也厘清了作品使用者权的提出背景。接下来对作品使用者进行了类型化分析，并在界定作品使用者权的概念的基础上将其与相关范畴包括合理使用、公有领域、人权、接触权以及传统财产权进行了比较，明确了作品使用者权的内涵与外延，为后文的研究奠定了基础。

第二章"作品使用者权的正当性分析"。目前支持作品使用者权的学者多是从人权和版权的角度论证其正当性，尚不够充分，视野较为狭窄。本书进一步从哲学、经济学的角度进行了分析。随着浪漫主义向结构主义的过度，以及主体性哲学向主体间性哲学的转向，作品使用者回归版权生态系统，作品使用者权具有了哲学上的正当性；当前的版权规则使财富和权力偏向少数人，分配正义原则要求版权制度将作品使用者置于版权结构的中心，与版权持有者并列，承认作品使用者权是版权系统不可分割组成部分。静态效率向动态效率的转变，要求重视版权制度对后续创新的激励和影响，将版权限制和例外确定为作品使用者权并给予制度保障；从产业实践看，扩大用户权利对于科技产业和学术创新有着积极影响，对传统版权产业也不会造成伤害。作品使用者权是言论自由、受教育权和参与文化等基本人权在版权法上的体现，较之版权财产权有着更高的权利位阶。承认作品使用者权，有助于激励作品的传播和后续创作，维护版权的利益平衡，也更加客观地反映了版权生态系统运行的现实状态。

第三章"作品使用者权的争鸣与回应"。本章全面梳理了学术界对于作品使用者权的质疑及理由，既有规范层面的质疑，也有救济方面的缺陷、价值层面的批评，以及作品使用者权会不当限制作者的版权等其他较为零散的争论。对此，本书一一作出了回应：作品使用者权作为一种排除他人不当限制的消极权利或者观念，与一般的民事权利不尽相同，立足于民事权利特征的规范性批判并不科学；根据获得司法正义浪潮的启示，作品使用者权不应以可以采取的救济措施来衡量，而更应考虑救济实施的条件尤其是实质性的权利架构；权利范式固然有其缺陷，但在版权不断扩张异化的背景下，以具体的作品使用者权概念取代抽象的公共利益诉求，是平衡版权人和公众利益的应然选择，亦无法被其他措施所替代。

第四章"作品使用者权的比较法考察"。本章首先对版权相关国际条约包括《伯尔尼公约》《罗马公约》《Trips 协定》、网络条约以及《马拉喀什条约》进行了考察。其结论是，国际版权公有具有很大的灵活性，为作品使用者权的国内立法留足了自由裁量空间，《马拉喀什条约》更是被视为第一份旨在促进特定作品使用者权的国际版权文书。区域和国家立法及实践方面，加拿大、以色列、印度等国家的司法机关先后在判决中明确宣告"版权限制和例外属于作品使用者权"，一些国家和区域立法赋予了部分版权限制和例外的强制性效力，以及针对版权合同和技术措施不当限制的救济途径，事实上承认了这些版权限制和例外的作品使用者权地位。可见，承认作品使用者权现实可行，但也存在不确定性，需要立法的明确和相关制度的完善与保障。

第五章"作品使用者权的制度因应"。作品使用者权不仅是一种理念，更需要具体的制度加以保障。本章提出了相关建议，包括：在版权法中重申作品使用者权的理念，明确其概念、性质、范围、条件及限制，恪守版权功利主义；采取开放、灵活的合理使用立法模式，放松对个人使用的管制，宽泛解释使用目的，豁免帮助权利实现的行为，实行有限的举证责任倒置；加强对数字权利管理系统尤其是版权技术措施和版权格式合同的法律规制，要求版权所有人对用户友好的框架负责，赋予作品使用者获得法律救济的权利等。

第六章"'作品使用者权'观念对我国著作权法的启示"。在前述研究的基础上，就作品使用者权观念下我国版权制度的未来变革提出了一些初步建议。具体包括增加合理使用的一般条款及具体情形，适当弱化对版权技术措施的法律保护，明确限制版权合同的法律效力，完善避风港规则等。

二 研究思路与方法

本书在充分掌握国内外文献资料并进行分析的基础上，考察了作品使用者权（自由）的历史演进过程，厘清了相关基本范畴，通过学理分析和实证研究，全面论证了作品使用者权的正当性，梳理并回应了学术界对作品使用者权的批判与质疑，考察比较了域外相关立法与司法实践，最终提出保障作品使用者权、实现版权利益平衡的具体制度变革对策。

第一，多学科交叉研究法。版权制度安排牵涉到社会政治、经济、文化、人权和国际贸易等多个领域，作品使用者权更是一个关乎版权哲学的重要命题，因此，对作品使用者权的研究需要从多学科的层面进行探讨。本书从哲学、经济学、宪法学、版权法和产业实践等层面论证了作品使用者权的正当性及相关问题。

第二，比较研究法。知识产权全球化背景下，对版权问题的研究不能局限于国内，而需要有全球化的视野，既要关注域外的相关情况，也要关注版权国际条约的相关规定。本书全面考察了作品使用者权的域外相关立法和司法实践，并在比较分析的基础上提出了作品使用者权的制度保障建议和我国的应对方案。

第三，历史研究法。历史是一面镜子，展示制度脉络的同时，也能照亮前行的道路。作品使用者权不仅是一个现实的话题，也是一个历史的范畴，本书通过考察作品使用者权（自由）的历史演进过程，不仅为研究提供了逻辑起点，也为当下的制度因应提供了启示和借鉴。

第四，判例研究法。从严格意义上讲，"作品使用者权"这一个概念并没有在版权国际条约和各国版权立法中得到明确，只是在一些国家的司法判例中有所体现和认可，本书较为全面地搜集了相关判例，分析案件情况和审理思路，为本书的研究提供了实践素材。

第四节　创新与不足之处

第一，尽管作品使用者权在域外已有较长的研究历史，也产生了较为丰富的研究成果，但就我国而言，关注者甚少，为数不多的研究成果也很不系统，针对版权扩张进行反思的学者也往往是从"权利—限制"的传统范式着手寻求平衡。因此，本书的选题就国内而言较为新颖，拥有广阔的研究空间。

第二，目前关于作品使用者权的正当性研究多从保护公众的基本人权这一宪法学角度以及抽象的版权利益平衡角度进行分析，论证尚不够充分。在此之外，本书还从哲学、经济学的视角进行了全面审视，获得了更具说服力的证成。版权法上的论证也从作者关系理论的角度进行了创新解读。在版权利益平衡方面提出了"以权利制约权利从而达致平衡，进而实现版权政策目标"的论点。相较于已有的成果，本书的研究视角更为全面。

第三，研究内容的创新。为了更好地把握作品使用者权的内涵与外延，消弭分歧，本书对作品使用者进行了类型化分析，并将作品使用者权与版权合理使用、版权公有领域、人权、接触权和传统财产权等相关范畴进行了较为详尽的比较，具有创新性。为了更加充分地论证作品使用者权的正当性，本书对学术界质疑作品使用者权的观点进行了全面的梳理，并给予了有力的回应，这在已有的研究中尚属少见。关于作品使用者权的制度保障，本书从实体到程序、从法律到技术进行了全面安排，较为系统。

第四，观点创新。本书认为，作品使用者权并非一种需要积极主张的权利，而是在其受到版权人或其他主体的限制或侵害时要求排除以及给予赔偿的权利，与普通民事权利相比具有显著区别，不能基于普通民事权利的特征质疑作品的使用者权。此外，本书还主张，不同类型的作品使用者获取版权作品时所付出的代价不同，版权人所得到的回报不同，作品使用者对作品的使用也会有着不同程度的期望，其权利应有所不同。在涉及合理使用抗辩的案件中，实行有限的举证责任倒置。关于版权合同与版权限制和例外的冲突，主张以格式合同取消版权限制和例外一律无效，在非格式合同的情况下，则区分版权限制和例外牵涉的利益而区别对待。

本书也有以下不足之处。

一是尽管本书只是提出应确立作品使用者权观念并通过相应的制度变革加以保障，而非在版权之外新设一项权利，但既然认为版权限制和例外属于作品使用者权，就应考虑如何与传统权利相衔接，在此方面，本书尚未进行深入思考。

二是由于研究时间和研究能力的不足，在关于作品使用者权对版权及相关产业的影响方面，笔者并未进行实证研究，而是直接采纳了已有的实证研究成果和结论作为对本书论点的佐证，尚显不足，需要在今后的研究过程中补充。

三是由于各国的版权传统、版权观念和版权制度千差万别，作品使用者权又未在各国立法上明确规定，所以在制度因应方面，本书"无差别"地从一个笼统的角度提出了完善对策，针对性和可操作性会有所欠缺。

第一章　作品使用者权概述

自帕特森于 1991 年在其开创性著作《版权的本质：保护使用者权利的法律》一书中提出并系统论证作品使用者权以来，学术界开始了对作品使用者权的探讨。随后，加拿大、以色列、印度等国家的司法判例明确宣告"包括合理使用在内的版权限制和例外属于作品使用者权"，进一步推动了学术界的研究热潮。然而，由于各国立法中并未明确规定作品使用者权，关于版权的限制和例外到底是一种权利还是一种单纯的侵权抗辩或者使用者的特权还存在很大的争议，何为作品使用者权以及作品使用者权与其他相关范畴的关系均不无疑惑。因此，从历史的维度探寻作品使用者权（自由）的演进过程，厘清作品使用者、作品使用者权的内涵和外延，是研究该问题的一个逻辑起点和应然需要。

第一节　作品使用者权（自由）的历史探寻

作品使用者有"权利"吗？这看起来像一个似是而非的问题。因为如果问作品使用者对其依法获得的版权作品副本是否享有财产权，作品使用者是否享有宪法意义上的言论自由权、文化参与权等，答案自然是肯定的。但如果询问作品使用者对作品是否享有版权法意义上的"权利"，答案就不会脱口而出了。长期以来，版权立法一直以作者和作品为中心，围绕着版权的保护与限制进行。绝大多数人认为，作者创作了作品，依法享有排他性的版权，作品使用者作为消极使用、享受作品的人，负有尊重作者版权以及未经许可不得擅自使用他人作品的义务，使用者只有基于合同在版权人授权的范围内使用作品的权利，除此之外，不存在享有版权法意义上的权利的问题。这种观念根深蒂固，近乎一种意识形态，几乎毋庸置疑，对于社会公众而言尤其如此。从历史和比较法的角度考察，国际版权公约和各国版权立法文件中也基本上①未曾明确出现过作品使用者权的概念，进一步巩固了上述观念。然而，立法中没有明确规定并不意味着作品使用者权不存在或者说不应当被承认。事实上，从版权制度的演进过程看，早期印刷版权时期的版权制度基于鼓励知识创造和学习的宗旨以及反垄断的目的，其授予作者的权利非常有限；相反，社会公众对作品拥有广泛的不受干涉的使用自由。为了保障作品使用者学习和使用作品的自由，版权立法中还对版权人规定了一定的义务。有学者因此断言，早期的《版权法》中暗含了作为事实存在的作品使用者权，只是由于当时版权范围和内容极其有限，作品使用者权并无特别提出的必要。② 随着技术的发展，版权出现系统性扩张，极大地压缩了作品使用者的自由，在一定程度上背离了版权制度的目的宗旨。在此背景下，学术界和司法实践中才开始提出作品使用者权，希望借此应对版权的不断膨胀，恢复版权制度应有的利益平衡。考察作品使用者权的历史演进过程，有助于我们了解版权制度和作品使用者权的本来面目，获得有益的启发，也可以

---

① 之所以使用"基本上"这一限定语，是因为美国 1976 年《版权法》第 108 条（专有权的限制：图书馆和档案馆的复制）规定：本条中之任何规定……不得以任何方式影响第 107 条规定的合理使用权，或任何时候当该图书馆或档案馆将获得作品的复制品或录音制品用于收藏时所承担的合同义务。该条关于图书馆、档案馆"合理使用权"的规定，属于少有的在立法上明确承认作品使用者权的例子，当然也仅限于特定的主体和情形。

② David Vaver, "Copyright Defenses as User Rights", *Journal of the Copyright Society of the USA*, Vol. 60, No. 4, 2013, p. 671.

勾勒出作品使用者权这一概念提出的现实背景。

一 印刷版权时期：作为事实存在的作品使用者权

（一）英国《安娜女王法》及其后续发展

14世纪50年代前后，出生于德国美因茨的古登堡（Gutenberg）发明了不同于以往金属活字印刷机的合金活字印刷机，并迅速传播到欧洲各国。新技术之下，印刷的次数不再受到限制，极大地提高了图书印刷的效率，降低了图书的复制成本，使得大规模翻印图书成为可能。彼时，对于整个出版产业链而言，作品与纸张或劳动力等成本处于同等的位置，作品的价值和作者的地位并未凸显。[1] 印刷技术的广泛应用加速了图书出版商这一新兴团体的产生和发展壮大，出版印刷产业由此开始形成，图书的传播范围也不断扩大，传播速度加快。在英国，出版商公会压制竞争、攫取垄断利润的欲望和都铎王朝君主钳制异端邪说、平息叛乱的需要结合在一起，形成了被称为特许出版权的图书审查制度。[2] 根据该项制度，只有出版商公会的成员才被允许印刷书籍。公会内部也制定了许可制度，既方便了对印刷品的审查，又保护了公会成员免受其他人的竞争。至此，出版商开始享有并实行图书的出版垄断，当然，根据《许可法案》以及此后的法令、命令与政令，印刷商只能出版由政府许可的图书。1688年，英国光荣革命推翻了英王詹姆斯二世的统治，随后，议会早先制定的赋予出版商特许出版权的《许可法案》被废止，随之终结的还有支持出版商公会垄断地位的主要手段——对违禁作品和出版商进行扣押、销毁和罚款的权利，出版商的垄断利益受到严重冲击。出版商公会四处游说，试图恢复他们的独家出版权，但没有成

---

① 丁丽：《版权制度的诞生：从古登堡印刷术到安娜女王法》，《编辑之友》2016年第7期。

② Litman J, "Readers' Copyright", *Journal of the Copyright Society of the USA*, Vol. 58, No. 2, 2011, p. 332.

功。他们转而将作者和读者的利益推向前台，声称如果不能保障作者获得一种易于实施的财产权，作者就不会再撰写新的作品，而读者也不会有更好的作品可阅读。[①] 经过三年的密集立法游说，英国议会于 1710 年颁布了世界上第一部版权法案——《安娜女王法》，亦即"在所规定的时间内将已印刷图书之复制件授予作者或者该复制件的购买者，以鼓励学术之法律"。虽然《安娜女王法》吸收了出版商的建议，但在一些重要方面也与出版商的版权期望存在分歧。法令授予了印刷和再版书籍的专有权，但至少在名义上把这些权利授予了作者而不是出版商。法令将先前出版的图书的版权期限限制为 21 年，尚未出版的图书的版权期限则为 14 年。

18 世纪 20 年代后期，随着手中图书的保护期日益临近，书商们再次向议会请愿，企图恢复对作品的永久垄断权，但遭到议会的断然拒绝，他们转而求助于英国法院。在《安娜女王法》规定的期限届满后，伦敦图书出版商在诉讼中继续声称，他们对图书拥有永久的普通法版权，不受《安娜女王法》的影响。在米勒诉泰勒案[②]中，王座法院的法官们同意了出版商的主张。然而，五年之后的唐纳森诉贝克特案[③]中，英国上议院（House of Lords）否定了普通法中永久性文学财产权的主张，确定了版权应由成文法加以规定的思路。传统的说法是，英国上议院认为，有一种普通法中的首次出版权，被出版之后的有期限的法定版权所取代。正如有学者所言，如果在发表之前就存在任何权利，那么它们只不过是作者对有形手稿的所有权，而不是"版权"，相比之下，版权是纯粹的法定的产物。[④]1842 年，《安娜女王法》被废除，取而代之的是新的《版权法》，该

---

① ［美］保罗·戈斯汀：《著作权之道：从谷登堡到数字点播机》，金海军译，北京大学出版社 2008 年版，第 34 页。

② Millar v. Taylor in 4 Burr, 2303；98 Eng. Rep. 201（1769）.

③ Donaldson v. Beckett in 4 Burr. 2408；98 Eng. Rep. 257（1774）.

④ Ronan Deazley, *Rethinking Copyright*, *History*, *Theory*, *Language*, Cheltenham：Edward Elgar Publishing Limited, 2006, p. 52.

法第一节使用了类似的语言。① 为消除疑问，1911 年的法案废除了一切可能存在的普通法版权，并将法定版权不加区别地应用于出版和未出版的作品，这一问题得以最终解决。

在谈到《安娜女王法》时，我们往往倾向于关注其在两个方面的创新：授予作者而不是出版商的权利，以及有限的版权期限。值得注意的是，该法令授予的权利仅限于印刷和出版书籍的范围，图书的其他用途不受版权所有者的控制。任何人都可以在公共场合大声朗读这些书籍；把这些书籍改编成剧本然后在舞台上为付费的观众表演，并不违法；删节书籍、出版删节版本、撰写和销售续集或翻译版本不需要获得版权人的许可；歌剧、音乐、绘画、雕塑、讲座和其他非书籍材料都不受保护。例如，在 1721 年的博内特诉切特伍德案②中，被告将原告拉丁文版的版权作品翻译成英文出版，针对原告的侵权指控，被告辩称翻译并非单纯的复制，而需要投入技巧和劳动，因此不构成侵权。法院支持了被告的抗辩，认为翻译不同于对原作的重印，不应为版权法所禁止。

除了授予作者对其图书的印刷权利之外，《安娜女王法》还规定了版权人的义务。③ 按照规定，权利主张人需要登记他们的权利，这样，每个人都可以知道谁拥有独家印刷权以及何时到期。版权所有人被要求向皇家图书馆和该国主要大学的图书馆免费赠送样书，否则将给予严厉的经济惩罚。出版商还对公众负有保持价格"合理"的义务。任何人如认为价格不公，均可向坎特伯雷大主教、伦敦主教、任何首席法官、牛津大学或剑桥大学副校长投诉。接到投诉后，法庭可以传唤出版商，以确定价格是否合理。如果价格不合理，法庭可以将其减少到它认为"公正合理"的程度。同样，对不服从者规定了严厉的惩罚。因此，第一部版权法令仅赋予了版权所有者极

---

① An Act to Amend the Law of Copyright（UK），1842，5 & 6 Vict，c 45.

② Burnett v. Chetwood，35 Eng. Rep. 1008（Ch.）〔1817〕，at 1009.

③ Copyright Act，1710，8 Ann.，c. 19，§4（Eng.）

为有限的权利，而允许读者自由地参与许多潜在的有价值的使用。版权所有人有义务使公众可以购买他们的书籍，没有购买的情况下也可以在获得书籍捐赠的图书馆阅读。想买书但买不起的读者可以向政府投诉，要求版权所有人降低价格。这些规定除非是为了方便阅读，否则毫无意义。

可见，尽管作者权利确实在《安娜女王法》及其后续版本和司法解释中有所体现，但他们的利益并没有占据主导地位，原因正如塞缪尔·约翰逊所解释的那样："似乎……成为作家……可以说是一种创造的权利，从其本质上说，这种权利是永恒的，但各国都对此表示反对。事实上，理性和学习的利益是与之相悖的，因为如果这本书是永恒的，那么无论它多么有用，如果书的主人把它放进脑子里去限制流通，它就不可能在人类之间普遍传播……因此，为了世界的共同利益，任何有价值的作品，一旦被作者创作和发布，就应该被理解为不再属于他的权利范围，而是属于公众；同时，作者有权得到适当的奖励，在相当长的一段时间内，他应享有对其作品的专有权。"①

立法的总体结构确保了公众可以获得最新的知识和思想。法律通过保护作者和出版商的利益来实现这一点，也通过许多措施设定了对垄断的限制，包括登记要求和其他手续、有限的保护期限、为大学图书馆提供免费的图书以及对图书定价过高的投诉程序等。事实上，《安娜女王法》在本质上可以被理解为反垄断的，其目的是使人们能够接受教育和学习。正如罗南·德兹利所言，版权是一种法定现象，它从根本上关系到广大读者，关系到教育的鼓励和普及，关系到有用书籍的不断出版。在分配特定文学作品的独家出版权时，18 世纪的国会议员们主要关注的不是个人的权利，而是为了促进那些更加广泛的社会目标，揭示了以公共利益为组

---

① Boswell J. , *Boswell's Life of Johnson*, London：J. M. Dent and Sons Ltd, 1949, p. 220.

织原则建立版权制度的重要性。在其他关于版权起源的历史故事中，公共利益这一要素被忽视或可能被忽视，但它曾是版权法的核心。①

（二）美国的立法与实践考察

版权和知识传播之间的联系，19 世纪，美国这个当时的发展中国家的历史上表现得最为明显。美国版权法源于 1787 年美国宪法中的"知识产权条款"，即"国会拥有以下权力……为促进科学与有用艺术的进步，在一定期限内保护作者与发明者对其各自作品与发明的专有权。"从措辞看，美国宪法最关注的不是对作者权利的保护，而是"知识进步"这一公共利益，保护作者权利只是促进社会公共利益的必要手段②。当时，"进步"一词意味着"传播"，"科学"一词在广义上被视为"知识"。③ 乔治·华盛顿证实了宪法条款的这种公共政策取向，他曾说："没有什么比促进科学和文学更值得你的资助了。在任何国家，知识都是公众幸福最可靠的基础。"④

考察美国国会权力提案中最初关于版权的各种建议，可以进一步发现宪法条款背后的意图。尽管其中的大部分都没有出现在最终的宪法中，但在确定版权法所处的整体环境方面，这些建议非常有说服力。在提案列举的 20 个项目中，以下项目值得注意：在有限的期限内保护文学作者的版权；建立一所大学；通过适当的奖励和规定鼓励有用的知识和发现的进步；建立促进文学、艺术和科学的学院；为有用的发明授予专利权；保证作者在一定时间

① Ronan Deazley, *On the Origins of the Right to Copy*: *Charting the Movement of Copyright Law in Eighteenth – Century Britain* (1695 – 1775), Oxford: Hart Publishing, 2004, p. 226.

② 易健雄：《技术发展与版权扩张》，法律出版社 2009 年版，第 71 页。

③ Madison M. J., "Beyond Creativity: Copyright as Knowledge Law", *Vanderbilt Journal of Entertainment & Technology Law*, Vol. 12, No. 4, 2010, pp. 817 – 851.

④ "Speech to Both Houses of Congress Delivered on 8 January 1790", in J. Sparks, *The Writings of George Washington*, Montana: Kessinger Publishing, LLC, 2009, p. 9.

内的专有权……①从中可以清楚地看出，国会有重大的责任通过版权法机制为民众提供获取知识和学习的途径。

根据宪法授权，国会于 1790 年通过了美国历史上的第一部联邦版权法，其效仿《安娜女王法》，同样被称为鼓励学习的法令，即于法定期限内保护地图、海图、图书作者及其所有者之复制权以促进知识之法。尽管美国版权法既没有规定向图书馆的捐赠义务，也没有规定图书价格管制；但其与《安娜女王法》类似，也反映了同样的权利平衡，同时也有类似的限制，其保护对象限于已在美国印刷或尚未印刷、出版的地图、海图和图书，权利内容仅为印刷、重印、出版与销售的特权，保护期限为作品首次出版之日起 14 年，到期后若作者还在世则再延长 14 年。同时，权利人要获得版权保护，必须在印刷后的两个月内，向居住地的法院书记官提交一份作品复制件，并在四周之内将出版记录发布于美国报刊上，在作品出版后的六个月内将样本交存于国务卿，否则该作品将得不到版权保护，因为版权在美国属于制定法上的权利而非普通法权利。② 从已有的判例和学说来看，版权的权利内容也被严格限定为"复制"以及从复制中获得利润，至于其他的行为比如对原文的翻译，权利人则无权过问。③

在 19 世纪的美国，版权法被认为是推动国家实现社会政治目标的代理人，它反对任何限制图书流通的规定，因为这将限制美国人获取最新知识和思想的能力。正如梅雷迪思·麦吉尔所言：个人作者对其印刷文本拥有自然权利的概念与政治哲学从根本上是不相容的，而政治哲学将印刷物的去人格化与一种无私的宣传即公民美德的实践联系在一起。在一种认为文本的自由流通是自由的标志和保

---

① Dotan Oliar, "The (Constitutional) Convention on IP: A New Reading", *UCLA Law Review*, Vol. 57, No. 6, 2009, pp. 437 – 438.

② Patterson L. R., *Copyright in Historical Perspective*, Tennessee: Vanderbilt University Press, 1968, pp. 197 – 198.

③ Stowe v. Thomas, 23 Fed. Cas (C. C. E. D. Pa. 1853).

证的文化中，对印刷文本的永久私人所有权是不可接受的。① 此外，美国法律将获得版权保护的资格限于美国公民或永久居民，外国作家得不到保护，从而使外国作者的作品能够自由流通。直到 1891 年，美国才有了第一部自己的"国际版权法"——保护外国作家的法律。当时的美国版权法无视英国作家和出版商的利益，允许大量未经授权的廉价的英国作品翻印版本广泛传播。具有讽刺意味的是，正是这种关于知识获取的自由主义政策和重印文化，在很大程度上成就了美国的经济、科技和文化霸主地位；反过来，他们今天又成为控制作品获取和使用的最强烈的倡导者。

事实上，直到 20 世纪初，人们仍对有限版权达成了共识，美国国会也普遍维护了版权制度最初的公共属性。1909 年，美国参议院专利委员会发布了一份关于"修订和巩固有关版权的法律"的报告，报告称"版权法主要不是为了作者的利益，而是为了公众的利益"。根据这份报告，国会必须考虑两个问题：第一，立法将在多大程度上刺激生产者从而使公众受益；第二，授予的垄断会对公众造成多大的损害。②

由此可见，与美国当前在版权法领域咄咄逼人的带有"侵略性"的态度不同，在版权法的早期，其高度重视作品的获取和使用自由，反对版权的过度保护，并将其视为社会经济、文化进步和繁荣以及政治文明的保证，这一点在今天来说也并没有多少不同。

（三）法国的历程

自文艺复兴后期以来，法国王室管理着出版业，出版垄断是皇

---

① Mcgill M. L., *American Literature and the Culture of Reprinting*, 1834 – 1853, Philadelphia: University of Pennsylvania Press, 2003, p. 48.

② "Common Patents, to Amend and Consolidate Acts Respecting Copyright", *H. R. Rep*, No. 2222, at 6 – 7〔1909〕. 转引自 Derek Khanna, "Guarding Against Abuse: The Costs of Excessively Long Copyright Terms", *Commlaw Conspectus*, Vol. 23, No. 3, 2014, pp. 52 – 125.

家审查制度的一个分支。作者，或者更常见的是出版商，通过申请出版许可寻求专有出版的特权。① 法国大革命之后，议会分别于1791 年和1793 年制定了《表演权法》和《作者权法》，其目的在很大程度上也是限制出版商的垄断权。② 受到洛克财产权劳动理论和天赋人权思想的影响，法国选择了一条与英国和美国截然不同的版权道路。英美版权法以激励理论为其正当性基础，设置版权制度的目的在于激励作品的创造和传播，由此形成了版权体系（*Copyright Law*）；而以法国为代表的大陆法系国家将版权视为作者的"自然权利"，由此形成了作者权体系（*Author's Right Law*）。美国宪法的版权条款呼应了英国《安娜女王法》，使公众的利益即使不比作者的利益更大，也是平等的，这一条款授权建立作者的专有权，作为最大限度激励生产和获得智力创作的手段。大革命后的法国理论家则将作家和他们的作品之间亲密而近乎神圣的联系描述为强大的文学和艺术产权的来源。法国现代著作权理论的主要倡导者、已故的亨利·德斯波依斯（Henri Desbois）曾庄严地宣称，作者因作者的身份受到保护，因为他与他的创作对象之间有一种纽带。③ 在法国传统中，议会否定了保护原创作品以激发文艺创作的功利主义观念，而将作者置于版权保护的中心位置，并对后世产生了深远的影响。

　　一般来说，越是以作者为中心的版权制度，版权的保护力度就越大。法国1791 年和1793 年的法律将作者置于版权保护的中心位置，相较于英美版权法，给予了作者更强有力的保护。尽管如此，有证据表明，早期的法国决策者同样关心"鼓励知识的传播"。事实上，法国议员就创造者的权利应在多大程度上干涉公众接受教育和学习的权利和利益进行了辩论。正如安妮·拉拉·图尔内所言，在

① Falk H. , *Les Privilèges de Librairie Sous l'Ancien Régime*: *étude Historique du Conflit des Droits Sur l'Oeuvre Littéraire*, Paris: Slatkine, 1970, p. 18.
② 吴汉东等：《知识产权基本问题研究》，中国人民大学出版社2005 年版，第239 页。
③ Jane C. Ginsburg, "Tale of Two Copyrights: Literary Property in Revolutionary France and America", *Tulane Law Review*, Vol. 64, No. 5, 1990, pp. 991 – 1006.

法国，虽然长期以来一直侧重于保护版权，但在立法者的思想中，公共财产是规则，版权是例外。① 这一观点也得到了简·金森伯格的认同："革命集会上的演说、法律的文本以及解释法律的法院判决，都表明至少有一股强大的工具主义思潮，指向 1791 年和 1793 年的法国法律。各种立法文本显示，在保护作者权利方面的进展是犹豫不决的。在新的文学产权制度下，作者并不能安全地处于核心地位，相反，公众在其中扮演着重要的角色。1791 年的文本主要专注于公共领域的承认和扩大，议会的报告支持 1793 年的法律，并强调保护作者不会对社会有害。"②

更为重要的是，制定版权法的管辖权从宪法委员会和农业商业委员会转移到公共教育委员会，其任务是为国家建立一个公共教育体系。③ 这表明早期的法国立法者认为版权法与常规教育的发展密切相关。正如简·金森伯格所言："不否认在革命法律中存在着强大的作者权利……但革命的立法者们通常将版权主要视为促进公共教育的一种手段来解决公私之间的紧张关系。"④ 关于版权与公共教育的关系，在国际层面也有类似的论述，《伯尔尼公约》起草委员会主席、瑞士政治家努马·德罗茨（Numa Droz）在 1886 年《保护文学和艺术作品伯尔尼公约》订立之初曾发表评论："……还必须考虑到这样一个事实，即对绝对保护的限制是由公共利益决定的，我认为这是正确的。如果不保留某些复制设施，就永远无法满足日益增长的大众教育需求。"⑤

---

① Latournerie A., "Droits D' Auteur, Droits du Public：Une Approche Historique", *L'Economie Politique*, Vol. 22, No. 2, 2004, p. 22.

② Jane C. Ginsburg, "Tale of Two Copyrights：Literary Property in Revolutionary France and America", *Tulane Law Review*, Vol. 64, No. 5, 1990, pp. 991 – 1006.

③ D. S. Muzzey, "State, Church and School in France I：The Foundations of the Public School System in France", *The School Review*, Vol. 19, No. 3, 1911, pp. 178 – 195.

④ Jane C. Ginsburg, "Tale of Two Copyrights：Literary Property in Revolutionary France and America", *Tulane Law Review*, Vol. 64, No. 5, 1990, pp. 991 – 1006.

⑤ M. Ficsor, *The Law of Copyright and the Internet：The 1996 WIPO Treaties：Their Interpretation and Implementation*, Oxford：Oxford University Press, 2002, p. 258.

由此可见，即便是以对作者版权给予强保护而著称的法国，在印刷版权时期，也以知识的获取与传播为其政策目标，从某种意义上看，版权是例外，公共利益是规则，社会公众拥有使用作品的广泛权利和自由。这一判断看似矛盾，深入分析则并非如此。从某种意义上看，知识的获取和文化的传播这一公共政策目标相较于作者的权利具有更高的位阶，况且，作者对其作品的法定权利与公众使用作品的权利和自由分属于不同的区域，尽管界限十分模糊，但二者并非截然对立而是可以和谐共处的。只是具体的作者权利话语和抽象的公共利益表述使得版权法在今天已经日益向版权人倾斜，亟须话语方式的转换，或者说明确承认版权的限制和例外属于作品使用者权。

对上述国家印刷版权时期的版权制度进行简短的历史调查，并不是说我们应该根据两三个世纪前的法律来考虑今天版权法的修订，这些早期法规的实质性条款不应当也不可能成为当代立法起草的模板。然而，追溯版权法的历史渊源提醒我们版权政策是如何构想的，这在今天同样重要，尽管技术和社会已经发生了翻天覆地的变化。当代的版权话语往往把激励"创造力"放在过高的位置，而忽略并牺牲了其他同样重要的方面，比如作品使用者的利益。一个错误的假设是，版权是保护作者和版权产业的工具，版权法从来就不只是关于这方面的，也不应该如此。历史告诉我们，版权法源于启蒙运动关于"学习和知识传播具有重大益处"的思想。从这个角度而言，作者和出版者不应当仅仅是版权立法的主要受益者，而应作为实现更大公共利益目标的手段。正如迈克尔·麦迪逊所言："版权始于知识法，而知识法应该继续存在。"① 直到 20 世纪初，版权法和其他知识产权法一样，既没有也不需要许多具体的作品使用者权，因为版权人拥有的权利较少，公众有权做版权人无权阻止的事情，使用者

---

① Madison M. J., "Beyond Creativity: Copyright as Knowledge Law", *Vanderbilt Journal of Entertainment & Technology Law*, Vol. 12, No. 4, 2010, p. 820.

权从版权停止的地方开始。在印刷版权时期，作品使用者权是一个事实的存在，在谈及 21 世纪的作品使用者权时，加拿大最高法院或许是无意中复活了一种可以追溯到 18 世纪的习惯和传统，这种习惯和传统在 20 世纪的大部分时间里都已变得模糊不清，直到帕特森和林德伯格在其 1991 年的作品中提到它。①

二　模拟技术时期：版权扩张与作品使用自由受限

19 世纪末 20 世纪初，伴随着电子技术的诞生和发展，录音录像技术、广播电影电视技术、静电复印技术、电缆传输和卫星通信技术相继出现，作品的形式和载体呈现多样化特征。电子作品的不断涌现，给作品的存储和传播带来巨大的变化，也有力地冲击了原有的版权制度。电子技术扩大了版权的保护范围，丰富了版权的权利内容。与之相伴随的，则是公众使用版权作品的自由和权利日益受限。

（一）版权的客体和内容不断扩张

前现代知识产权法的一个关键性特点是，它假定作者、发明人或者设计人是具有某种先于社会（Pre－Social）或先于法律（Pre－Legal）的天生的自治意志的承受者，法律保护和促进的正是这种意志或智力劳动。自 19 世纪下半叶以来，知识产权法将其注意力从智力劳动和创造性上转移开来，更多地集中于对象本身。更具体而言，法律将其关注点从保护对象所体现的劳动价值转移到该对象本身的价值上。法律不再评价在某一特定对象中体现的劳动，而是开始关注该对象的宏观经济价值。② 这一转变对于版权法最直接的影响是，版权客体不断扩张，不再限于传统的文学艺术领域的作品，而呈现

---

① David Vave, "Copyright Defenses as User Rights", *Journal of the Copyright Society of the USA*, 2013, Vol. 60, No. 4, p. 671.

② ［澳］布拉德·谢尔曼、［英］莱昂内尔·本特利：《现代知识产权法的演进：英国的历程（1760—1911）》，金海军译，北京大学出版社 2012 年版，第 206—207 页。

出世俗化倾向。例如，英国在版权法之外，还通过了各种版权单行法，保护的客体包括雕刻作品、雕塑作品、戏剧作品、演讲作品、文学作品和音乐作品等。现行英国 1988 年《版权法》保护的客体就更加宽泛，主要包括文学作品、戏剧作品、音乐作品、艺术作品、图画作品、照片、雕塑、录音、影片、广播节目作品、电视节目等。1909 年，美国《版权法》进行了彻底修订，该法将所有作者的作品都列为版权法保护的对象，1976 年《版权法》则对作品范围采用概括性界定方式——能够固定的独创性作品，无论这种作品以何种表达形式出现，以何种方式被感知、复制或以何种方式传播。

与此同时，版权内容不断扩大，增加了出租权、播放权、摄制权等，产生了广义的发行权，而新的专门保护作品传播者权利的邻接权制度的出现，更是版权制度历史上一次具有里程碑意义的飞跃。随着版权的全球化发展，版权国际公约中的版权内容也在不断扩张。例如，《伯尔尼公约》每次修订都会增加新的权利内容。1948 年文本与 1928 年文本相比，在必须保护的经济权利中增加了"公开表演权"，而在 1928 年文本中这只是可选择保护的权利；1971 年文本与此前的文本相比，明确了电影作品本身的版权，并且将朗诵权规定为经济权利的重要内容。乌拉圭回合谈判后签订的《Trips 协定》，则比《伯尔尼公约》更进一步，将计算机程序和有独创性的数据库列为版权保护对象，并将出租权明确为一种受保护的权利。

版权客体和内容的不断扩张在很大程度上归因于技术发展下作品载体以及作品创作、表达和传播方式的变化，具有历史的必然性和相当的正当性。然而，不可否认的是，社会公众使用作品的自由也因此急剧缩小，技术发展带来的实惠更多地被强势的版权人所享有，而弱势的作品使用者或社会公众则置身事外。

(二) 版权期限不断延长

作为反垄断的产物，版权从一开始就是有期限的权利，尽管出版商一直寻求获得普通法上的永久版权，但这一意图最终宣告失败。

设置版权期限的目的在于，通过授予作者有期限的专有权激励创作的同时，保证社会公众对知识的获取和文化的传播，从而平衡权利人和公众之间的利益关系，提高社会公共利益。如前所述，早期的版权期限非常短，体现了对社会公众和公共利益的关照。比如英国《安娜女王法》规定的保护期限为 14 年，期满如果作者还在世，可以延长 14 年。而借鉴《安娜女王法》的美国 1790 年《版权法》也将版权期限规定为自作品出版之日起 14 年，到期后如果作者在世且符合其他条件，可以申请续期 14 年。随着版权作品的经济价值日益凸显，在版权利益集团的推动下，版权的期限开始不断延长。《伯尔尼公约》柏林修订文本（1908 年）将版权保护期限确定为作者终生及死后五十年，成为当前多数国家的通行做法。20 世纪中后期以来，国际社会尤其是版权产业发达国家纷纷掀起延长版权期限的运动。其中，1993 年通过的《欧盟延长版权保护期指令》将版权保护期限延长至作者生前及死后 70 年。1998 年通过的美国《版权保护期限延长法》再次延长版权保护期限，根据该法案，自然人的版权期限为作者生前及死后 70 年，公司或法人的版权期限为作品出版后 95 年或创作完成后 120 年。

支持延长版权期限的理由是可以激励作者进行更好的创作，然而这一假设并没有实证的依据；相反，不断延长版权期限还可能损害公共利益。2009 年，一项针对延长版权期限的 23 个国家的电影作品的研究显示，没有发现确切的统计数据表明更长的版权期限导致创作更多作品。[1] 来自剑桥大学的另一项研究则发现，最佳版权期限约为 15 年。[2] 正如琳达·科恩教授和罗杰·诺尔教授在他们关于版

---

[1] Png, Ivan Paak Liang & Wang, Qiu – Hong, "Copyright Law and the Supply of Creative Work: Evidence from the Movies", in Theodore Eisenberg and Giovanni B. Ramello, eds. , *Comparative Law and Economics*, Cheltenham: Edward Elgar Publishing Limited, 2016, pp. 407 – 441.

[2] Pollock R. , "Forever Minus a Day? Calculating Optimal Copyright Term", *Review of Economic Research on Copyright Issues*, Vol. 6, No. 1, 2009, pp. 35 – 60.

权和反垄断的研究中所言："在这种令人难以置信的长时间里，没有一种合理的激励理由存在。版权期限的全面延长的结果是，大量的知识产权几乎没有商业价值，但作为未来知识产权的公有领域输入的潜在价值，将被排除在公有领域之外长达 70 年。"① 版权为创作者提供的经济激励的大小是用预期补偿来衡量的，期限越长，边际额外激励越小，对社会增加的负担就越大（如版权垄断按高于成本的价格计算）。② 对于知识产权而言，无谓损失（经济低效的一种形式）是一个真正令人担忧的问题：强大的知识产权增加了即将到来的创新的无谓损失和可能导致研发成本的低效重复。③ 另外，版权期限的无休止延长在有些国家如美国还存在违宪的嫌疑，因为延长版权期限并没有促进新作品的创造而是仅仅增加已创作品的价值，版权期限延长与激励无关，而且如果允许版权期限随意延长，将会导致版权成为事实上的永久权利，这与美国宪法授权国会"通过在有限的时间内确保作者和发明家对各自作品和发现的专有权，促进科学和有用艺术的进步"的规定相违背。正因如此，《版权保护期限延长法》出台之后，在美国国内曾引发了针对该项法案的违宪审查之诉。④ 尽管诉讼以失败告终，但法案违宪的嫌疑并未完全洗脱。对于作品使用者或社会公众而言，版权保护期限的不断延长将导致越来越多的作品处于私权的控制之下，严重挤压社会公有领域，增加社会公众使用作品和后续创新的成本，阻碍文化的交流和传播。

（三）个人使用受限

版权的本质是对作品营销的有限垄断，换句话说，版权针对的

---

① Cohen L. R. and Noll R. G. , "Intellectual Propety, Antitrust and the New Economy", *University of Pittsburgh Law Review*, Vol. 62, No. 1, 2001, p. 471.

② Kristelia A. Garcia and Justin Mccrary, "A Reconsideration of Copyright's Term", *Alabama Law Review*, Vol. 71, No. 2, 2019, p. 362.

③ Suzanne Scotchmer, *Innovation and Incentives*, Cambrige：MIT Press, 2004, p. 98.

④ Eldred v. Ashcroft, 537 U. S. 186〔2003〕.

是在市场上对作品的利用。① 相反，终端用户利用的是作品的享受功能，而不是它们的货币价值。享受是一种愉悦的感觉，不能被剥夺。② 通过读书、看电影、听音乐或其他方式使用作品，可以使个人体验感官愉悦。欣赏作品是人类与生俱来的能力，不可剥夺。传统上，版权只针对商业性使用作品的行为，并不介入私人使用领域，版权法保护的对象是作品的版权而非作品本身，侵权者只侵犯了版权，而不是作品，人们可以在不侵犯版权的情况下使用作品。③ 因此，立法赋予作者的版权范围一直局限于对作品的营销，终端用户使用的是作品的享受功能，而不是货币功能，对作品的个人使用通常超出了版权的范围。正因如此，社会公众在私人范围内应当依法享有使用作品的充分自由。

19 世纪末 20 世纪初，随着作品复制技术的进步，个人使用自由的理念受到一定程度的挑战，其合法性遭到质疑。尤其是 20 世纪 60 年代中期随着复印机和录音机的普及，个人大量复制作品已不再困难。在此背景下，1967 年修订《伯尔尼公约》的斯德哥尔摩会议上，"个人使用是否构成对版权的实质性威胁与负面影响"这一议题受到了各国的广泛关注，发达国家主张缩小版权例外的范围，限制个人使用。最终的结果是，原提案中的"个人使用例外"被会议专委会删除。一些国家立法也出现了限制个人使用的倾向。美国 1976 年《版权法》第 108 条对图书馆的文献复制行为进行了限制，禁止图书馆的"大量复制"，根据有关解释，图书馆一年内对某一特定作品的复制超过五份就属于"大量复制"。1965 年，德国出台了主要针对唱片复制的版权补偿金制度，根据这一制度，复制唱片的个人

---

① Yahong Li and Weijie Huang, "Taking Users' Rights Seriously: Proposed UGC Solutions for Spurring Creativity in the Internet Age", *Queen Mary Journal of Intellectual Property*, Vol. 9, No. 1, 2019, p. 70.

② ［德］康德：《康德美学文集（注释版）》，李秋零译注，中国人民大学出版社 2016 年版，第 362 页。

③ ［美］莱曼·雷·帕特森、斯坦利·W. 林德伯格：《版权的本质：保护使用者权利的法律》，郑重译，法律出版社 2015 年版，第 126 页。

必须向版权所有人支付一定的补偿金。此后，欧洲多国纷纷效仿德国出台了类似的制度。

个人使用自由受到国际国内版权立法的挑战，但尚未对个人使用自由理念造成实质性威胁，究其原因在于模拟技术环境下作品传播方式相对单一，传播技术较为落后，私人大量复制及传播作品的成本较高，版权人无须采取过度措施限制私人复制。[①]

（四）合理使用出现失灵

合理使用是现代版权法中最为核心的版权限制制度之一，发挥着平衡版权各方主体利益的重要作用。在整个18—19世纪，尽管版权的客体和内容也在随着技术的进步而不断扩张，但版权的专有权通常被解释得相当狭隘。公平的删节、改编，对原作品的改版和翻译等通常被认为不侵犯版权。大多数情况下，只有完全或几乎完全复制受保护的作品才构成侵权。在此期间，法院也通过一些判例创制了早期的合理使用规则，直到20世纪初，合理使用才发展为对版权范围有意义的限制制度。

在版权扩张的大背景下，由于合理使用判断本身的模糊性，尤其是相关规则的法典化，合理使用在司法实践中被法院限定于特定的情形、特定的使用方式，作为一种原本灵活的平衡版权利益和公共利益的规则，其适用空间被极大地缩减。合理使用开始失灵，难以发挥其应有的功能和价值。另外，在合理使用的判定过程中，市场影响被夸大。一般而言，在后使用不会不合理地对原作的市场利益造成不良影响，是合理使用成立的要素之一，某种意义上甚至是决定性因素。在版权不断扩张的背景下，司法审判实践中法官往往夸大市场影响，将可能产生的不良市场影响视为必然产生的影响，将未经或无法实践证明的市场损失夸大，过分突出作品的演绎市场

---

① 张炳生、刘恒：《论技术进步对版权个人使用的负面影响》，《宁波大学学报》（人文科学版）2019年第1期。

可能受到的损失，将正常的消极性评价或其他在后使用可能造成的
受众分流视为替代性复制，过分强调市场损害的决定性而忽略在后
使用目的和性质的合理性，等等，导致合理使用无法得到支持。①

模拟技术时期作品使用者的自由因为版权的扩张而日益受限，
但直到 20 世纪后期，版权话语通常都将公众获取作品的利益作为一
个关键的甚至可能是最重要的版权目标。版权学者非常强调公共利
益的首要地位②，司法判决书也坚持认为："版权法……把对版权人
的报酬作为次要考虑……授予垄断的主要目的在于公众从作者的劳
动中获得的普遍利益。对作者或艺术家的奖赏是为了使公众了解他
创作的天才作品。"③

三　数字网络时代：超版权保护与作品使用自由急剧消减

自 20 世纪末以来，随着数字网络技术的发展与普及，世界迎来
了版权扩张的高潮。为了适应新的技术环境，版权制度一方面沿着
传统的扩张理路前行，另一方面又通过数字版权管理系统和版权在
线执法创造了前所未有的超版权规则，作品使用者的使用自由急剧
消减，如何平衡版权人和社会公众或者说作品使用者之间的利益关
系成为学术界持久的热门话题。版权的持续扩张主要表现在以下几
个方面。

（一）"通知—删除"规则的确立及滥用

网络服务商是网络时代最活跃的大众传播媒介，在信息社会中，
一方面，要保护版权人的利益，制裁侵犯版权的行为；另一方面，

---

① 宋慧献：《版权保护与表达自由》，知识产权出版社 2011 年版，第 381 页。

② See, e. g. , Stephen Breyer, "The Uneasy Case for Copyright: A Study of Copyright in
Books, Photocopies and Computer Programs", *Harvard Law Review*, Vol. 84, No. 2, 1970,
pp. 325 – 327; Harry N. Rosenfeld, "The Constitutional Dimension of Fair Use in Copyright
Law", *Notre Dame Law Review*, Vol. 50, No. 5, 1975, pp. 790 – 807.

③ See, e. g. , Sony v. Universal Studios, 464 U. S. 417, 429 〔1984〕; Cass Country
Music v. C. H. L. R. , 88 F. 3d 635, 642 (8th Cir. 1996).

为了促进信息产业的健康发展，也要适当减轻网络服务商的责任。正是基于这种现实需求，美国最早确立了这一问题的解决机制，即1998年《数字千年版权法》（DMCA）第512条的"避风港规则"，该制度的核心在于其中的"通知—删除"规则，即如果网络服务商接到版权人的通知并及时删除其平台上的侵权作品，或者断开与侵权作品的链接，则无须承担侵权责任。随后，各国相继在本国的版权法中引入了"避风港规则"。由于网络服务商没有能力对海量的内容进行事先审查，所以，采取"通知—删除"规则限制网络服务商的间接侵权责任，约束网络用户的侵权行为，其初衷良好，也现实可行。然而，该规则在实际的执行过程中却出现了偏差，造成了不小的危害。

实践中，一些网络服务商出于不正当竞争目的，故意频繁向其竞争对手发出通知甚至发送错误通知，要求其删除相关内容，网络服务商则会删除相关内容以规避侵权风险。一些公司甚至使用自动发送侵权通知的计算机软件，严重扰乱了正常的市场秩序。例如，美国 *BMG Rights Management v. Cox Communications* 案显示，原告委托代理公司通过自动程序向被告发送了高达250万个版权侵权通知。[①] 我国版权实践中发生的"50名作家诉百度文库案""今日头条系列案"等案件中也存在版权人滥用"通知—删除"规则的情形。美国网络空间独立宣言之父约翰·吉尔莫（John Gilmore）创建的电子边疆基金会是一个致力于保护互联网上公民自由的非营利组织，它与一些法学院合作，通过联合项目"寒蝉效应"记录了维权者的大量虚假版权主张。一项针对"版权所有人根据《美国数字千年版权法》的'通知—删除'条款发送通知"的研究项目发现，约有三分之一的通知在某些方面存在缺陷，要么是就不享有版权的材料主张权利，要么是没有考虑包括合理使用在内

---

① BMG Rights Management（US）LLC v. Cox Communications, Inc., 149 F. Supp. 3d 634（E. D. Va. 2015）.

的版权限制和例外。① 滥用"通知—删除"规则的行为不但妨碍了网络服务商的正常商业活动和市场秩序，同时也严重损害了网络用户的合法权益，亟须规制。2019 年通过的欧盟《数字化单一市场版权指令》（以下简称《指令》）第 17 条甚至从实质上确立了网络内容分享平台的版权内容过滤义务②，目的在于缩小作者得到的报酬与互联网平台使其作品可访问时所获取的利润之间的"价值差"（Value Gap）。然而，所谓的"价值差"并没有实证依据，而且从已有的过滤实践来看，由于技术的限制，已经出现了很多错误的过滤和删除，包括基于错误的权利信息、无法识别合法使用、无法准确识别作品造成的"误删"，对网络用户合法使用作品的权利和言论自由造成严重威胁，引发了极大的争议。正因如此，2019 年 3 月 26 日《指令》通过之后，波兰政府向欧盟法院提起撤销《指令》的诉讼，声称第 17 条的某些规定与言论自由相冲突，特别是与欧盟基本权利宪章和波兰宪法相违背。③

（二）数字版权管理系统与超版权保护

随着数字网络技术的迅猛发展，互联网交互环境全面革新了作品的传播方式。网络传播速度快，范围广，成本趋近于零，图书出版商、唱片制作者、电影公司等传统媒介的专业优势不再，在技术的冲击下丢失了原先对信息传播的垄断权，它们作为"守门人"的版权保护机制失灵。④ 版权作品未经许可在网络上传播的情形逐渐泛

---

① Urban J. ，"Efficient Process or 'Chilling Effects'？Takedown Notices Under Section 512 of the Digital Millennium Copyright Act"，*Santa Clara High Technology Law Journal*，Vol. 22，No. 4，2006，p. 666.

② See Article 17（4），DSM Directive.

③ See TomaszTargosz，*Poland's Challenge to the DSM Directive – And the Battle Rages on...*（Aug 18，2019），http：//copyrightblog. kluweriplaw. com/2019/06/10/polands – challenge – to – the – dsm – directive – and – the – battle – rages – on/.

④ 梅夏英、姜福晓：《数字网络环境中著作权实现的困境与出路——基于 P2P 技术背景下美国音乐产业的实证分析》，《北方法学》2014 年第 2 期。

滥，版权人切实感受到技术的威胁，他们不断通过公共话语对此加以渲染，并采取版权技术措施（TPMs）控制公众对作品的接触和使用。在版权利益集团的游说和推动下，版权技术措施获得了国际条约和国内立法的确认和保护，进一步强化了对版权的保护。然而，版权技术措施无法区分公有领域和私有领域，亦无法区分合理使用和版权侵权，作品使用者的各种合法利益因此处于不确定状态。作为被动防御机制的合理使用在技术措施面前显得弱小无力，"禁止规避技术措施"入法打破了版权法追求的公共利益和个人利益的动态平衡。

在技术措施保护之外，版权人还利用未经协商的标准化数字版权协议，限制或禁止合同相对方即作品使用者对作品进行包括合理使用在内的合法使用。版权技术措施和数字版权合同的结合，让版权人实现了对版权信息的完美控制，版权人甚至可以对作品的每一次浏览收取费用。法律和代码的共同作用肢解了版权的例外和限制，权利人获得了"超越版权"的权利，作品使用者的自由和版权公有领域进一步萎缩，版权制度基于传统机制形成的平衡土崩瓦解，严重威胁到作品的传播和后续创新。而掌握着话语权的版权利益集团仍在抛售一种毫无根据、未经证实的论调："我们需要更强有力的版权法，因为只有强有力的法律才能鼓励作者创造和进一步发展文化。"[1]

（三）"三振出局"及其危害

面对网络时代日益泛滥的版权侵权，世界各地的版权所有者尝试了包括诉讼、技术措施等在内的一系列举措来维护他们的权利，但仍然无法遏制侵权的势头。尤其是随着 P2P 技术的大量应用，版权内容的分享速度开始呈指数级增长，版权人难以搜集到侵权

---

[1] Derek Khanna, "Reflection on the House Republican Study Committee Copyright Report", *Cardozo Arts & Entertainment Law Journal*, Vol. 32, No. 6, 2013, p. 18.

的证据，针对个人的诉讼成本也异常高昂。为了阻止互联网上的非法文件共享，"三振出局"（Three Strikes Policy，3SP）成为应对版权侵权的一剂可能的良药。所谓"三振出局"，即网络用户实施版权侵权行为被举报后，网络服务商（ISP）可以对其进行警告，若经过两次警告后仍未见改转之行为，ISP 可以断开该网络用户的网络连接。① 法国是最早寻求立法解决互联网非法文件共享问题的国家之一，也是最早进行"三振出局"立法的国家。迄今为止，"三振出局"已在中台湾地区、韩国、法国、英国和新西兰等国家和地区实施。德国、中国香港特别行政区、西班牙和瑞典等许多国家和地区则拒绝了"三振出局"。还有一些国家在没有直接立法的情况下使用了类似的方法。例如，在澳大利亚，如果一个用户被判定在网上侵犯了版权，他可能在司法程序中被断开与互联网的连接。

　　法国"三振出局"的运作方式如下：得知自己的版权在互联网上遭到侵犯的权利人可以通知互联网监管机构（HADOPI），提供侵权用户的 IP 地址和侵权行为的细节，包括被侵权的版权作品及权属证明。然后 HADOPI 通知用户的网络服务商。网络服务商通过电子邮件向用户发送第一封通知，建议用户停止一切非法活动，并指出被指控侵权的确切时间。如果 HADOPI 在第一次通知后的 6 个月内收到同样 IP 地址的第二次侵权通知，它将通知 ISP，后者将向用户发送第二次通知，这次是普通邮件，表明是第二次侵权。在第二次通知后的一年内，如果第三次侵权通知涉及同一 IP 地址，当局将通过一名法官的特别司法程序对该用户提出指控。法官有权对该用户处以罚款，并暂停其两个月至一年的互联网接入。② 其他进行"三振出局"立法的国家的规则也大抵如此。

---

① 陈绍玲：《"三振出局"版权保护机制设计研究》，《中国版权》2014 年第 4 期。

② See Projet de loi favorisant la diffusion et la protection de la création sur Internet［Bill supporting the diffusion and the protection of creation on Internet］〔2009〕（Fr.）.

　　"三振出局"的实施对版权所有者而言在经济上是有效率的，因为版权所有人无法承担为保障他们的权利而产生的大量诉讼费用。鉴于互联网在现代生活中所扮演的重要角色，威胁断开用户连接可能是一种有效的恐吓方法，"三振出局"可以减少版权材料的非法共享。但是"三振出局"也可能对整个社会和个人用户带来沉重的负担。从网络服务商的角度看，为防止被"三振出局"，网络服务商必须在结构和财务上作出调整，同时调配人力资源处理权利人的申诉。从用户的角度看，"三振出局"除了会影响用户的隐私权、正当程序权和言论自由之外，还可能过度限制用户的合理使用权。首先，"三振出局"并不包括对侵权指控的审查。如果有人出于非商业的学术研究目的而下载受版权保护的材料，那么根据"三振出局"原则，仍可能被视为侵权者。其次，许多用户没有足够的关于知识产权和版权合理使用的知识储备，因此，多数收到通知的用户可能会停止所有针对作品的操作，尽管这些操作中有一些可能属于合理使用。换言之，"三振出局"不允许为合理使用抗辩提供足够的喘息空间，因此可能过于夸张，并对用户产生"寒蝉效应"。[①]

　　在版权法的早期，只有完全或几乎完全复制一部受版权法保护的作品，显然会破坏作者授权作品复制的主要市场时，才会被视为侵犯版权。[②] 数字网络技术与法律的结合，为版权所有者提供了一个潜在的强大的在线版权执法系统。[③] 21 世纪的数字生态系统中，私人秩序是获取知识的最大挑战之一，网络中介机构已成为版权法的主要执行者。版权合同条款、设计上的限制和强大的算法执

---

① Eldar Haber, "The French Revolution 2.0: Copyright and the Three Strikes Policy", *Harvard Journal of Sports and Entertainment Law*, Vol. 2, No. 2, 2011, pp. 313 – 315.

② Samuelson P., Baumgarten J. A. and Carroll M. W., et al, "The Copyright Principles Project: Directions for Reform", *Berkeley Technology Law Journal*, Vol. 25, No. 3, 2010, p. 1198.

③ Matulionyte R., "Copyright on the Internet: Does a User Still Have Any Rights at All", *Hanse Law Review*, Vol. 1, No. 2, 2005, pp. 177 – 189.

行可能会消除许多由合理使用所创造的访问保障。作品使用者的权
利和自由遭受到严重侵蚀，版权制度设定的利益平衡已然倾斜，版
权亟须重新想象。①合理使用的"作品使用者权方法"可以帮助设
置对私人秩序的限制，根据这种方法，合理使用超出了版权所界定
的一系列权利范围，因此不能被单方面限制。作品使用者权方法也
可能影响内容提供者和在线中介机构的相应责任，为使不公平限制
合理使用和基本自由的协议条款归于无效提供法律框架。在程序层
面，由于被投诉对象在删除其内容之前没有为自己辩护的选择权，
因此，算法执行的初始阶段，合理使用没有被讨论。为了恢复和加
强这一领域的合理使用，有必要将合理使用纳入在线中介的过滤、
屏蔽和删除设计中，通过技术设计实现合理使用。将"作品使用者
权方法"应用于版权的限制和例外，可以为用户在数字生态系统中
的自由提供更有力的保障和依据。当前，美国式的灵活的合理使用
在世界范围内被更普遍地采用可能是一种积极的发展态势。然而，
如果不加强合理使用的法律地位，不发展作品使用者权理论，我们
可能陷入过去的战争。②

第二节　作品使用者的类型化

一　作品使用者的界定

要研究作品使用者权并进行相应的制度革新，首先必须明确何
为作品使用者，否则相应的研究和实践将缺乏立足的基石。诚如詹
姆斯·梅斯所言："在我们为（作品）使用者立法之前，我们需要

---

① Craig C. J., *Copyright, Communication and Culture: Towards a Relational Theory of
Copyright Law*, Cheltenham: Edward Elgar Publishing Limited, 2011, p. 7.

② Niva Elkin-Koren, "The New Frontiers of User Rights", *American University International Law Review*, Vol. 32, No. 1, 2016, p. 42.

知道使用者是谁。"① 然而，版权作品有许多不同类型的"使用者"，其身份的多样性使得以权威或笼统的方式谈论使用者的努力变得不合时宜。② 一般认为，"使用者"一词是由于交互式数字网络技术的发展而变得普遍使用的。在过去的版权文献中，很少有人提及电视或广播使用者，可能是因为这些技术相对而言无法提供数字技术所能提供的互动和参与。③ 当代的"使用者"观念已经从根本上受到了技术变革的影响，特别是互联网连接和在线平台的出现和广泛普及，使得人们能够与受版权保护的内容进行互动。④ 技术变革导致了创意主体范围的扩大，从而将使用者，至少是潜在地从被动的接受者转变为创造性过程的积极参与者，并且由于这种转变，作品使用者更倾向于与版权制度进行更多的互动。

尽管能够确定技术变化是"作品使用者"的催化剂，但"使用者"的概念仍然是多变的，它似乎同时适用于每一个可能受到版权保护影响的利益相关者。事实上，很容易得出这样的结论：每个人都是"使用者"，无论他们是拥有版权作品的图书馆和档案馆等机构，还是想在周五晚上疯狂追剧的人。有学者交替使用"使用者"和"社会公众"两个术语，也有人将"使用者"称为消费者。⑤ 但是很显然，用"社会公众"和"消费者"来指称作品使用者并不合适。笔者认为，作品使用者是指使用他人版权作品的自然人或组织，既可以是纯粹消费性使用版权作品的人，也可以是使用作品进行后

---

① James Meese, "User Production and Law Reform: A Socio - Legal Critique of User Creativity", *Media, Culture & Society*, Vol. 37, No. 5, 2015, p. 756.

② Teresa Scassa, "Interests in the Balance", in Michael Geist, *In the Public Interest: The Future of Canadian Copyright Law*, Toronto: Irwin Law, 2005, p. 42.

③ Laura J Murray, "Copyright Talk: Patterns and Pitfalls in Canadian Policy Discourses", in Michael Geist, *in the Public Interest: The Future of Canadian Copyright Law*, Toronto: Irwin Law, 2005, pp. 16 - 17.

④ James Meese, "User Production and Law Reform: A Socio - legal Critique of User Creativity", *Media, Culture & Society*, Vol. 37, No. 5, 2015, p. 754.

⑤ Matthew Rimmer, *Digital Copyright and the Consumer Revolution*, Cheltenham: Edward Elgar Publishing Limited, 2011, p. 296.

续创作的人；既可以是非商业性使用作品的人，也可以是为了盈利目的使用作品的人；既可以是版权作品的终端使用者，也可以是作品的中间使用者；既可以是拥有作品副本的使用者，也可以是基于一定的服务协议或者从公共空间获取作品并使用的人。

二 作品使用者的分类

在版权法中，存在不同性质的作品使用者。科恩一个人就定义了至少四种不同类型或角色的"使用者"：经济使用者、后现代使用者、浪漫使用者以及情境使用者。[①] 由于使用者具有多样性，并非所有使用者都受到旨在保护或扩大作品使用者权的规定的同等影响。正如詹姆斯·米斯所言："使用者的话语塑造……对法律赋予的权利——简言之，谁在哪些活动中享有使用者地位以及由于这种身份而被赋予的权利的内容和范围具有实质性的影响。"[②] 因此，从法理上梳理作品使用者的不同类型，是分析其利益保护的前提。

（一）作为消费者的使用者和作为创新者的使用者

以使用作品的目的为标准，可以将作品使用者划分为作为消费者的使用者和作为创新者的使用者。

1. 作为消费者的使用者

消费者是指为满足生活需要而购买、使用商品或接受服务的人。生活需要既包括衣食住行等物质资料的消费，也包括满足精神需要的消费。版权作品作为科学、文学和艺术领域的智力成果，也属于消费产品的一种。一般认为，版权作品的消费者主要关心的是以合理的价格获取各种受版权保护的作品，并以一种在很大程度上被动

---

① Julie E. Cohen, "The Place of the User in Copyright Law", *Fordham Law Review*, Vol. 74, No. 2, 2005, pp. 347 – 374.

② James Meese, "User Production and Law Reform: A Socio – legal Critique of User Creativity", *Media, Culture & Society*, Vol. 37, No. 5, 2015, p. 756.

的方式消费这些作品。① 正因如此，有学者指出，消费书籍或电影与消费薯片、瓶装水、运动鞋或任何其他消费品没有什么不同。② 从另一个方面看，信息作品的消费者与一般商品的消费者又有区别，阅读一本书中包含的作品信息，不会像使用其他有形物品一样"消耗"它。信息产品的消费不会耗尽资源，因其非竞争性和非排他性而不具有稀缺性。此外，这种对信息作品的"特殊消费"是富有成效的：读者和观众体验作品的方式有助于促进社会对话和新内容的产生。③ 版权法对消费者的回应主要是通过确保版权作品市场运作条件的存在，进行确保有作品可供他们使用。④ 版权法通过解决基本的公共物品问题来实现这一点，即授予作者专有权利，让其有足够的动力创作，并允许市场引导投资，以满足消费者的偏好。禁止未经授权的复制、发行和公开表演等行为，允许版权人控制这些版权市场，而不用担心初始投资得不到回报。除了确保作品被生产出来之外，版权法并不需要关心消费者是否能够合理使用或者更有效地使用版权作品，因为在这种观点下，消费者的利益是微不足道的。

这种消费者形象也成为一些支持"付费使用"或"按使用付费"发行模式的版权文献的基础。许多学者认为，随着版权作品越来越多地在互联网上传播，在控制个人使用和对版权作品的个人使用进行收费方面，作者应该得到更大的帮助。根据这一观点，技术最终将允许所谓的"可信系统"对访问版权作品实施"微收费"。⑤ 因此，他们对版权作品的使用将被计量，而不是获得作品副本的所

① 梁志文：《论版权法上使用者利益的保护》，《法律科学》（西北政法大学学报）2013 年第 6 期。

② Joseph P. Liu, "Copyright Law's Theory of the Consumer", *Boston College Law Review*, Vol. 44, No. 3, 2003, p. 403.

③ Niva Elkin‑Koren, "Making Room for Consumers under the DMCA", *Berkeley Technology Law Journal*, Vol. 22, No. 3, 2007, pp. 1119–1156.

④ Sony Corp. of Am. v. Universal City Studios, 464 U. S. 417, 429〔1984〕.

⑤ Jane C. Ginsburg, "Copyright Use and Excuse on the Internet", *Columbia – VLA Journal of Law & the Arts*, Vol. 24, No. 1, 2000, pp. 1–45.

有权。这种设置的好处是，作者将能够从版权作品中获得最大限度的回报，同时仍然向所有感兴趣的消费者提供访问权限。这在某种程度上支持了作品使用者作为被动消费者的观点。

2. 作为创新者的使用者

版权作品的使用者不仅仅是被动的消费者，还有可能是创新活动的承担者。使用他人作品进行后续创作的人是作为创新者的使用者。事实上，没有任何一个作品是真正全新的。① 创作者从来都不是天生的，他首先是一个使用者。② 在某种程度上，所有的作品都建立在早期作品的基础之上，每个作者也是早期版权作品的消费者。初始作者和后续作者之间的权衡在各种版权学说和规则如"思想表达二分法"、作品演绎权、合理使用制度中都得到了明确的承认。后续作者可以自由地从早期作品中汲取思想和观念，并在此基础上创作新的作品。在合理使用原则允许的范围内，他们也可以对先前作品的表达进行有限的复制，如引用、评论。与此同时，作品演绎权的保护限制了后续作者过分依赖早期作品的表达元素进行创作的能力。如果后续作者希望在这些表达元素的基础上进行演绎，如改编、翻译，他们必须从原作者那里获得授权。可见，作为创作者的使用者不是被动地消费一本书或一部电影，而是通过消费一本书或一部电影来创作新的作品，版权作品是未来创作的基础和原材料。此外，这一类型的使用者对作品的参与是非常活跃的，后续作者对早期作品的表达元素进行了采纳、改造和重塑，创造了新的作品。这种类型的使用者已经在版权法中享有权利。

一般认为，作为消费者的使用者被动消费版权作品，对于后续创作以及版权制度目的宗旨的实现并无促进作用；而作为创作者的使用者在已有作品的基础上创作新的作品，增加了社会的作品总量

---

① Jessica Litman, "The Public Domain", *Emory Law Journal*, Vol. 39, No. 4, 1990, p. 966.

② 丁宇峰、赵俊岭：《著作权经济范式的修正——由作品共享机制切入》，《经济问题》2021 年第 7 期。

和知识储备，与版权制度的宗旨高度契合，"转换性使用"版权例外应当排在所有其他版权限制和例外之上。在森夫特莱本（Senftleben）看来，这一结论是基于宪法对言论自由的保护，这一保护保障了公众获得引用的机会，并允许对版权作品进行其他转换性使用，如戏仿。[1] 海德（Heide）则强调，允许转换性使用的版权例外必须被视为比仅允许复制性（因此非转换性）使用的版权例外更重要，因为只有前者通过让后续使用者自由分享思想或部分现有作品来促进竞争性作品的创作。[2] 传统版权制度和观念一般很少关注作为被动消费者的作品使用者，对其权利义务也几无规定，充其量只是通过激励作者创作确保消费者有更多作品可以选择和使用，以及通过"发行权一次穷竭"对消费者所享有的版权作品副本的所有权给予保护，而对于作为创作者的作品使用者，对其使用作品的自由给予了区别于消费性使用者的更大的保障。发端于美国的转换性使用规则以及部分国家如加拿大对用户生成内容合理使用制度的规定，都体现了版权法对于作品再创作者的更大宽容。

上述观念和制度具有一定的合理性，但也存在明显不足，因为这两种作品使用者的形象并没有穷尽所有的可能性。事实上，在两个极端之间，还存在版权作品的积极消费者，一方面，他们并没有创作新的作品；另一方面，他们也不是完全被动消费版权作品的使用者，而可能按照自己的自主意志在选定的时间、地点以自己的方式消费版权作品，或者将自己拥有的作品（副本）与他人分享、沟通。积极的消费者在上述两方面的利益对于平衡生产者和消费者之间的利益关系发挥着重要的作用。具体而言，消费者在消费版权作品时享有一定程度的自主权，即选择何时、如何以及在何种情况下

---

① Senftleben, *Copyright, Limitations and the Three - Step Test: An Analysis of the Three - Steps in International and EC Copyright Law*, Brusels: Kluwer Law International, 2004, p. 39.

② Heide T., "Copyright, Contract and the Legal Protection of Technological Measures - Not the Old Fashioned Way: Providing a Rationale to the Copyright Exceptions Interface", *Journal of the Copyright Society of the USA*, Vol. 50, No. 1 - 4, 2002, pp. 315 - 353.

消费版权作品的自由。这种自由，这种选择何时以及如何使用作品的能力，是个人与版权作品互动的一个通常未被意识到的方面。每个人处理信息的方式不同，有时候，信息需要反复处理才能被完全理解或鉴赏。每一次与创造性作品的接触都可能带来新的灵感、印象或结论。① 因此，在与作品的互动中，重复访问和某种程度的自由可以带来对该作品更加丰富和更为复杂的欣赏。然而，数字技术的进步在使个人更容易复制作品并自主消费的同时，也可能让版权所有者更有能力控制消费者与作品的互动，对积极消费者的利益需要给予制度上的认可和保障。

消费者也有与他人就版权作品进行交流的利益和需要，这种交流有时可能涉及作品的分享。有些作品当然可以单独消费，但是很多作品适合社会性消费。也就是说，为了更好地理解许多版权作品，有时有必要与他人就作品进行沟通、分享观点和辩论。就版权作品与他人交流可以丰富我们对作品的理解，并让我们从这些作品中获得更多。允许人们自由复制并与他人分享版权作品，可能会威胁到版权人的预期利益，但这并不意味着共享在任何情况下都是或应该是非法的，"没有版权所有者的同意，任何分享都应该获得许可"的观点站不住脚。现有的技术和法律为这种消费和交流提供了广泛的机会，也施加了很大的限制，如何给予积极消费者适当共享的自由也需要立法的关注。

此外，即便是被动的消费者，其价值也不应被完全忽视，创造性过程可以被比喻为一种互动流，在这个过程中，意义是通过人类之间的相互作用、使用和发展一种共同的文化语言而产生的。② 我们使用作品来传递信息，理解彼此，理解世界。读书、读报、听音乐、

---

① Liu J. P., "Enabling Copyright Consumers", *Berkeley Technology Law Journal*, Vol. 22, No. 3, 2007, pp. 1009 – 1105.

② Elkin – Koren N., "Copyright in a Digital Ecosystem: A User – Rights Approach", in Ruth L. Okediji, *Copyright Law in an Age of Limitations and Exceptions*, New York: Cambridge University Press, 2017, p. 147.

看电影都不是简单的消费行为，它们都是创造性的实践，包含了意义的互动交流。① 正如科恩（Julie Cohen）所言，创造性实践是分散的、交互的、相关的，并且由用户通过使用作品来执行。在这种创造模式中，每个人首先是使用者，其次才是创造者。②

因此，无论是作为创新者的使用者还是作为消费者的使用者，都应依法享有使用作品的权利和自由。在数字网络环境下，为了防止使用者的权利和自由受到法律、技术与合同的不当限制，版权立法应当同时关注两种类型使用者的权利和自由。作品消费者不仅仅是被动消费作品的人，立法者应该考虑到复杂的消费者利益，承认并在一定程度上重视消费者在自主权和交流方面的利益。当然，由于两类使用者的使用行为与版权制度目的宗旨的实现关联程度不同，其权利内容和受保护的程度也会有所不同。

（二）商业性使用者和非商业性使用者

以作品使用是否具有商业性或营利性为标准，可以将作品使用者划分为商业性使用者和非商业性使用者。需要注意的是，由于版权控制的对象是使用作品的行为而非使用作品的主体，因此，此处的"营利"是指使用者行为的性质而非使用者的主体性质，换句话说，营利性的企业可以进行非商业性使用，而非营利性的组织甚至自然人也可能商业性地使用某一版权作品。作品使用的商业性质虽然是一个看似简单的概念，但一般只适用于版权作品的普通使用。例如，如果有人复制了一本书用于销售，此时作品的使用很可能就是商业使用。然而，在商业模式变得更加复杂，现代生活对世界和法律关系都造成了改变的情况下，就很难理解"使用的商业性质"这一概念了。正如有学者所言，对作品使用的商业性质的解释具有

---

① Jane C. Ginsburg, "Authors and Users in Copyright", *Journal of the Copyright Society of the USA*, Vol. 45, No. 1, 1997, pp. 1–19.

② Julie E. Cohen, "The Place of the User in Copyright Law", *Fordham Law Review*, Vol. 74, No. 2, 2005, p. 353.

很大的延展性，足以涵盖其他未直接给使用者带来经济利益或者可能根本不会带来经济利益的使用。①

作品使用的性质和目的或者说营利性在版权合理使用的判定中意义重大。在较长一段时期内，很多国家都将作品使用行为是否具有商业性作为判断是否成立合理使用的重要因素。我国学术界的主流观点也普遍认为，非营利性是合理使用的重要特征和构成要件。②这一论断值得商榷。将是否具有营利性确定为合理使用判断的决定性因素，源于美国1976年《版权法》的深远影响，其第107条确立了合理使用的四要素：第一，使用的目的与性质，包括使用是否具有商业性质或是否出于非营利的教育目的；第二，版权作品的性质；第三，所使用部分的质和量与作为整体的版权作品的关系；第四，使用对版权作品的潜在市场或价值所产生的影响。③ 很多人正是据此断定，合理使用必须是非商业性的使用。笔者认为，这在很大程度上是对美国合理使用四要素的误解。从文意上看，第一个要素的前半句属于合理使用的一般判定要件之一，后半句为立法者对使用目的和特点的列举，仅参考后半句明确列举的类型作为判断合理使用的依据显然会让前半句一般要件的价值大打折扣。况且，第一个要素也并未明确商业性的使用就一定不是合理使用。事实上，美国的合理使用四要素是一个整体，在具体适用时应当全面分析，而不能仅以某一个要素具备与否判定合理使用是否成立。此外，即便要单个分析，一般也认为第四个要素即"使用对版权作品潜在市场或价值所产生的影响"才是最为核心的要素。④

关于非商业性是否为合理使用的决定性要素，在美国的司法审判中经历了一个转变的过程。1976年《版权法》颁布后不久，在

---

① Slabykh I., "Ambiguous Commercial Nature of Use in Fair Use Analysis", *Aipla Quarterly Journal*, Vol. 46, No. 3, 2018, p. 299.

② 吴汉东主编：《知识产权法》，北京大学出版社2011年版，第86页。

③ 17 U. S. C. § 107.

④ 詹启智：《著作权合理使用并不排除商业性使用》，《河南科技》2019年第30期。

Sony 案中，Stevens 大法官表示，任何对版权作品的商业性使用，都基本可以推定侵害了版权人的市场利益，进而可以推定该项使用不合理。① 这就是所谓的"双重负面推定原则"。该案是美国最高法院在版权合理使用判断规则成文后的第一次适用，其对合理使用的认定产生了深远影响。随后的 Harper 案中，法官援引 Sony 案的相关表述，并强化了这一立场，认为出版物的商业性质是判断合理使用的一个单独要素，营利和非营利性的区分不仅仅应当考察使用是否为了获取金钱收益，同时还应考虑使用者是否在没有支付许可使用费的情况下通过开发利用享有版权的内容而获利。② Campbell 案是合理使用中商业性判断的分水岭，在案件审理过程中，第六巡回法院援引双重负面推定原则，判决被告使用原告音乐作品的行为不合理。最高法院大法官 Souter 在判决中指出：使用的商业性质固然是判定合理使用的重要因素，但也需要视情况而定，在转换性使用的情况下，就不宜仅仅根据使用的商业性质判定侵权。③ 该案之后，商业性质仅仅是不利于合理使用认定的一个因素，但不是决定性因素。美国的司法判例开始拒绝"明线规则"的使用，摒弃对商业性使用的既有偏见，将"转换性"提升为版权合理使用的核心分析要素，强调只要使用人基于不同的目的使用他人的版权作品，创造了独立于原作品的新价值，并且没有不合理地损害版权人的合法利益，一般就能认定为合理使用，而不论其使用行为是否具有商业性。④

区分非商业性使用与商业性使用的难点还在于，单纯非商业性使用的界定十分困难。从形式逻辑而言，一种行为要么是商业性的，要么是非商业性的。不过这种真或非真的二分法并不是现实中的情

① Sony Corp of America v. Universal City Studios, Inc., 464 U. S. 417〔1984〕.
② Harper & Row v. Nation Enterprises, 471 U. S. 539〔1985〕.
③ Campbell v. Acuff–Rose Music, Inc., 510 U. S. 591〔1994〕.
④ 包红光：《论网络短视频的可版权性及侵权判定》，《枣庄学院学报》2020 年第4 期。

形，因为使用所涉及的商业性，在绝大多数情况下是程度问题，而非性质问题。例如，在绝大多数情况下，出版物都被推定为营利性的。正如美国最高法院在 Campbell 案中所言："如果商业性被推定为不适用合理使用，那么这种推定将排除美国版权法第 107 条中所列举的几乎所有示例性使用，这些在我们国家都将导致营利。"①Leval 法官也曾指出："那种认为商业性使用就是不合理的看法是不合适也是有害的。大多数我们所能找到的合理使用的正当性事例都是商业性的，这当然包括评论、批评、滑稽模仿以及纪录，即使学术研究的出版物也通常是商业性的。如果这些被推定为不合理，那么合理使用仅能够在布道和课堂讲课中适用。并不是所有使用都能简单地被分为商业性或非商业性使用，大多数公共传播的使用在一定程度上都涉及直接或者间接的货币收入。"②

事实上，《伯尔尼公约》和《Trips 协定》也并不排除合理使用的商业性质。《伯尔尼公约》第 9 条第（2）款确立了合理使用的三步检验法，即"在特定情况下使用，不与作品的正常使用相冲突，没有不合理地损害权利人的合法利益"，并未明确将商业性使用置于合理使用的范围之外。我国著作权法列举的合理使用情形中，有一些就具有直接或间接的商业性质，比如报纸、期刊、广播电台和电视台使用作品的行为本身就具有直接或间接的商业性质，对室外艺术作品进行复制后并不完全禁止对其进行后续的商业利用③，等等。我国司法实践中也不乏将商业性使用认定为版权合理使用的先例，例如在上海美术电影制片厂与浙江新影年代文化传播有限公司等著作权侵权纠纷上诉案中，对于被告在电影《80 后的独立宣言》海报中使用原告拥有著作权的"葫芦娃""黑猫警长"角色形象美术作

---

① Campbell v. Acuff – Rose Music, Inc., 510 U. S. 591 (1994).

② Pierre N. Leval, "Toward a Fair Use Standard", *Harvard Law Review*, Vol. 103, No. 5, 1990, p. 1122.

③ 祝建军、何晓平：《陈列在室外公共场所艺术品的合理使用》，《中国版权》2012年第 2 期。

品，二审法院认为：为说明某一问题，是指对作品的引用是为了说明其他问题而非纯粹展示被引用作品本身的艺术价值，而被引用作品在新作品中的被引用致使其原有的艺术价值和功能发生了转换，且转换性程度较高，属于我国著作权法规定的为了说明某一问题的情形。① 尽管法院引入转换性使用意在证明涉案行为属于合理使用中的适当引用，但很显然在商业电影中的使用严格来讲不属于非营利性的适当引用，法官是在现行立法之外援引了转换性使用的精神，其裁判结果具有合理性。② 可见，鉴于商业性使用可能会影响版权人的市场利益，因此使用行为是否具有商业性是判断合理使用的重要因素，有些合理使用或版权例外的规定明确要求系非商业性使用，例如我国著作权法规定的免费表演、加拿大《版权现代化法案》引入的非商业用户生成内容例外。但在法律并无明文规定的情况下，非商业性并非决定性因素，如果这些用途是为了创造重要的社会价值，商业性使用也可以构成合理使用。因为现代社会中大多数创造社会价值的活动都离不开经济动机，禁止版权作品的任何商业用途，将阻碍社会希望鼓励的活动。③

合理使用作为版权法中最重要的限制和例外制度，是作品使用者权的重要组成部分。上述关于合理使用的分析也可以适用于作品使用者权，亦即作品的使用是否具有营利性，不是决定是否构成合法使用，能否享有作品使用者权的决定性因素，商业性使用者和非商业性使用者均可依法享有作品使用者权。然而，商业性使用他人版权作品并获得利润，很有可能分割版权人的市场份额，不当损害版权人的市场利益，因此，是否具有营利性质对于能否享有作品使用者权也有着重要的影响。强调作品使用者权并非要颠覆现行版权

---

① 参见上海知识产权法院〔2015〕沪知民终字第 730 号民事判决书。

② 包红光：《论网络短视频的可版权性及侵权判定》，《枣庄学院学报》2020 年第 4 期。

③ Haochen Sun，"Copyright Law as an Engine of Public Interest Protection"，*Northwestern Journal of Technology and Intellectual Property*，Vol. 16，No. 3，2019，p. 128.

制度的框架体系，也不是要否定作者和继受者的版权及其合理的市场利益，而是在尊重版权人的权利的同时，主张将"版权的限制和例外"确定为"作品使用者权"，通过权利制约权利达到版权制度的平衡，进而实现版权制度的公共利益目标。

（三）版权作品的终端使用者和中间使用者

根据使用者在作品的传播链条中所处的位置，可以将其区分为终端使用者和中间使用者。终端使用者一般是指处于作品传播链条末端，最终使用版权作品的人，如个人使用者就是典型的也是最主要的终端使用者，当然，企业等组织也可以是作品的终端使用者。中间使用者是指通过提供、传播版权作品供终端用户使用的人，多以组织机构的形式出现，如图书馆、学校、研究所等具有公益性质的文化、教育和科研机构。有学者将版权作品中间使用者称为信息提供者。[①] 按照各国版权法的规定，作品的终端使用者和中间使用者都可以成为合理使用版权作品的主体，如我国著作权法既规定了为个人学习研究和欣赏目的的合理使用，也规定了学校、图书馆等馆所的合理使用。从这个意义上说，版权作品终端使用者与中间使用者都可以享有作品使用者权。

一般而言，作品的中间使用者具有更强的谈判能力，也有更加雄厚的经济实力参与诉讼，其使用作品的权利可以得到更好的保障；而终端使用者由于经济实力和谈判能力不足，以及组织分散，其使用作品的权利和自由更容易受到限制和侵害。因此，版权法应当更加关注对作品终端使用者权利的保护。

另外需要注意的一点是，在版权法的明确规定之外，还有一些中间使用者存在合法使用版权作品的需求，他们能否享有作品使用者权在理论和实践中均存在争议。例如，在 *Infinity Broad. Corp. v. Kirkwood* 一案中，被告提供了一项允许终端用户通过电话实时收听远程无线

---

① 刘银良：《著作权法中的公众使用权》，《中国社会科学》2020 年第 10 期。

电广播的服务，针对原告的起诉，被告提出合理使用抗辩，法院认为没有发现广播服务带来转换性价值的增加，相反，这项服务只是通过电话线将远程无线电节目传送给当地用户，最终裁定合理使用不成立。① 在 *Aztech v. Creative Technology* 一案中，上诉法院认为，要属于例外情况，有关使用必须由学生本人进行。换言之，如果复制者未经授权复制了受版权法保护的作品，并试图援引"私人学习或研究的合理使用"抗辩，则他必须是从事私人学习或研究的人。因此，学校或其他教育机构如果希望复制一部作品，以便利学生开展学习活动，将无法依靠"合理使用"抗辩，而必须依靠教育机构可获得的特别法定许可。② 在 CCH 案中，被告大奥斯古德图书馆为律师提供资料和图书的复印服务，原告认为被告构成侵权，被告辩称其影印服务是出于研究或私人学习目的而提供的。原告出版商回应说，只有复制作品的图书馆工作人员而非最终获得副本的研究人员的目的才与本案相关。初审法院支持了原告的主张，认为尽管资料的最终使用者可能构成基于研究的合理使用，但被告提供复印服务不在合理使用的目的范围之内。上诉法院和加拿大最高法院在认定被告的复制行为属于为出于研究或私人学习目的使用作品的基础上，判定被告的服务行为构成合理使用，亦即被告作为中间使用者的行为被终端使用者的使用行为所吸收，无须单独评价。③ 从传统的角度看，CCH 案被告的行为难以构成合理使用，但考虑到作品终端使用者合理使用权的实现往往需要第三方亦即作品中间使用者的协助，因此，完全禁止第三方的协助行为不尽合理。一个妥当的处理方法是，以中间使用者的行为是否具有独立性，是否可能替代版权人的市场，以及是否从版权作品本身获利来判断是否构成侵权。按照这一标准，CCH 案的判决结果是可以接受的。

---

① Infinity Broad. Corp. v. Kirkwood, 150 F. 3d 104 (2d Cir. 1998).

② Aztech Systems Pte. Ltd. v. Creative Technology Ltd. 〔1997〕1 S. L. R. 621.

③ 〔2004〕1 S. C. R. 339, 2004 S. C. C. 13, available on CanLII.

（四）拥有作品副本的使用者、接受版权服务的使用者和公共
空间作品的使用者

以作品使用者获取版权作品的方式为标准，可以将其分为拥有作品副本的使用者、接受作品服务的使用者和公共空间作品的使用者。

传统上，版权作品须以一定载体为依托，它常常体现为出版物、音像制品等文化产品。这些文化产品的合法取得者也就是版权作品的使用者和副本的所有人。当然，通过网络依法获取版权作品电子副本（如计算机软件、电子书）所有权的人也属于这里的拥有作品副本的使用者。随着技术的发展，社会公众越来越多地通过接受服务来体验版权作品，他们属于接受版权服务的作品使用者。与拥有作品副本的使用者相同，接受版权服务的使用者一般也与版权所有者或提供者存在合同关系，该合同允许使用者访问版权作品。例如，电影院播放电影，互联网流媒体提供作品等，用户一般需要遵守合同约定的使用条款。公共空间作品的使用者是指那些没有与版权所有者或其发布者进行直接商业交易而享受和使用版权作品的用户，例如，通过互联网（如博客文章、照片）或公共空间（如建筑作品、雕塑和其他街头艺术）自由获取作品的人。

上述不同类型的作品使用者获取版权作品时所付出的代价不一，版权人所得到的回报并不相同，作品使用者对作品的使用也有着不同程度的期望。一般认为，因为作品使用者权的授予及其范围涉及作者和版权所有者权益，"拥有作品副本的使用者"将比"接受版权服务的使用者"享有更大的权利，而"接受版权服务的使用者"又将拥有比"公共空间作品的使用者"更大的权利。副本所有者作为作品副本的财产所有人，只要其使用对作品的（潜在）开发利用或者作者的精神权利没有实质性的不利影响，就有权使用版权作品的复制品，版权人有义务消除对作品副本所有权人使用该作品的一切障碍，并且可以推定，任何阻碍副本所有权人使用该作品的合同

条款或 TPMs 都不可执行。当授予版权作品使用权的合同涉及一次性付款，以换取对版权作品的永久或无限期占有时，"拥有作品副本的使用者"将包括有效持有版权作品副本的用户，而不论涉及许可的使用条款如何规定。在电影院看电影，在博物馆看艺术品，或欣赏在线播放的电影或音乐作品等通常是通过版权人提供服务（而不是提供商品）实现的，使用者对作品副本没有自主控制权。在这些场景中，用户的期望通常不同于他们拥有书籍或音乐唱片时的期望。用户与作品之间的物理距离，无论是真实的（剧院座位与屏幕之间的空间）还是人工创建的（应用于在线流媒体服务的 TPMs），都限制了用户选择和执行某些行为（复制、上传、共享、修改）的能力。此外，由于没有对作品副本的自主权限和特权，服务用户不应该期望将所有权转移到他们正在体验的作品副本上。"公共空间作品的使用者"可受益于默示许可的假设，即在版权人未作相反声明时，该用户有权使用作品，但须提及作品的来源，除非这样做不切合实际。一旦版权人发出相反的通知，或者采取了技术措施，或者有迹象表明版权作品没有合法地向公众提供，就可以反驳这一假设。根据默示许可的假设，"公共空间作品的使用者"将不会拥有可构成法律主张基础的积极使用权。①

第三节　作品使用者权的界定及与相关范畴的比较

要确立作品使用者权观念并通过相关的版权制度变革保障其实现，一个重要的前提是对作品使用者权的内涵和外延进行明确的界定。事实上，由于作品使用者权本身的模糊性，以及其与相关范畴错综复杂的关系，界定作品使用者权是一个十分困难的尝试，

---

① Pascale Chapdelaine, *Copyright User Rights: Contracts and the Erosion of Property*, Oxford: Oxford University Press, 2017, pp. 191 – 202.

这也成为反对者质疑作品使用者权的重要理由。因此，比较作品使用者权与相关范畴之间的关系，是研究作品使用者权的一项重要内容。

一 作为观念的作品使用者权和作为制度的作品使用者权

作者创作了作品，然后基于法律规定对自己创作的作品享有版权并获得法律保护，其中权利主体、权利客体、权利内容、权利限制以及权利救济都十分明确，形成了清晰的版权法律制度。而作品的使用者并未创作具体的作品，往往只是作品的单纯的消费者，即便部分使用者会利用已有的版权作品进行创作，按照一般观念，其仅对后续创作完成的作品依法享有版权，但对于他人的作品似乎很难主张权利，而往往只能基于版权的限制和例外使用他人作品而不构成侵权。正因如此，作品的使用者权并没有得到广泛承认。

上述认识是立足于"作者中心主义"得出的结论，即版权法保护作者及版权人的合法利益，同时基于公共利益的考虑通过版权限制和例外制度为社会公众留下一定的自由使用空间。然而，如果考虑到版权制度的立法宗旨，考虑到版权只是一项法定的有限的权利，作品的使用是版权制度的最终归宿，考虑到版权作品的使用关乎社会公众参与文化、接受教育和自由发表言论的权利，以及版权作品的使用对版权制度的重要意义，尤其是在数字网络环境下版权持续扩张以及版权公有领域日渐式微，抽象的公共利益诉求难以得到保证；转换版权观念，将版权限制和例外视为作品使用者权，从而通过权利制约权利实现版权制度的重新平衡，促进作品的使用、传播和再创作，增加社会福祉，无疑非常必要。从这个意义上说，作品使用者权并非一项一般意义上的具体权利，而是代表了一种全新的版权观念，即作品使用者也是版权法的重要主体，对于版权生态系统有着重要的意义，作品使用者权与版权同属于版权制度的组成部分，二者共同服务于版权制度的目的宗旨。正因如此，我们也不能根据一般的民事权利理论对作品的使用者权进行否定和质疑。

另外，正如有学者所言，仅仅将版权的限制和例外视为作品使用者权，可能只具有学术上的意义，本身并不会对版权制度的实施产生实质性的影响。[①] 要真正落实作品使用者权，势必要对版权制度进行相应的调整，从而保证作品使用者权观念得到落实，在新的技术环境下实现版权制度的平衡，这一点在后文会一一谈及。

有学者认为，作品使用者权包括自助权和规避权。[②] 这一从限制版权技术措施的角度作出的判断有其合理性，从更广义的角度看，作品使用者权包括自由使用权和合法使用权。即对于没有纳入版权法控制范围的行为，社会公众可以自由实施而不受限制；对于属于版权法控制范围内的行为，如果符合合理使用或其他限制和例外的构成要件，社会公众亦可以自由行为。当然，为了保障这两种权利得以实现，需要完善相关的制度加以保障。

综上所述，作品使用者权既是一种新的版权观念，也意味着要对版权制度进行重新调整和安排，作品使用者权具有人权的基础，但又属于版权法范围内的民事权利。作品使用者权不同于版权，也不同于其他可以积极主张的民事权利，其更多的是一种被动的权利，以合法获得版权作品为前提，在受到版权人或其他主体的不当限制时方有主张的必要，目的在于对不断扩张的版权进行制约从而实现版权制度的应然平衡。从这个意义上说，作品使用者权是指作品使用者可以合法使用版权作品并排除版权人和其他主体不当限制的民事权利。

二 作品使用者权与相关范畴的比较

（一）作品使用者权与合理使用

不同的学者对于合理使用的概念有不同的界定，但一般认为，

---

① Chapdelaine P. , "The Ambivalent Nature of Copyright Users' Rights", *Intellectual Property Journal*, Vol. 26, No. 1, 2013, pp. 1 – 46.

② 梅术文：《论技术措施版权保护中的使用者权》，《知识产权》2015 年第 1 期。

合理使用是指在法律规定的条件下，不必征得版权人的同意，也不必向其支付报酬，基于正当目的使用他人版权作品的合法行为。[①] 合理使用是对作品版权的绝对限制，属于最为重要的版权限制和例外制度，对于保障社会公众和其他主体依法自由使用版权作品，实现版权制度的立法宗旨具有极为重要的意义。关于版权合理使用的性质，有"侵权抗辩说""版权限制说"和"使用者权利说"等不同的学说。[②] 正因如此，国内外学者在讨论作品使用者权时，一般都倾向于从合理使用是否属于作品使用者权这一角度着手，作品使用者权也往往被简化为合理使用权。合理使用作为最重要的版权限制制度，一直以来都是版权法学研究的中心议题，如果能将合理使用确定为作品使用者权，也将在极大程度上解决作品使用者权是否存在、应否存在的理论和实践争议。然而，从严格意义上说，作品使用者权是一个更为宽泛的范畴，其包含所有的版权限制和例外，例如法定许可、发行权一次穷竭等，合理使用权只是作品使用者权的一个组成部分。

合理使用作为一项具体的版权限制制度，有其相对明确的概念、判断标准和构成要件。而作品使用者权与其说是一项权利，毋宁说是一种观念，即版权的限制和例外到底属于单纯的"例外"、侵权抗辩、使用者的特权，还是使用者的权利；以及在作品使用者权的理念下，合理使用和其他版权例外和限制制度该如何界定、变革以及实现。

从另一个方面看，合理使用是作品使用者权这一简单命题本身并不要求扩大合理使用的范围。如果作品使用者的行为不符合法律目前所界定的合理使用的范围，则其根本无权使用。一个不倾向于承认作品使用者权的法院只需要指出使用不符合合理使用条款所规定的要素，则整个作品使用者权概念将没有意义，使用者只有权在

---

① 吴汉东主编：《知识产权法》，北京大学出版社 2011 年版，第 85 页。

② 阳东辉、张晓：《合理使用的性质重解和制度完善》，《知识产权》2015 年第 5 期。

目前的行为范围内进行合理的使用。① 因此，合理使用的范围直接影响到作品使用者权的范围。正如有学者所言，如果一些国家在合理使用制度上继续采取规则主义的立法模式，将合理使用限定为有限列举的几种情形，那么确立版权限制和例外的作品使用者权地位即便仍然具有重要意义，其实际价值也将大打折扣。② 要充分发挥作品使用者权在促进版权制度目的宗旨方面的作用，一个重要的举措应当是采取更为灵活的合理使用立法模式，摒弃既有的明线规则，放宽合理使用的目的解释，力争将更多的作品使用行为纳入合理使用权的范围。

可见，作品使用者权与合理使用具有密切的联系，作品使用者权问题在很大程度上就是合理使用能否被视为合理使用权的问题，合理使用的范围在很大程度上决定了作品使用者权的范围。当然，我们也不能将作品使用者权局限于合理使用权，否则将无法有效搭建起完整的作品使用者权理论体系，也会不当缩小作品使用者权的范围。

(二) 作品使用者权与版权公有领域

从历史起源看，公有领域这一概念可以追溯至罗马法中的公共物理论，罗马法的财产制度中除了规定私有财产之外，还规定了公共物、公有物、公用物等不可私有之物。③ 一般认为，版权法中的公有领域观念起源于英国 1710 年的《安娜女王法》，其对版权保护期限的限定以及对版权客体和内容的极简保护为社会公众使用版权作品留下了广阔的公有领域，从而为版权公有领域理论的发展奠定了基础。法国 1791 年的《版权法》中明确规定，超过版权保护期限的

---

① Daniel J. Gervais, "Canadian Copyright Law Post – CCH", *Intellectual Property Journal*, Vol. 18, No. 2, 2004, p. 156.

② Peter S. Menel, "This American Copyright Life: Reflections on Re – Equilibrating Copyright for the Internet Age", *Journal of the Copyright Society of the USA*, Vol. 61, No. 2, 2014, p. 244.

③ 黄汇：《版权法上的公共领域研究》，博士学位论文，西南政法大学，2009 年。

作品将进入公有领域，不再受法律保护，这是制定法中对版权公有领域的首次确认。① 1886 年制定的《伯尔尼公约》第 14 条规定：本公约适用于在本公约生效时尚未进入公有领域的所有作品。这一规定为版权公有领域概念提供了国际公约依据。自此之后，包括美国、英国在内的一些国家也纷纷在其国内版权法中采纳了公有领域这一概念。② 面对版权的不断扩张以及社会公众作品使用自由的日益萎缩，从 20 世纪 60 年代开始，国外学者开始了对版权公有领域的研究，旨在通过强化和扩充版权公有领域限制版权的扩张，保障社会公众对知识信息的获取、使用和改进。我国学者从 21 世纪初，也开始了对版权公有领域的大量研究。然而，对于版权公有领域的概念，理论界并未达成共识，争议颇大。

一种观点立足于法律文本，认为版权法中的公有领域是指权利保护期限届满的状态。③ 这种观点显然过于狭隘，不当缩小了版权公有领域的范围。法律规定保护期限届满的作品进入公有领域，只是确定了版权公有领域的一个方面，甚至是最不重要的方面，因为从某种意义上说，版权公有领域的这一方面作为一个基本确定的事实存在，对版权制度的运行影响不大。在对上述观点进行批判的基础上，有学者提出，公有领域是与版权专有权相对立的概念，通常被用来指称那些不受版权法保护的材料，属于不能被任何人专有的公共范围。④ 还有学者就版权公有领域的范围进行了具体列举，包括：保护期限届满的作品，作者放弃版权的作品，具有作品形式但依一国版权法不予保护的作品如国家立法、通用数表等，版权作品中不受法律保护的部分如思想、方法等，欠缺版权保护要件如独创性要

---

① 胡开忠：《知识产权法中公有领域的保护》，《法学》2008 年第 8 期。

② 李雨峰：《版权法上公共领域的概念》，《知识产权》2007 年第 5 期。

③ Jane C. Ginsburg, "Une Chose Publique? The Author's Domain and the Public Domain in Early British, French and Us Copyright Law", *The Cambridge Law Journal*, Vol. 65, No. 3, 2006, p. 638.

④ 董慧娟：《公共领域理论：版权法回归生态和谐之工具》，《暨南学报》（哲学社会科学版）2013 年第 7 期。

求的作品，以及依据版权限制和例外制度对作品的有权使用等。① 大幅度扩充了版权公有领域的范围。

上述观点均是从消极的否定意义层面对版权公有领域的界定，亦即一个事物、一个作品或一个行为，要么处于公有领域，要么属于版权专有权的控制范围。这是一种典型的二元对立的版权公有领域观，该方法简单明确，易于指导实践，但也存在明显不足。一方面，从不属于版权专有权范围这一角度界定公有领域容易忽视"公有领域"本身。公有领域不仅仅是版权专有权的对立面，以否定的方式无法揭示这一概念的本质特征。通过将版权专有领域和公有领域对立来界定公共领域也容易陷入"鸡生蛋还是蛋生鸡"的无限循环之中。② 另外，公有领域对版权法有着重要的意义，一个强大的、充满活力的公有领域，是维护和促进公共教育、创作自由、信息自由和文化多样性的重要前提条件。从消极的角度界定公有领域，将其视为一个静态的范畴，把公有领域定性为版权的交换或微不足道的贡献领域，忽视它在促进文化事业方面的重要作用，无法抑制版权的不断扩张，公有领域的价值也会遭受贬损。版权法属于私法，二元化的思维逻辑容易忽视其他法律尤其是公法对公有领域的影响，例如在美国关于版权公有领域的判例中，许多都直接与宪法相关，公有领域也得以在宪法的观照下不断拓展。"二元版权公有领域观"将公有领域和版权完全对立，也与版权和公有领域互相推动的现实不符。③ 正因为消极界定方式存在不足，学者泰勒·奥乔亚升撰文指出，版权公有领域不是格劳秀斯或普芬道夫意义上的无主领地，而是洛克意义上全人类共有的领域，全体公众是公有领域的所有者。④

①　李雨峰：《版权法上公共领域的概念》，《知识产权》2007 年第 5 期。

②　董皓：《多元视角下的著作权法公共领域问题研究》，博士学位论文，中国政法大学，2008 年。

③　黄汇：《版权法上公共领域的衰落与兴起》，《现代法学》2010 年第 4 期。

④　Tyler T. Ochoa, "Origins and Meanings of the Public Domain", *University of Dayton Law Review*, Vol. 28, No. 2, 2002, p. 259.

因此，版权公有领域不仅是一套制度，更是一种理论倾向和思维方式。公有领域不是作者创作要素的静态集合，而是一套保证版权运行、控制版权扩张、实现版权目的的步骤和方法。公有领域以保障后续创作可能性为前提，但最终以自身的不断扩张和人类文化的繁荣为依归。① 从遏制版权不断扩张、维护公共利益即社会公众对版权法中的公有领域享有的权益出发，我们不应考虑公有领域包含的对象有哪些，而应专注于版权公有领域自身的内涵以及社会公众在该领域的权利与义务。

显然，作品使用者权和版权公有领域的目的都在于遏制版权的扩张，保障社会公众合法使用版权作品，其归宿都在于丰富公共文化，促进公共利益。但二者的侧重点有所不同，版权公有领域侧重于从宏观层面丰富公共文化储备，为社会公众自由使用版权作品提供免费的信息和素材；作品使用者权更强调从微观层面具体实现社会公众对作品的合法与自由使用。从这个意义上说，公有领域相比于作品使用者权而言是一个更加上位的概念，公有领域是目的，作品使用者权是手段，通过将形塑公有领域的版权限制和例外上升至作品使用者权的层面，可以有效防止版权的无序扩张，丰富版权公有领域，实现版权制度的动态平衡。

（三）作品使用者权与人权

人权是指作为一个人所应该享有的权利，是一个人为满足其生存和发展需要而应当享有的权利。② 人权是人所固有的道德权利，具有平等性和普遍性，优越于一般的法定权利。③ 作为一个历史的范畴，人权在不同的时期、不同的国家有着不同的内涵。总体而言，尊重和保障人权是人类文明进步的发展趋势。世界人权的发展，是

① 黄汇：《版权法上的公共领域研究》，博士学位论文，西南政法大学，2009 年。
② 刘志强：《论人权概念与人权话语的关联互构》，《政法论坛》2020 年第 6 期。
③ 郑丽珍：《论人权的道德性——兼与莫纪宏教授商榷》，《道德与文明》2011 年第 6 期。

沿着由少数人到多数人再到所有人都享有并且真正实现人权的轨迹前进的，经历了以自由权为本的人权、以生存权为本的人权和以发展权为本的人权的三个发展阶段。① 随着数字网络技术的发展，有学者还提出了作为第四代人权的数字人权。②

对作品的使用直接关系到作品使用者能否有效接触信息、表达思想、参与文化和接受教育等，因此，作品使用者权概念的提出具有重要的人权意蕴。学者们论证作品使用者权的正当性时，往往首先从人权的视角展开，比如，有国内学者指出："使用者权"本质上是表达自由权、文化参与权、受教育权以及隐私权等人权在版权法中的体现，是宪法权利的具体化，而非一般意义上的民事权利。③ 使用者权不仅仅将合理使用上升至权利的高度，还包含着社会公众获取文化知识的普遍利益需求。④ 从人权的角度证成作品使用者权，赋予其优越于版权的崇高地位，有利于在二者发生冲突时优先考虑和更好地保障作品使用者权，比如当版权人利用标准格式合同限制相对人对作品的合理使用时，一般认为，以人权为依据的合理使用权不能被合同剥夺，相应的合同条款应归于无效。

然而，作品使用者权与人权又有显著的区别，不能混为一谈。作品使用者权除了具有人权法上的正当性之外，还具有哲学、经济学上的正当性，也可以从版权法、财产法的角度加以证成。有些作品使用者权与基本人权相关，如个人出于学习、研究的目的使用版权作品，为了引用、评论而使用他人作品，为视力障碍者的利益使用作品。但有些作品使用与人权无关，或是出于一国公共政策的考量，比如为了执行公务使用他人作品，为报道新闻使用他人作品；

---

① 何志鹏：《人权的历史维度与社会维度》，《人权研究》2021 年第 1 期。

② 郭春镇：《数字人权时代人脸识别技术应用的治理》，《现代法学》2020 年第 4 期。

③ 李杨：《著作财产权体系中的个人使用问题研究》，博士学位论文，西南政法大学，2012 年。

④ 马利：《版权技术措施的反思与完善——以"使用者权"为研究视角》，《郑州大学学报》（哲学社会科学版）2012 年第 2 期。

或是出于对作品使用者财产权的保护，比如发行权一次穷竭原则的适用。另外，在法人或非法人组织使用作品的情况下，由于组织不是自然人，不享有人权，因此并不存在基于人权的作品使用者权。因此，单独从人权的角度论证作品使用者权的正当性存在不周延的缺陷，可能导致作品使用者权的范围过于狭小，不利于作品使用者权的体系构造。

再者，作品使用者权尽管具有人权法上的正当性，但本质上仍然属于版权法意义上的私权，部分作品使用者权是宪法性人权在版权法上的具体体现。在一些国家，法官可以援引宪法文本和宪法精神作为裁判依据，作品使用者权的人权基础有助于法官作出对使用者有利的判决。但大多数国家的宪法不具有可诉性，从人权角度阐述作品使用者权只具有宣示意义，对作品使用者权的观念确认和制度保障还要从版权法层面着手。在探讨作品使用者权与人权的关系时，我们要认识到二者之间的内在联系，充分重视人权对于作品使用者权正当性的价值，但也不能将目光局限于人权的范围，同时更需要考虑的是如何将具有人权属性的作品使用者权内化于版权法之中，并且通过具体的版权制度安排加以落实与保障。

（四）作品使用者权与接触权

接触权（Access Right）又称为获取权，严格来讲，接触权和作品使用者权一样，都不是版权立法上的概念，无论是各国的版权法还是国际版权公约，迄今为止均没有关于接触权的明确规定。[①] 正因如此，当前学术界关于接触权的定义有两种截然相反的认识。一种观点认为，接触控制一直都是版权保护授予的权利的一部分。[②] 接触

---

① 在西班牙、巴西、德国等国家的版权法中存在一种作为著作人格权的接触权，即作品原件或稀有复制件转让后，作者为行使著作权之需要，有权接触作品并予以复制，但与本书所谈的接触权不是一回事。

② Marcella Favale, "The Right of Access in Digital Copyright: Right of the Owner or Right of the User?", *The Journal of World Intellectual Property*, Vol. 15, No. 1, 2012, pp. 1-25.

权是作者可以控制其版权作品不被他人接触的权利。[1] 另一种观点则认为，接触权是指社会公众自由接触版权作品、获取信息的权利。[2]

传统上的版权主要包括复制权和公开表演权，复制权控制作品有形复制件的公开发行，公开表演权控制对作品的公开表演。公众对作品的接触不在版权的控制范围之内，版权人自然不享有对作品的接触权。相反，由于公众可以自由接触版权作品而不受版权人的限制，加之获取信息并自由参与社会文化是《世界人权宣言》明确规定的一项优先于版权的基本人权，有学者据此认为，传统环境下对作品的自由获取（接触）是版权限制制度的组成部分，属于作品使用者权的范畴。[3] 对此，笔者亦表示认同。

随着人类社会进入数字网络时代，以数字化形式存在的作品可以以趋近于零的成本实现大量完美复制，私人复制与商业复制的界限几近消失。作品的利用从拥有复制件转变为直接体验作品内容，社会公众无须占有作品就能"接触"作品从而实现作品的使用价值。"中间人控制版权保护与公众使用作品之间的平衡"这一传统的版权保护模式无法继续发挥作用。[4] 接触和体验成为版权的核心内容。版权人开始创制各种技术措施，并最终获得了立法的保护。版权技术措施根据其功能可以分为两类。第一类称为"接触控制措施"，其作用在于防止他人擅自以阅读、收听、收看等方式"接触"作品内容。第二类被称为"版权保护措施"，其作用在于防止他人擅自对作品实施复制和传播等受专有权利控制的行为。[5] 部分国家包括我国对版权

---

[1] 熊琦：《论"接触权"——著作财产权类型化的不足与克服》，《法律科学（西北政法大学学报）》2008 年第 5 期；刘建：《论版权法中的接触权原则》，《中国出版》2017 年第 17 期。

[2] 吉宇宽：《图书馆著作权作品获取权的限制与保障》，《图书情报工作》2012 年第 3 期。

[3] 彭学龙：《论著作权语境下的获取权》，《法商研究》2010 年第 4 期。

[4] 姚鹤徽、王太平：《著作权技术保护措施之批判、反思与正确定位》，《知识产权》2009 年第 6 期。

[5] 王迁：《技术措施保护与合理使用的冲突及法律对策》，《法学》2017 年第 11 期。

接触控制措施的保护，意味着只要公众规避接触控制措施浏览版权作品，即便未实施任何后续的作品使用行为也构成侵权，从而事实上赋予了版权人对作品的接触权，扩大了版权人的权利范围，使得社会公众不仅无法合理使用版权作品，甚至难以接触版权作品；版权人获得了超越版权的权利，进一步挤占了公有领域。鉴于此，有学者提出，立法不应禁止对技术措施的直接规避，只需在原则上禁止提供规避技术措施的设备和服务的行为即可。也有学者主张应当赋予合理使用者以接触权，作为创设作品使用者权的一个切入口，把使用者和著作权人放在同一个平台上进行博弈和对抗，从而实现资源的最有效配置。① 还有学者认为，多元化的技术措施为版权提供了强有力的保护，作为被动防御机制的合理使用在技术措施面前弱小无力，使用者的各种合法权益处于不确定状态，因此应当赋予社会公众接触作品的权利。使用者权就是技术措施下文化产品的使用者对公有领域知识的接触权，也是宪法权利的民法化。②

由此可见，作品使用者权与接触权有着千丝万缕的联系，从社会公众自由接触和获取信息的角度看，接触权属于作品使用者权。当然，接触只是使用作品的初始阶段，获取作品之后还有一系列的复制、传播、演绎等使用行为，因此即便是从这个意义上看，接触权也只是作品使用者权的一个组成部分，接触权并不等同于作品使用者权。如果从作者控制社会公众接触作品的权利角度看，接触权与作品使用者权之间存在明显的张力，在版权人对作品采取技术措施且该技术措施受法律保护的情况下，使用者接触、合理使用作品的自由将受到极大的限制。事实上，也正是在这一新的技术背景下，才有更多的学者提出作品使用者权的概念，主张将版权的限制和例外视为作品使用者权，通过权利制约权利，恢复版权制度的平衡。

---

① 金利锋、许海英：《论著作权法的三元权利构建模式——使用者权初论》，《大连民族学院学报》2015 年第 2 期。

② 梅术文：《论技术措施版权保护中的使用者权》，《知识产权》2015 年第 1 期。

至于部分学者建议直接赋予社会公众对采取了技术措施的作品的接触权（或称规避权），则是一个更为激进的观点，其中涉及公众获取信息的利益与网络环境下版权人有效实现经济利益需求之间的平衡，还需要进一步斟酌与审视。

（五）作品使用者权与作品副本所有权

在传统环境下，购买了版权作品副本的使用者对该副本依法享有所有权，而作者仍然保留对作品的版权，从而实现了作品载体所有权和作品版权的分离这一版权法上的特有现象。[1] 作品使用者对作品副本享有的这一财产权在现代意义上的版权法诞生之前就已经存在，这一权利并无争议，依法受到物权法、合同法等相关法律的保护。但是，副本所有人对副本财产权的行使又要受到版权的限制，比如，未经权利人许可，副本所有人不得擅自复制该副本并发行，也不得实施为版权人控制的其他行为。总体而言，版权所有者的知识产权能够决定使用者可以对其作品副本做什么，不可以做什么。与版权人对作品本身所拥有的知识产权相比，使用者在版权作品的支持媒介和副本（书籍、CD、DVD）中所拥有的产权似乎微不足道。[2] 为了缓和作品副本的所有权与版权之间的冲突，很多国家的版权法中确立了发行权一次穷竭原则，即作者或作者授权的人以销售、赠予等方式将作品原件或复制件投放市场后，附着在该作品载体上的发行权即告消灭，作品原件或复制件合法受让人可以不经作者许可，自由转售该作品原件或复制件。我国著作权法尽管没有明确规定发行权一次穷竭原则，但学理界和司法实践中已经承认该项原则。发行权一次穷竭原则在维护二手作品市场、促进作品获取、保护消费者隐私以及降低交易成本方面具有重要价值，也是副本所有权人

---

[1]　曹新明：《作品原件所有人的告知义务研究——兼论〈著作权法〉第三次修订》，《法治研究》2013 年第 11 期。

[2]　Pascale Chapdelaine, *Copyright User Rights, Contracts, and the Erosion of Property*, Oxford：Oxford University Press, 2017, p. 3.

自由和自主行使财产权的必然要求。此外，副本所有者在个人范围内对作品进行使用比如少量复制也不在版权的控制范围之内。一些国家的版权法还规定了展览权一次用尽原则，即美术作品的原件所有人享有美术作品的展览权。这些都属于传统环境下作品副本所有权在一定情况下对作品版权的限制，基于这一限制，使用者有权依法对作品进行使用。可见，尽管作品副本的所有权作为物权不属于作品使用者权的范畴，但是其对于限制版权、证成并实现作品使用者权具有十分重要的意义。

随着技术的发展，情况发生了变化。一方面，网络环境下"发行权一次穷竭"原则是否仍然适用，在很多国家的立法中并不明确；另一方面，版权人通过标准格式合同限制使用人转售作品副本的约定是否有效也存在巨大争议。作品副本所有权与版权之间原先明确的关系不再清晰，最终的结果是作品使用者自由的缩减。此外，一些版权人倾向于对版权作品进行授权而不是出售，使得用户越来越少地通过拥有副本而越来越多地通过接受服务来体验作品。因此，对于版权作品的副本拥有财产权的情况就不那么常见了。而且这些服务协议往往会在版权法之外对作品使用者进行额外的限制，使用者的使用自由进一步缩小。此时，作品使用者能否享有无形拷贝的所有权，服务协议能否在版权法之外约束作品使用者，直接关系到作品使用者权能否实现。

可见，作品使用者权与作品副本的财产权是相互独立的，但作品副本的财产权对于证成、实现作品使用者权具有重要意义。在数字环境下，作品使用者对版权副本的所有权受到商业模式和版权协议的严重限制，版权作品的使用权由版权人绝对掌握，作品使用者权几无生存空间。因此，数字网络环境下强调作品使用者对数字作品副本的财产权，并且继续适用"发行权一次穷竭"原则，对于保障作品使用者的自主权，限制版权的扩张具有重要意义。当然，考虑到数字环境下作品和载体的一体化，为了保护版权人的合法权益，作品使用者转售作品副本至少应以删除自己所有的副本或使其不能使用为前提。

综上所述，作品使用者权并非一项独立于现有版权体系的新型权利，而是在维持现行版权框架不变的前提下，为了对抗版权技术措施、版权合同和版权在线执法给版权人提供的超版权保护，防止对作品使用者版权法利益的侵蚀，恢复版权应有的平衡，从观念上将版权的限制和例外的地位从侵权抗辩事由提升为作品使用者权，并通过相关的版权制度变革保障作品使用者权所蕴含的利益得以实现，这也是本书的基本立场和总体思路。

本章小结

从历史的维度看，早期的版权法以知识的获取与传播为其政策目标，其对作者和出版者的保护只是实现更大公共利益目标的手段，这一点在今天也不应有所不同。在此阶段，版权人的权利非常有限，作品使用者拥有使用作品的广泛自由，从某种意义上说，版权是例外，公共利益是规则，版权法对版权极其有限的保护和对作品形式及版权人义务的要求暗含了作为事实存在的作品使用者权，但并无特别提出的必要。随着技术的发展，尤其是数字网络技术的普及，版权不断扩张，公有领域日渐式微，社会公众合法使用版权作品的权利和自由逐渐萎缩，版权制度内置的安全阀难以维持版权的平衡。在此背景下，重申作品使用者权，以具体的作品使用者权取代抽象的公共利益诉求，通过权利制约权利，从而实现版权制度所追求的内在平衡，成为时代的应然选择。按照不同的标准，作品使用者可以划分为不同的类型，不同类型的作品使用者享有的作品使用者权应当有所不同。作品使用者权是指作品使用者可以合法使用版权作品并且排除版权人和其他主体不当限制的民事权利，其与合理使用、公有领域、人权、接触权和传统财产权等有着千丝万缕的联系，但是也存在显著的区别，在作品使用者权的观念形塑和制度保障方面应当将他们区别开来。

第二章　作品使用者权的正当性分析

由于立法上并未明确规定，目前学术界关于是否应当承认作品使用者权还存在广泛的争议。从已有的文献看，支持作品使用者权的学者大多数从人权和版权平衡的视角论证其正当性，尚不够充分，也容易遭到反对者的否认和质疑。本章将进一步从哲学、经济学的角度对作品使用者权的正当性进行证成，并对人权、版权方面的论证进行补充。

第一节　哲学维度

版权作为一种法定的权利，从产生伊始就一直在追寻哲学上的正当性，而不同的哲学思潮和观念对版权制度理念和规则的形成又产生了深远的影响。对作品使用者权的理论证成首先也要进行哲学维度的解析与探索。一般认为，版权持续扩张的内在动因是受"作者中心主义"版权范式的影响。"作者中心主义"的首要观念为作者是作品唯一的创造者和贡献者，作品是作者人格的体现，在此基础上甚至进一步认为，版权是自然权利，制定法只不过是对天赋权利"予以追认而已"。在"作者中心主义"范式之下，社会公众是作品的消极使用者和潜在偷盗者，作品使用者权没有生存的空间。"作者中心主义"版权范式以浪漫主义和主体性哲学为内在依托。随着浪漫主义向结构主义的转变，以及主体性哲学向主体间性哲学的过渡，作品使用者步入版权法的视野，作品使用者权的观念由此可以摆脱哲学上的桎梏。平衡是版权理论的核心，但在实践中，现代版权法从根本上偏向了版权所有者，版权人的权利和利益日益集中，弱势的作品使用者进一步边缘化，基于分配正义原则的要求，必须调整版权制度，以确保它给富人带来的好处不会以牺牲社会弱势群体的利益为代价，一个可行的办法就是从作品使用者的角度重新审视版权法，承认作品使用者权为版权系统不可分割的组成部分。

一　从浪漫主义到结构主义

（一）浪漫主义哲学下的版权观

在古希腊，艺术即模仿，艺术被认为是模仿的结果而非创作的结晶。在柏拉图看来，在艺术世界、现实世界和理念世界中，只有观念世界是独立、自足和永恒的，而作为感性存在的现实世界和艺术世界则是从理念世界中衍生出来的。① 文艺复兴时期，人的主体意识开始复苏，主体的心灵功能得以发展，艺术家的作品中洋溢着创造精神和人文主义光芒。尽管长期统治西方的"模仿艺术观"尚未被打破，但艺术作为一种创造性模仿开始得到承认。及至近代，在浪漫主义哲学的影响下，创造性被提升到独创性的高度，艺术即独创。

浪漫主义是18世纪晚期至19世纪初期在欧洲兴起的一种文化运动，它对理性和以理性为基础的资本主义文化进行了反思和批判，17世纪的帕斯卡尔提出的"精神归宿论"被认为是浪漫主义的思想之源。② 浪漫主义运动肇始于德国早期的浪漫派，康德因其《判断力批判》一书直接影响了浪漫派的主要代表小施勒格尔，成为德意

---

① ［古希腊］柏拉图：《理想国》，郭斌和、张竹明译，商务印书馆1986年版，第392页。

② 李正义：《浪漫主义精神的哲学诠释》，《齐鲁学刊》2009年第6期。

志"浪漫主义之父"。① 此后，浪漫主义从德国向英国和法国扩散，进而席卷整个欧洲。在刘小枫看来，德国浪漫主义哲学的根本主题是有限的、夜露销残般的个体生命如何寻得自身生存意义，如何超越有限与无限的对立，把握超越时间的美的瞬息。② 浪漫主义的核心意蕴在于对人的关切，即"人是人的最高本质"。

浪漫主义映射到版权领域，作者被视为具有个人天赋的人，其"生动的感觉"和"强烈情感的自发流露"成为创造力的源泉和作者身份得以确立的要素。他们被视为创造了空前绝后和独创的东西。作者的天才既无迹可寻，也不能为自己预料，更无法被他人控制和模仿。③ 及至18世纪中叶，浪漫主义的作者观已经成为关于艺术的普遍真理，塞缪尔·约翰逊直截了当地说，原创是对天才的最高赞誉。④ 康德则表示，天才和模仿的精神截然对立。⑤ 浪漫主义作者观渗透到人们的法律意识当中，作者无论在版权的立法还是司法过程中都被视为一个神圣的主体，其"独创"作品的能力得到了非同寻常的肯定和评价。

浪漫主义作者观过分强调作者"神性"的面向，而忽视其"人性"的特征，因此，在版权法控制和管理作品的两类资源即作者的贡献和公众的价值时，往往只有作者才获得了回报，对作品做出贡献的其他主体如作品使用者则被完全忽视，没有严格反映现代写作的客观实践。浪漫主义强调作者是他们作品的君主，然而这一命题在罗兰·巴特1968年的文章《作者之死》中受到了挑战。巴特认为，一篇文章不能归因于任何单一作者，因为"是语言而不是作者

① 舒志锋：《康德与浪漫主义的兴起》，《海南师范大学学报》（社会科学版）2014年第9期。

② 刘小枫：《诗化哲学》，华东师范大学出版社2007年版，第103页。

③ Wordsworth and Zall P. M., *Literary Criticism of William Wordsworth*, Lincoln：University of Nebraska Press, 1996, p. 182.

④ Mark Rose, *Authors and Owners：The Invention of Copyright*, Cambridge：Harvard University Press, 1993, p. 5.

⑤ ［德］康德：《判断力批判》上卷，宗白华译，商务印书馆1963年版，第154页。

在说话"①。这一被称为结构主义或后结构主义的理论表明，作者不仅是一个人，更是一个社会和历史构成的主体。

（二）结构主义与作品使用者权

结构主义起源于瑞士语言学家索绪尔。在索绪尔之前，古典语言学认为语言是指涉外物的，因此其意义源于语言之外的社会、历史、文化和心理现实。索绪尔则将语言视为一个自我指涉的自足的符号体系，个别言语的意义并非固有的，而取决于语言的各种关系、要素的差异组合。② 索绪尔对语言的洞见超出了语言学的范畴，其所创建的结构主义语言学为 20 世纪 60 年代在法国兴起的结构主义思潮提供了方法论模式，进而引领了结构主义哲学的诞生。③ 此后，结构主义经由维特根斯坦、让·皮亚杰、罗兰·巴特、福柯等人的发展与批判并应用到各自的研究领域，成为当代世界的重要思潮。在结构主义看来，个体只是结构的节点，没有独立的意义，世界由关系而非事物组成，而事物只是相互关系（亦即结构）的连接点。结构主义强调人并不是独立的主体，而只是整体结构中的一个关系项，它的一切思想和行动都受着无意识的结构（首先是语言符号系统）的支配。福柯甚至认为，人的概念也应取消，因为人在哲学和科学史上只是一个暂时性的概念，它是 18 世纪末以一种特殊的形式被创造出来的，一旦找到新的替代形式，它就会如海市蜃楼般消失。④

结构主义运用到文学领域，其理论与浪漫主义文学截然相反。结构主义文学观切断了作品与个人之间的联系，认为作品内在的结构对作品的诞生起到关键性的制约作用，作者不再是作品的"父

---

① ［法］罗兰·巴特：《作者之死》，载赵毅衡编选《符号学文学论文集》，百花文艺出版社 2004 年版，第 507—508 页。

② ［瑞士］费尔迪南·德·索绪尔：《普通语言学教程》，岑麒祥等译，商务印书馆 1980 年版，第 37 页。

③ 杨善解：《结构主义的方法及其哲学倾向》，《江淮论坛》1990 年第 1 期。

④ ［法］米歇尔·福柯：《词与物》，莫伟民译，上海三联书店 2001 年版，第 43 页。

亲"，而仅仅是作品的助产士。在结构主义的视野中，作品不是作者心灵的"窗户"，而是作者的隐秘内在的反映。一部作品的中心意义不再是作者的灵魂或精神，而是深层结构本身，文本只是这一深层结构的"复制品"。① 结构主义将文本结构视为一个自律和自足的独立系统，清空文本的现实内容，只留下形式，实现了对自然与作者心灵的双重排斥。② 作者与作品的关系由此断裂。结构主义并不认可作品的独创性，而将其视为结构的功能性表达，正如列维－施特劳斯所言："我并不认为我写了我的书，我的那些书是通过我来撰写的，一旦创作完成，我就感到空空如也，什么也没有留下。我从来没有感觉到我的个性特征，我所看到的我是一个位置，在这个位置上会有事情发生，但却没有我。"③ 结构中所有要素地位平等，彼此并无优劣之分，各要素的意义在于与其他要素的区别且其功能被结构整体赋予。

具体到版权领域，意味着作者、传播者与公众三方主体之间不存在谁优于谁的天然价值位阶。④ 米歇尔·福柯在《什么是作者》一文中指出，所有的作者都是作家，但并非所有的作家都是作者。⑤ 在福柯的理论中，作者实际上并非作品意义的唯一来源，作者只是现代文化中的一项功能性概念，存在于书面作品的功能之中，是其结构的一部分，但不一定是解读过程的一部分。在这种方法中，读者的重要性被重新审视，并在意义的构建中得到更加明确的肯定。

随着文学理论对浪漫主义的批判，新兴的法律实践和理论也提

---

① ［英］特雷·伊格尔顿：《二十世纪西方文学理论》，伍晓明译，北京大学出版社2007年版，第109页。

② 林秀芹、刘文献：《作者中心主义及其合法性危机——基于作者权体系的哲学考察》，《云南师范大学学报》（哲学社会科学版）2015年第2期。

③ 夏光：《后结构主义思潮与后现代社会理论》，社会科学文献出版社2003年版，第89页。

④ 徐小奔：《浅议皮亚杰结构主义视角下版权战略的实施对象》，《赤峰学院学报》（汉文哲学社会科学版）2015年第8期。

⑤ Michel Foucault, "What Is an Author?", in Harari J. V., *Textual Strategies：Perspectives in Post－Structuralist Criticism*, Ithaca：Cornell University Press, 1979, p. 141.

出了问题。现代版权法是一种以作者为中心的制度，这种模式下的创造是一种个人活动，对创造结果的权利属于在结果中付出了智力劳动（精神创造力）的个人。然而，信息网络技术为世界呈现了一幅完全不同的画面，信息和知识的对等生产是一种新的分散创新模式。从这个意义上说，创造力正在被重塑为一种协作活动，而不是一种个人活动。在杰克·斯蒂林格看来，单一的作者概念与文学作品创作的事实不符，许多被认为是单一作者的作品，实际上是许多人的作品，他因此问道："有多少作者被排除在一篇文章之外或被奉为神明？"① 也有人认为，版权作为一种法律和社会制度，没认识到版权创作作为一种集体想象和生产活动的本质，并否认了公众对版权创作过程的贡献，造成并维持了私人利益和公共利益之间的不平衡。② 因此，作者身份根本不是源于英雄的个人创造，而是一个社会化过程：作品创作是协作的结果，高度依赖于互动网络；作品是社会性的，它涉及对现有版权材料以及公有领域材料的使用和重组；作者身份在本质上是递增的，重大的新发展源于许多小的创新，而不是单个创造者的重大突破。

从浪漫主义转向结构主义，一方面"作者中心主义"出现危机，另一方面公共资源、社会公众在作品创作中的价值得到重视，为作品使用者权的确认解除了观念上的桎梏，并提供了哲学上的正当性支撑。

二 主体性哲学的解构与主体间性哲学的提出

（一）主体性哲学与作者中心主义

主体性哲学又被称为人的主体性，是指人作为主体在与客体的关系中所显示出来的主观能动性或自觉能动性，体现了人类的理性

---

① Jack Stillinger, *Multiple Authorship and the Myth of Solitary Genius*, New York: Oxford University Press, p. 191.

② Lior Zemer, *The Idea of Authorship in Copyright*, Aldershot: Ashgate, 2007, p. 16.

光辉。① 在原始社会，由于认知和实践能力有限，人类只能臣服于自然，尚未能将自身与自然区分开来。到了古希腊时期，随着对世界起源的探讨不断加深，人类产生了对主体的自觉意识，无论是雅典德尔斐神庙匾语"认识你自己"，还是普罗泰戈拉提出的"人是万物的尺度"，都反映了主客体意识的萌芽，但彼时主客体之间还缺乏明确的界限。及至中世纪，在神权的威严统治之下，人的主体性和能动性亦十分有限。直到笛卡儿提出"我思故我在"，才正式宣告主体性哲学的诞生。"我思故我在"意味着作为主体的"我"，可以因为思考而对世界发挥作用。② "我"成为笛卡儿哲学认识论中的决定性主体。经由康德的先验哲学，到黑格尔的"绝对精神"，主体性哲学范式逐渐成熟。康德将笛卡儿的主体性继续推进，把人上升至"人为自然立法"的高度。萨特的"存在先于本质"和"人是自我设计的存在"进一步书写了人的主体性的光辉历史。在黑格尔的哲学中，主体性被上升为一种自我意识、自我扩张和支配一切能动的生命实体。"一切问题的关键在于，不仅把真相理解和表述为一个实体，而且同样理解和表述为主体，只有当它是自身转化与其自己之间的中介时，它才真正是现实的存在，这个存在才真正是主体。"③

主体性哲学建构了人的主体性地位，为作者获得神圣的法律权利奠定了坚实的基础。当人从神权中解放出来，作者就从"模仿者"上升为"独创者"，作品被视为作者人格的延伸和心灵的写照。作者中心主义获得了哲学支撑，并成为版权持续扩张的重要缘由。

（二）主体间哲学与作品使用者权

主体性哲学在摧毁宗教神学对人的贬斥、确立人的主体地位方面发挥了重要作用，但其倡导的主体性作为一种抽象的主体性，也

---

① 李若冰：《主客体的二元分裂：认知主体性哲学的根本难题》，《学术交流》2008年第11期。

② 简圣宇：《现代主体性哲学的形成、演变及其困境》，《前沿》2011年第5期。

③ ［德］黑格尔：《精神现象学》，先刚译，人民出版社2013年版，第10—11页。

存在诸多的困境。其中之一就是在主体性哲学体系下，"大写的自我"成为一切的统治者，这种"自我"情结将人的社会特质先验化和抽象化，排斥社会主体间丰富多样的差异性，"他者"成为一个不可逾越的障碍。脱离他人存在和"交往实践"的单一主体性从根本上排斥了"主体间"关系对于主体建构的决定性影响，无法揭示主体间交往关系的双向整合对于各级主体所带来的本质力量的发展以及主体形态的建构，也不能反映主体创造活动的真正本质。①

针对主体性哲学理论的困境，后现代主义进行了解构，并在人与人的关系方面倡导主体间性以消除二元论在人与人之间设置的对立。按照主体间性哲学理论，社会认知不是一项破译或模拟他人行为的单独任务，而是在与他人巧妙互动的动态过程中产生的。这种关于社会认知的观点被描述为参与性意义化，即在互动个体和互动过程本身之间的相互作用中产生和转化意义的过程。②"主体间性"是主体之间的关系，尤其是指主体之间的共同联系，是社会性的重要表现。③要使个体的知觉构成有效的知识，还需借助于超个体的作为文化的准先验的东西来完善或补正。④意义不是主体自身形成的，而是在主体和主体之间形成的。⑤只有通过"准先验综合陈述"或者"主体间性"，知识才成为可能。⑥

具体到版权领域，谈及作者的地位，在福柯之前人们普遍将其视为文学世界的主宰者、作品的生产者和作品意义的发源地。福柯提出了不同的观点，认为作者是某一特定时代的文化和文学的话语

---

① 高鸿：《西方近代主体性哲学的形成、发展及其困境》，《理论导刊》2007 年第 3 期。

② Thomas Fuchs，"Hanne Jaegher. Enactive Intersubjectivity：Participatory Sense – Making and Mutual Incorporation"，*Phenomenology and the Cognitive Sciences*，Vol. 8，No. 4，2009，pp. 8465 – 8486.

③ 路日亮：《论知识与主体间性的关系及其意义》，《中山大学学报》（社会科学版）1999 年第 3 期。

④ 王维国：《论知识的公共性维度》，中国社会科学出版社 2003 年版，第 165 页。

⑤ 郭湛：《论主体间性或交互主体性》，《中国人民大学学报》2001 年第 3 期。

⑥ 王太平：《知识产权的基本理念与反不正当竞争扩展保护之限度——兼评"金庸诉江南"案》，《知识产权》2018 年第 10 期。

载体，最终受制于当时社会的知识体系如话语方式和社会机制，他们不是各种话语的创造者，不是心理上的，而是各种话语的副产品和代理人。他们是功能性的，地位急剧下降，从一个主宰者变成了话语中介。[①] 据此可以认为，作品的意义并非由作者单独创建的，而是由作者与读者共同塑造的。

主体间性哲学的提出，意味着始于笛卡尔的主体性哲学范式已日渐式微，作者中心主义失去依托，"作者的死亡"换取的是读者的诞生，读者开始走向前台。保护作品版权的同时，不能遗忘读者或作品使用者在作品价值建构中的意义。尤其是在当今数字网络时代，"超文本"和"互文性"等概念的出现，进一步凸显了重新考虑读者地位的必要性。它们揭示了文本的演化性、可修改性和开放性，并支持这样一种观点：文学艺术作品的意义不在于作品本身，而在于读者。重新审视作者与作品使用者之间的关系，作品使用者权具备了哲学上的正当性和版权法上的权利来源。

三 分配正义的视角

（一）罗尔斯的正义理论

"让天塌下来，正义必须得到伸张。"自人类社会诞生以来，正义就一直是人类最重要的追求之一。[②] 根据萨尔蒙德的理论，在逻辑概念的顺序中，权利或正义排在第一位，而法律排在第二位。[③] 正义本质上是一种社会美德，而正义与否主要取决于一个人与其他人之间的关系。正义的目的是维持或恢复人类事务的平衡，从亚里士多德到罗斯科·庞德，在处理正义问题时，和谐、平衡或利益协调的

---

① 肖岩：《论福柯主体性哲学视野中的作者问题》，硕士学位论文，南京大学，2013年。

② Shamsul Arif Makhdoomi, "Jurisprudential Aspects of Distributive Justice", *Indian Journal of Law & Public Policy*, Vol. 1, No. 1, 2014, p. 37.

③ Williams G., *Salmond on Jurisprudence*, London：Sweet & Maxwell Ltd, 1957, p. 61.

概念一直是他们强调的主题。而要实现社会正义，关键在于解决分配正义的问题。

最早系统阐释分配正义的是古希腊哲学家亚里士多德，他将正义分为普遍正义和特别正义，特别正义中就包含了分配正义。分配正义是"表现在荣誉、财物以及合法公民人人有份的东西的分配中的正义"，"所有人都同意应该按照各自的所值分配才是公正的"。① 在亚里士多德之后的漫长岁月里，分配正义理论经历了不断的演变，直到 20 世纪 70 年代罗尔斯的《正义论》一书面世，分配正义才引起人们足够的重视。作为分配正义理论的集大成者，罗尔斯《正义论》的写作目的之一在于批判功利主义。用肯尼斯·阿罗的话来说，他的成就是一部深刻的著作，它使我们大家重新审视头脑简单的功利主义。② 在罗尔斯之前，由边沁和密尔首创的功利主义在西方道德哲学和政治哲学领域已经统治了一百多年。功利主义又称效益主义，提倡追求"最大多数人的最大幸福"，其正义的标准是看某一行为能否增加幸福的总量。进而言之，即便一种分配方式不尽公平，甚至损害了部分人的利益，但如果能够增加社会的整体福利，那么也是可取的。功利主义的这一立场忽视了个体的幸福，具有明显的道德冷漠性，遭到学者们的广泛质疑。20 世纪 60 年代，美国经济经过多年的高速发展之后走向衰退，与此同时，失业率居高不下，贫富两极分化严重，财富高度集中，社会矛盾一触即发，功利主义无法解决既存的问题。在此背景下，罗尔斯认为，应当建构另外一套道德理论以取代功利主义，《正义论》的创作即是出于这个目的。③

罗尔斯假定了一个物质中等匮乏的原初状态和作为参与者主观

---

① ［古希腊］亚里士多德：《尼各马科伦理学》，苗力田译，中国社会科学出版社 1999 年版，第 95 页。

② Kenneth J. Arrow, "Rawls's Principle of Just Saving", *The Swedish Journal of Economic*, Vol. 75, No. 4, 1973, p. 324.

③ 毛勒堂：《分配正义：历史、理论与实践思考》，《湖南师范大学社会科学学报》2011 年第 6 期。

状态的"无知之幕"，并在此基础上构建其正义理论。罗尔斯的分配正义理论包括两个原则：第一，每个人在所有人拥有的最广泛平等的与基本自由体系相容的类似自由体系中都应享有一种平等的权利；第二，社会和经济的不平等应该这样安排，使得这两种不平等都能够最大限度地增进最不利者的利益，且这两种不平等所依系的职务和地位，应该基于机会的公平平等条件向所有人开放。① 第一个原则通常被称为平等的基本自由原则，即每个人的基本自由都应得到平等的保障而不受限制，平等的基本自由原则具有优先性。此处的自由不同于一般的自由，而是作为保证道德人格形成和发展所必需的社会条件的基本自由，属于宪法意义上的基本权利的范畴。第二个原则通常被称为机会的公平平等原则和差别原则。即在保证公平的机会均等的前提下，允许收入和财富的不平等，但是社会和经济的不平等只有在它们"导致补偿每个人特别是社会中最弱势的成员的利益"的情况下才被允许。需要指出的是，罗尔斯的基本自由原则优先于机会的公平平等原则和差别原则，而公平平等原则又优先于差别原则。由此可见，罗尔斯一方面允许某些人因为先天的资质获得优于其他人的地位；另一方面又认为必须对因为先天资质导致的社会不公平进行纠正，由此保证基本自由的平等性和不受限制性。②

（二）分配正义原则下的版权法审视

版权制度控制着我们社会中知识和文化的流动，正是这个制度为创意产业提供了基础框架，以组织投资于信息和娱乐产品的创作和发行，也正是这个框架决定着消费者和未来的生产者如何获得这

---

① ［美］约翰·罗尔斯：《正义论》，何怀宏等译，中国社会科学出版社 1988 年版，第 5、56、303 页。

② 李沛丽：《自由主义语境下的分配正义问题研究——平等优先抑或权利至上》，《湖北科技学院学报》2020 年第 3 期。

些商品。① 从理论上讲，版权所有人和作品使用者的利益经常是一致的，这两个群体都受益于蓬勃发展的文化和源源不断的新知识。然而，在实践层面，版权所有者和使用者往往存在利益冲突。理性的版权所有者通过控制和限制对其产品的获取和使用来使他们的利益最大化。从这个意义上看，版权是零和博弈，生产者获得的任何利益都以牺牲消费者的利益为代价。

虽然平衡是版权理论的核心，但在实践中，现代版权法从根本上偏向了版权所有者。总的来说，现行版权制度过分侧重于权利人的专有权，而对使用者的利益考虑不足。作为一种功利主义的制度安排，版权激励投资者生产和传播文化产品，从而增进公众利益。这些激励措施必须与授予作品专有权的成本相平衡，因为专有权必然会使获得作品的成本更高。但是功利主义分析的核心是不确定的，因为没有足够的分析来确定最佳的平衡在哪里。有学者据此认为，平衡的概念本身就是一种不恰当的构建版权利益的方式。② 近年来，在缺乏相反的经验证据的情况下，一种最大限度的观念往往占据主导地位：如果某种程度的版权保护是好的，那么越多越好。③ 与此同时，最大功利主义的观点还被潜在的自然权利主张所强化，主张创作者应该能够控制他们的作品。这些主张通常基于创作者拥有他们的劳动成果，或者创作者与他们创作的作品有着特殊的联系，他们在其中投入情感并表达了自己的个性。基于自然权利理论的更简单的常识性和直觉上的吸引力，在缺乏证据的情况下支持了功利主义主张。④

---

① Ezieddin Elmahjub and Nicolas Suzor, "Fair Use and Fairness in Copyright: A Distributive Justice Perspective on Users' Rights", *Monash University Law Review*, Vol. 43, No. 1, 2017, p. 276.

② Abraham Drassinower, "From Distribution to Dialogue: Remarks on the Concept of Balance in Copyright Law", *The Journal of Corporation Law*, Vol. 34, No. 4, 2009, p. 995.

③ Jessica Litman, *Digital Copyright*, New York: Prometheus Books, 2006, p. 80.

④ Nicolas Suzor, "Access, Progress, and Fairness: Rethinking Exclusivity in Copyright", *Vanderbilt Journal of Entertainment and Technology Law*, Vol. 15, No. 2, 2013, pp. 297 – 342.

罗尔斯的正义理论要求权利和资源的配置满足两个原则。第一项原则要求平等地分配基本权利和义务。这些是宪法赋予所有人的自由，不允许有任何不平等。[1] 因此运用分配正义理论审视版权，首先要明确版权是否属于基本自由，如果是，则它不能以不平等的方式被限制，也不能与其他社会利益进行交换。所谓基本自由的基准是，必须有一项特定的权利或自由来促进自主和自由选择的生活，以及自我进步和自我实现的最大化。基于此，一般认为知识产权不是一项基本的自由。通过创作进行表达有可能被认为是作者的一项基本权利，但是作品不具有排他竞争性，对作品的使用不会剥夺作者通过作品表达自我的权利。排他性的版权是正当的，因为它使作者能够获得经济和人格上的独立性。正因如此，《经济、社会、文化权利国际公约》第 15 条第 1 款（c）项承认作者的一些基本利益，即保护一切科学、文学或艺术作品所产生的精神和物质利益，该条同时也承认获得知识和参与文化生活的基本权利。知识产权都有很强的内在限制，这是保护用户在学习、享受、分享以及利用知识和创造性文化表达方面的利益所必需的。可见，知识产权与任何基本权利都相去甚远，这为版权的限制或者作品使用者权的主张奠定了基础。

在罗尔斯的框架中必须解决的第二个原则有一个先决条件，即社会和经济的不平等只有在它们"导致补偿每个人的利益，特别是社会中最弱势的成员的利益"的情况下才被允许。这是版权开始出现严重问题的地方。基于功利主义的版权正当性在于，如果没有它们提供的激励，就会创造更少的作品，取得更少的进展，每个人的境况都会更糟。[2] 版权的限制特别是权利期限、侵权的例外以及思想表达二分法等，旨在减轻或"平衡"授予版权专有权对使用者和未

---

① John Rawls, *A Theory of Justice* (*Revised Ed*), Cambridge: Harvard University Press, 1999, pp. 53 – 54.

② Nicolas Suzor, "Free – Riding, Cooperation, and 'Peaceful Revolutions' in Copyright", *Harvard Journal of Law and Technology*, Vol. 28, No. 1, 2014, pp. 137 – 193.

来作者的影响。假设平衡激励的论点在理论上是合理的，那么至少在某种程度上，目前不平等的版权市场结构表明，版权平衡的实际实施严重不足。在实践中，版权授予允许私人权力集中，并控制信息和文化的传播。当前的版权规则使财富和权力偏向社会中的一小部分人，使他们不成比例地控制知识的获取和文化的参与，造成社会上很大一部分人无法获得必要的知识和文化产品，以帮助他们实现自我。①

如果版权要符合分配正义的原则，就必须调整版权制度，以确保它给富人带来的好处不会以牺牲社会中最弱势的成员的利益为代价。罗尔斯的理论与功利主义分析不同：即使少数版权所有者在财富上获得了巨大的收益，如果它们减少了那些处境最糟糕的人的机会，也不能被认为是合理的。基于分配正义的原则，我们应该选择对版权制度进行改革，以改善那些在现行制度下挣扎的人的境遇，即使这意味着激励的减少，或者说意味着最成功的人的财富和新作品产量的减少。在整个版权系统范围内进行这一分析需要新的方法来模拟复杂系统中动态生产的变化可能产生的实际影响。② 一个更适度的目标是，识别限制和例外的潜在变化，从而在不严重干扰激励的情况下改善获取。

在许多情况下，现行版权制度允许版权所有者通过技术措施和合同条款排除版权限制和例外的适用，凌驾于版权人和使用者之间的利益平衡之上，限制了本就有限的用户自由使用区域，并为本已强大的权利人增加了更多的权利，这一结果与分配正义的基本原则相矛盾。为了确保在版权范围内保持平衡，应当对版权法中使用的语言进行根本性改变。认真对待分配正义，就有充分的理由认为，版权的限制和例外应被视为一种强制性的法律权利，不能被"私人

---

① Justin Hughes, Robert P Merges, "Copyright and Distributive Justice", *Notre Dame Law Review*, Vol. 92, No. 2, 2016, p. 527.

② Nicolas Suzor, "Free – Riding, Cooperation, and 'Peaceful Revolutions' in Copyright", *Harvard Journal of Law and Technology*, Vol. 28, No. 1, 2014, pp. 137 – 193.

秩序”排除在外。这将让使用者的利益在版权结构中更加突出。正如朱莉·科恩所言，在版权制度的基本规则中缺乏用户权利语言，将形成不容置疑的规则和最棘手的问题。为了更好地将用户置于版权法框架内，一个可能的步骤是调整基线规则，从模糊的“平衡”版权人和公众利益的语言，调整为承认作品使用者权为版权系统不可分割的一部分，与版权所有者的权利并行。①

第二节　经济学分析

版权法是制度经济学分析的天然领域。② 对于作品使用者权的正当性分析也应当从经济学的角度进行证成。当今世界版权持续扩张，一个重要的原因是受 20 世纪 70 年代以来占据主导地位的新自由主义经济思想的影响。由于新自由主义改革中的问题不断暴露，以及其本身对版权制度的解释乏力，已经日益遭到学者们的批评与摈弃。在新自由主义观念影响下，一些学者试图以市场失灵和价格歧视理论取消网络环境下的合理使用，更不用说承认其为作品使用者权，但其论证并不充分。相反，将版权限制和例外视为作品使用者权有利于更为长远的版权动态效率的提高和后续创新，已有的实证研究亦表明，作品使用者权的承认和开放程度与版权及相关产业的发展有着正向关系。

一　新自由主义经济学对版权制度的宰制及批判

20 世纪 70 年代全面兴起并随后席卷全球的新自由主义迄今为止已经充分暴露了其固有的缺陷，其极度崇尚私有化、市场化、自由

---

① Julie E. Cohen, "The Place of the User in Copyright Law", *Fordham Law Review*, Vol. 74, No. 2, 2005, pp. 371–373.
② ［美］威廉·M. 兰德斯、理查德·A. 波斯纳：《知识产权法的经济结构》，金海军译，北京大学出版社 2016 年版，第 325 页。

竞争和反对政府干预的倾向也成为版权不断扩张的思想根源之一。片面强调保护版权私有产权，狭隘、机械地理解版权制度的激励功能、效率优势和对产业的积极影响，版权其他主体和社会公共利益几无立锥之地。因此，对新自由主义及其观念宰制下的版权理念、制度进行审视和批判，是重塑版权制度并为作品使用者权扫清思想障碍的必要前提。

（一）新自由主义经济学概述

新自由主义经济学是指当代西方经济理论中强调自由放任理论与政策的经济学体系和流派，其继承自资本主义古典自由主义经济理论，并走向极端，大力宣扬自由化、私有化、市场化和全球化。① 作为一种经济理论，新自由主义经济学产生于20世纪二三十年代。1929年，资本主义社会爆发经济危机，新自由主义并未给出很好的解决方案，而主张加强政府管制的凯恩斯主义成功地解除了危机，从而登上资本主义社会的主流舞台，新自由主义遭受冷落并自此开始作为反对凯恩斯主义的经济理论而存在。20世纪70年代，资本主义社会爆发滞胀危机，凯恩斯主义束手无策，主张反对国家干预、崇尚市场调节的新自由主义有效化解了危机，从此，新自由主义经济学作为西方的主流经济学思想登上历史舞台并一直运行至今。

20世纪90年代以后，面对新的国际政治经济形势，新自由主义开始由理论、学术而政治化、国家意识形态化和范式化，成为英美垄断资本推行全球一体化理论体系的重要组成部分，其标志性事件是1990年由美国牵头、其他国家和组织参加的《华盛顿共识》的达成。② 在乔姆斯基看来，《华盛顿共识》是以市场为导向的一整套针

---

① 中国社会科学院"新自由主义研究"课题组：《新自由主义研究》，《马克思主义研究》2003年第6期。

② 保建云：《论新自由主义逻辑陷阱、内生极端化与华盛顿共识困境》，《马克思主义研究》2017年第12期。

对拉美和东欧转型国家的政治经济理论。① 20 世纪晚期至 21 世纪初，在美国等发达资本主义国家的推动下，新自由主义改革在拉美、东欧和亚洲部分地区实施，虽然起初带来了短暂的经济增长，然而最终却给这些国家造成了极大的危害，使这些国家的经济水平止步不前甚至出现倒退，财富出现垄断和集中，民众福利水平下降。同时，在新自由主义的旗帜之下，自由化、私有化席卷发展中国家，大大削弱了这些国家政府对国内经济和金融活动的控制能力，不仅没有带来预想中更加自由的市场和稳定的经济发展，反而造成市场尤其是全球金融市场的垄断，加剧了实体经济与金融泡沫之间、贫富之间和南北之间的矛盾，世界经济陷入混乱和无序状态。② 新自由主义开始受到普遍质疑。

新自由主义在发展演变过程中形成了为数众多的流派，各流派的重点和角度不尽相同，但有着大体一致的立场和观点：在经济方面，大力宣扬自由化、私有化和市场化，在政治理论方面否定公有制、社会主义和国家干预，在战略和政策方面鼓吹以超级大国为主导的全球一体化。新自由主义本质上是国际垄断资本主义，与其崇尚自由竞争的立论基础背道而驰，充分暴露了其内在的虚伪性。③ 全球性新冠危机之下，以美国为首的西方国家在应对疫情方面暴露出巨大的问题，也再次打破了新自由主义的神话。

（二）新自由主义经济理论对版权制度的影响及批判

新自由主义经济理论重新占据主导地位后，立即受到了版权扩张主义者的追捧，并逐渐发展为进一步强化版权保护的理论基础。温迪·戈登 1982 年发表的《作为市场失灵的合理使用》一文就是典

---

① ［美］诺姆·乔姆斯基：《新自由主义和全球秩序》，徐海铭、季海宏译，江苏人民出版社 2000 年版。

② 宋博：《经济金融化与新自由主义及其悖论初探》，《国外理论动态》2019 年第 9 期。

③ 陈兴亮：《国外左翼学者对新自由主义的批判》，《克思主义研究》2018 年第 7 期。

型的例证。戈登的模型假设大多数版权作品都是"公共产品",首先,一个人对物品的使用不会减少其他人对同一物品的使用,该物品不会因其他使用者的使用而耗尽;其次,任何人都可以使用物品,不管他们是否付费。因此,如果没有人为创造的权利,一件原创作品在第一次出版时就会被自由地分发给所有人平等享受,而作者的创造性投资则得不到任何回报,由此造成公地悲剧。赋予版权人对知识的垄断权又会阻碍知识的传播,因此,版权法需要解决的问题是在激励作者创作和增加公有领域内容之间达成平衡。① 戈登的合理使用概念开始发挥作用,她提出了一个聚焦于市场失灵的三步测试法,即当以下情况出现时,法院应该支持合理使用:第一,存在市场失灵;第二,将使用权转让给被告是社会需要的;第三,对合理使用的奖励不会对版权所有人的激励机制造成实质性损害。作为首要因素,在市场失灵的情况下,戈登要求"达成共识的交易在某种程度上已不复存在"。例如,市场可能会承受巨大的交易成本,要么消费者没有必要的资源找到内容所有者并与之联系以协商许可,要么内容所有者没有资源来追踪每个侵权者以强制行使版权。即使存在市场失灵,法院也必须考虑第二个因素,以确定使用在被告手中还是在版权人手中更有价值。最后,即使存在市场失灵,且这种使用在被告手中最能服务于社会,如果它会"对版权人的动机造成实质性损害",法院也应该犹豫是否适用合理使用。第三个因素确保了版权法中激励因素的维持,弥补了法院在评价版权方面的不精确。对实质性损害的调查还应着眼于较小的侵权行为,因为这些侵权行为累积起来可能影响对版权人的激励。② 戈登的市场失灵理论一方面

---

① W. J. Gordon, "Fair Use as Market Failure: A Structural and Economic Analysis of the 'Batamax' Case and Its Predecessors", *Columbia Law Review*, Vol. 82, No. 8, 1982, pp. 1600 – 1657.

② W. J. Gordon, "Fair Use as Market Failure: A Structural and Economic Analysis of the 'Batamax' Case and Its Predecessors", *Columbia Law Review*, Vol. 82, No. 8, 1982, pp. 1600 – 1657.

强化了对版权的保护与激励，另一方面将合理使用界定为对市场失灵的反应，全然忽视了合理使用的民主社会价值，极大地限缩了合理使用的适用范围。

此外，新自由主义理论家还认为，广泛、明确界定的产权是经济效率所需的，产权更多是私人安排和谈判而非立法努力的产物，因此应通过促进市场交换而非制定法律来实施公共政策。[①] 所有特定的稀缺资源应归某人所有，法律制度应服从市场，法律的主要作用是打破交易成本壁垒。信息在本质上属于一种商品，应完全服从市场配置的需要，而版权制度的功能则在于保障作品在市场流通中的价值，只有对作品实现类似于有形物所有权的控制，才能激励和保障信息的市场开发和投资。[②]

立足于自由竞争的新自由主义经济理论对于推动版权交易无疑具有重要的意义，然而一个无法回避的事实是，跨国财阀控制下的版权垄断体系已经破坏了公平竞争的自由市场，版权制度意欲激励的创作者在此过程中亦未获得更多的回报，相反，绝大多数财富被出版商、媒体公司攫取。作品的价值远非单一版权垄断下的市场价值，还包括充分文化互动下的文化多样性价值。包括个人使用在内的合理使用行为对于保障人们接触、获取信息从而更好地进行后续创作以丰富知识资源意义重大，而这一价值却未被新自由主义经济学计算在内。[③] 新自由主义经济学观念宰制下的版权制度过于关注对版权的强化保护，却忽视了作品价值本身的内涵。知识的创造本质上是一个不断积累的过程，只有站在前人的肩膀上才能得到更多的启发或借鉴，否则知识创造的过程将变得

---

① Neil W. Netanel, "Copyright and A Democratic Civil Society", *Yale Law Journal*, Vol. 106, No. 2, 1996, p. 300.

② Easterbrook Frank H., "Intellectual Property is Still Property", *Harvard Journal of Law & Public Policy*, Vol. 13, No. 1, 1990, pp. 108 – 118.

③ 李杨：《技术、新自由主义与版权体系闭合——反思美国版权扩张轨迹的一个解释框架》，《美国问题研究》2013 年第 1 期。

毫无效率。

审视新自由主义及其影响下的版权观念和制度的局限性，全面认识版权作品的价值内核，要求我们不仅应尊重信息作为商品在市场机制中的经济价值，也要珍视后续创作的社会价值，给予作品使用者充分的自由和权利，提升社会的整体创造力。

二　市场失灵与价格歧视理论的重新审视

如前所述，在法律经济学家看来，合理使用是对市场失灵的反应。继而有学者认为，在数字网络环境下，既然数字版权管理系统（DRM）可以消除市场失灵，特别是交易成本高昂的市场失灵，那么合理使用则可以废止。[1] 认为作品在数字交付环境下的交易成本低于非数字交付环境下的交易成本的理由可以归纳为以下几点：第一，数字交付降低了寻找、交换、购买和传递信息的成本。第二，通过有针对性的广告和促销，降低了商家对消费者偏好的搜索成本。在标准格式合同的背景下，数字化交付作品可以大幅度降低协商成本。供应商还可以收集关于消费者偏好的信息并相应调整合同条款，消费者也能够寻找和比较同一商品或服务的各种合同条款，进一步降低搜索成本。第三，信息的生产和消费是相互联系的，市场结构基于支付意愿，可以在定价信号不受干扰的情况下，实现作品的最优效率和最佳传播。[2]

此外，有学者认为，信息市场为实现配置效率、对抗市场失灵而采用的另一种市场策略是价格歧视。[3] 电影行业的经营模式就是价格歧视的典型例证，即首先在电影院发行电影，一段时间后出租或

---

[1]　Ben Fernandez, "Digital Content Protection and Fair Use: What's the Use?", *Ournal on Telecomm & High Technology Law*, Vol. 3, No. 1, 2004, p. 428.

[2]　Goldstein Paul, *Copyright's Highway – From Gutenberg to the Celestial Jukebox（Revised Ed）*, California: Stanford University Press, 2003.

[3]　Paul Ganley, "Digital Copyright and the New Creative Dynamics", *International Journal of Law and Information Technology*, Vol. 12, No. 3, 2004, p. 289.

按次付费观看，最后通过电视免费播放，从而达到可用性和需求的平衡。完美的价格歧视将使作者能够制作最佳数量的作品副本，并为其带来最大数额的消费者剩余，因为版权人将向每个消费者收取其愿意为获取作品而支付的全额费用。通过与软件或硬件协议的结合，以及将消费者偏好与内容发行相匹配的点击许可，数字版权管理系统可以帮助实现无限的价格歧视。①

按照上述市场失灵和价格歧视理论，合理使用完全失去了生存空间，这也是版权持续扩张的经济学动因。合理使用权是作品使用者权的重要组成部分，上述学说对作品使用者权的承认造成了巨大的阻碍，亟须辨析与驳斥。版权不仅关乎经济配置效率，还有更为重要的民主和社会价值，即版权作为一种有限的专有权利，通过其生产功能，可以鼓励对广泛的政治、社会和美学问题的创造性表达；通过其结构功能，可以进一步增强公共话语的民主特性。因此应当主要从民主而非经济的角度看待版权法，单纯的市场分析难以对版权制度进行完整诠释。此外，即便是纯粹从经济学的角度分析，上述市场失灵和价格歧视理论也存在明显不足。

首先，将传统的交易成本经济分析应用于以数字方式发行的作品并不合理，因为其中的市场、社会及其治理均存在本质上的差异，所产生的解决方案也应不同。在传统市场中，存在一个明确的市场和一个具有各种干预权力和执行能力的中央机构，而这在数字市场中并不存在。因此，尽管检索与数字作品有关的信息的成本降低了，但个人选择的成本可能会增加，个人需要在大量的机会中进行甄别。此外，数字化作品的市场在信息准确性方面并没有明显的优势，其中可能包含隐藏的信息以及不够准确和充分的信息，市场参与者仍然需要花费更多的时间和资源来做出正确的决定。对此，科恩等学者认为，在数字交付的作品中，信息缺乏并不会造成市场失灵，相

---

① Demsetz Harold, "The Private Production of Public Goods", *The Journal of Law and Economics*, Vol. 13, No. 2, 1979, pp. 301 – 304.

反，信息溢出会造成市场失灵。① 总之，数字发行的受数字管理系统保护的作品不一定会降低交易成本，即使人们承认版权例外确实不过是解决市场失灵的一种办法，但是在数字交付作品的情况下，高交易成本的存在可能性意味着不应废除版权例外。

其次，价格歧视实施的前提是市场上没有较好的替代产品，作品的提供者具有较强的市场控制能力。而在版权市场竞争激烈的当下，作品种类繁多，很多作品无法实施价格歧视。价格歧视机制可以增加作品提供者的垄断利润，但并不一定能够大幅增进公共利益。在完全价格歧视中，每个消费者为作品支付的费用均为其所愿意付出的最高价格，虽然使消费者购买到了作品，降低了社会无谓损失，但是这些利润全部转移至版权人处，消费者剩余并未增加。② 那些因为负担不起更多费用而依赖于最低价格作品（如通过出租和转售）和免费作品（如通过图书馆借阅）的人最有可能受到伤害，即使有更多的作品副本将以较低的价格提供给那些买得起的人。

与价格歧视存在的问题形成鲜明对比的是，诸如首次销售和权利用尽等原则对于数字作品的使用者来说具有明显优势。它们允许版权作品被重新发行，以便使更多的人能够欣赏。同时，这些原则为购买新的作品提供了具有竞争力的选择，并有助于降低其价格，促进租赁和二级销售市场的繁荣。当版权人日益广泛地采用数字版权格式合同限制甚至取消作品使用者对数字作品的自由转售权时，立足于作品使用者权观念确立数字环境下的首次销售原则尤为必要。

综上所述，市场失灵和价格歧视理论并不能成为数字网络环境下废除版权限制和例外制度的依据，相反，正如下文将要论述的，

---

① Elkin‐Koren N, Salzberger E M, *Economics and Cyberspace: The Effects of Cyberspace on the Economic Analysis of Law*, Cheltenham: Edward Elgar Publishing Limited, 2004, p. 78.

② 姚鹤徽：《交易成本和价格歧视理论在著作权合理使用中的定位与适用》，《知识产权》2012 年第 3 期。

作品使用者权的承认有利于版权动态效率的提高，更加开放的作品使用者权对于促进版权相关产业和学术的发展具有重要意义。

三　从静态效率转向动态效率

作为经济学上最为重要的概念之一，效率（Efficiency）一词源自拉丁语 efficiens，后者又源于拉丁语 exfacio，意思是从某物中获得某物。更通俗地说，效率是指通过一定的成本能够获得的收益。对效率的追求意味着最有效地利用社会资源以满足人类的愿望和需求。[1] 效率可以区分为静态效率（Static Efficiency）和动态效率（Dynamic Eefficiency）。静态效率主要关注给定或已知资源浪费的最小化，也就是说，静态效率是指在给定的资源总量不变的条件下，追求资源利用效率和由此产生的效益最大化，经济学中的静态效率概念把经济效率原理归结为一个纯技术性的最大化问题。动态效率包含两个相关的组成部分，一个是时间维度，另一个是变革。时间维度意味着效率的提高将在未来实现，而变革意味着创新。有学者据此给出了动态效率的定义：动态效率与是否存在适当的激励和能力来提升生产效率和创新活动有关，随着时间的推移，创新活动可能会产生更便宜或更好的商品或新产品，使消费者比以前的消费选择更满意。[2] 由此可见，动态效率与创新有关，而静态效率则与降低成本有关。静态效率和动态效率之间存在着博弈，在两者之间的政策选择是困难的，前者可能在短期内促进福利，后者则会在长期内促进相对更多的福利。[3]

由于动态效率难以量化，而且动态效率的提高往往在未来实现，

---

① 张明：《稀缺、效率与制度分析》，《兰州学刊》2006 年第 3 期。

② De La Mano, "For the Customer's Sake: The Competitive Effects of Efficiencies in European Merger Control", *Enterprise Papers*, No. 11, 2002. 转引自余东华《横向并购反垄断控制的福利标准选择研究》，《复旦学报》（社会科学版）2012 年第 6 期。

③ Vikas Kathuria, "A Conceptual Framework to Identify Dynamic Efficiency", *European Competition Journal*, Vol. 11, No. 2 - 3, 2015, pp. 319 - 339.

平衡长期动态效率收益和短期静态效率损失异常困难。正因如此，目前主流经济学领域使用的效率是静态"最大化"效率，动态效率并没有得到决策者的青睐。然而，基于一般均衡状态和既存资源总量不变假设的静态效率难以反映真实社会的动态变化，一旦离开一般均衡状态，理想化的静态效率的价值将大打折扣。根据经济学的研究，动态效率能够比静态效率带来更多的社会福利，动态效率有利于社会经济整体提升，并导致生活水平的提高。[1] 以动态效率为中心的竞争政策对发展中国家的经济发展也有好处，因为创新对企业、产业和国家的生产力均有显著的影响。故而，静态效率不应成为监管机构的目标，相反，竞争政策的主要目的应该是促进动态效率，因为社会财富的最大化是通过动态效率实现的。在学者们的影响下，决策者现在更愿意接受这样一种观点：在静态环境下的反竞争行为在动态环境下可能是有利于竞争的。[2]

　　传统版权制度的安排以静态效率理论为依托，假定资源总量既定不变。具体而言，版权资源是指所有作品所创造的社会福利总额。版权制度在各利益相关群体包括版权人和作品使用者之间分配固定资源的核心假设是，这种分配不影响分配的资源总量。[3] 因此，静态分配只关注既定利益相关群体的短期利益。具体的做法是，一方面，基于版权作品的公共物品属性，为避免对作品创作的激励不足，授予版权人对作品的排他性专有权以解决信息的非排他性问题，弥补生产知识所付出的成本，实现作品正外部性的内部化，限制"搭便车"行为。另一方面，信息的非竞争性使得知识产权的福利含义不同于其他形式的产权，即分配信息中的产权激励必须抵消信息的未

---

　　[1] David B. Audretsch, William J. Baumol and Andrew E. Burke, "Competition Policy in Dynamic Markets", *International Journal of Industrial Organization*, Vol. 19, No. 5, 2001, pp. 613 – 634.

　　[2] Thomas M. Jorde and David J. Teece, "Innovation and Cooperation: Implications for Competition and Antitrust", *Journal of Economic Perspectives*, Vol. 4, No. 3, 1990, pp. 75 – 96.

　　[3] 郑重：《经济学视野下网络版权扩张之反思》，《中国版权》2016 年第 6 期。

充分利用。换句话说，在作者创作作品的动机和公众获取该作品的利益之间存在一种权衡。将稀缺资源用于市场中价值最高的领域通常会提高福利，但对于非竞争性商品，排除低价值用户会产生无谓损失，因为他们的消费不会以损害另一个更重视该商品的人的利益为代价。同时考虑到信息的非排他性和非竞争性，表明在生产效率和消费效率之间存在着不可避免的权衡。为了防止知识垄断可能造成的知识利用成本增加以及部分支付不了垄断价格的人无法利用版权作品的市场失灵，立法者确立了版权的限制和例外制度，从而试图在一个封闭的、资源总量既定不变的框架内达成主体间的利益平衡。然而，现实世界中，在理想的封闭状态下达到利益分配的最佳效率很难实现。[①] 一方面，资源本身处于不断的变动之中，资源总量不变的假设严重忽略了在作品传播和使用过程中可能形成的文化价值增量。另一方面，基于经济学理性人的假设，每一个利益主体都倾向于追求自身利益的最大化，其中版权人希望以最高的定价获得最多的回报，社会公众则希望尽可能免费获得作品并自由传播，二者之间存在明显的冲突。如果说传统的"版权保护及限制"范式还能大体维持版权制度的平衡以及效率的最大化，在数字网络技术背景下，版权技术措施和标准版权格式合同的大量采用以及版权在线执法的盛行已经导致版权限制制度急剧萎缩，实现版权效率的平衡制度已被打破，传统的范式亟须调整。

基于动态效率理论，一方面，应当从一个更加长远的时间维度审视版权制度的效率问题；另一方面，也是更为核心的，需要考虑到版权资源分配对于后续创新的影响，后续的创作属于版权资源的重要组成部分。具体而言，版权法不应使版权人拥有过度的垄断权力进而通过限制他人对于作品的使用实现自身利益的最大化，而应在强调创作者义务的基础上对著作权进行适当保护，立法不仅要考

---

① 闻媛、付丛笑：《关于〈著作权法〉的经济学考量——以音乐产品为例》，《电子知识产权》2020 年第 2 期。

虑如何增加作者的私人利益，更应着眼于提高整个社会包括作品使用者获得的福利。对社会公共利益和作品使用者利益的考虑表面上看似乎会影响对版权人的创作激励，有害于版权作品资源总量的增加，但实际上，版权保护的适当弱化有助于社会公众更多地接触作品，满足其精神文化需求，促进后续作品的创作和资源总量的增加，还会提高创作者的曝光率和知名度从而增加创作者在其他方面的收益。实践中，一些作者，尤其是知名度不高的作者，更加希望的并非对自身版权的高强度保护而是更多的人使用和传播自己的作品，即是明证。另外，当版权保护力度不断增强，超过一定限度时，反而有损创作的积极性，因为对版权的过强保护会吸引更多的智力资源进入创作领域，造成大量具有不完全替代性却极为相似的作品之间的竞争，导致作品的价格逐渐降低至边际成本，创作者预期收益递减，创作和投资动机不足。[1] 而且由于几乎每一个受版权保护的作品都以某种方式与之前的作品相关，创作者本身也是他人作品的使用者，过强的版权保护在加大对创作者激励力度的同时也会增加创作者进一步创作的表达成本，从而抑制其创作动力，不利于作品资源总量的增加。可见，在动态效率的视角下，将版权保护控制在适当的程度，增进社会公众对版权作品的接触和使用，无论对版权人、作品使用者还是社会总体福利和创新而言都是更为有利的选择。

版权作品中产生的用于分配的社会福利总量并非固定不变的，版权人与作品使用者之间的关系也是动态变化且相互转换的。动态效率理论警示我们，不要被短视、利己的最大化主义所蒙蔽，而应该着眼于长远的更大收益。正如哲学家托马斯·纳格尔所言，人们做某事不仅仅是为了促进现在的某件事，也体现了为了促进将来的

---

① 闻媛、付丛笑：《关于〈著作权法〉的经济学考量——以音乐产品为例》，《电子知识产权》2020 年第 2 期。

某件事。① 静态效率与动态效率的冲突本质上是既定性与创新的冲突，也体现了短期最大化思维与长期战略思维的差异。② 从静态效率向动态效率观念的过渡，要求版权制度不能仅仅关注版权激励个体创作的静态收益，应当从长远的角度全面考虑版权相关主体在版权资源总量增加中的价值，尤其重视版权制度对后续创新的激励和影响。在版权限制和例外制度日益受到数字网络技术侵蚀难以有效发挥作用的背景下，明确将版权限制和例外的性质确定为作品使用者权并进行相应的制度安排，有利于恢复版权制度的平衡，激励当前和长远的作品创作与传播，增益社会总体福利，实现动态效率的最大化。

四　开放作品使用者权对产业影响的实证分析

版权保护强度对版权产业及相关产业的影响是一个非常复杂且争议颇多的话题。目前，版权相关产业对国民经济的贡献日益增加，地位不断提升。多数学者据此认为，版权保护可以有效促进产业发展和文化繁荣。例如，徐立萍认为，版权保护强度对提高图书出版产业效益具有正向推动作用，司法保护水平是对图书出版产业效益影响最大的版权保护因素，加强版权保护强度是促进我国图书出版产业发展的有效途径。③ 宋伟等提出，在促进版权产业的各因素当中，版权保护强度的影响程度最大，因此，目前提升版权保护水平对我国版权产业发展具有积极影响。④ 姚颉靖等认为，版权保护强度与人均物理唱片销售额正相关，与人均数字音乐销售额负相关，版权保护制度可以有效促进文化产业的繁荣发展，版权

① Thomas Nagel, *The Possibility of Altruism*, Oxford：Clarendon Press，1970，p. 36.
② 郑重：《经济学视野下网络版权扩张之反思》，《中国版权》2016 年第 6 期。
③ 徐立萍：《影响图书出版产业效益的版权保护关键要素研究》，《中国出版》2019 年第 23 期。
④ 宋伟、阮雪松：《版权强国背景下版权保护对我国版权产业发展的影响研究》，《科技管理研究》2019 年第 8 期。

保护对创新投入能力、创新产出能力和创新管理能力的影响都比较显著。基于此，可以有针对性地完善版权立法体系和优化版权执法保护环境。①

版权怀疑论者则认为，版权保护与相关产业的关联并不明显，过强的版权保护反而会阻碍相关产业的发展。例如，威廉·M. 兰德斯等认为，版权保护过强可能导致产业成本增加和静效益衰减，最终阻碍产业发展。② 陶斯认为，版权保护会导致知识的公效应被劫持，扭曲产业秩序，抑制产业发展动力。③ 伍利等基于理性行为理论分析软件盗版现象后认为，加强版权保护力度不能有效降低软件盗版率，版权保护与软件产业发展的正向关系不显著。④ 李婉红等认为，适度的版权保护会极大地促进软件产业的创新投入，而保护过强或保护过弱都会影响软件产业的创新投入。⑤ 蔡虹等基于中国的时间序列数据进行的实证研究发现，知识产权保护与经济增长之间存在倒"U"形关系，知识产权保护对经济增长的推动作用存在增长的极限。⑥

上述论断大多是理论上的推演，实证研究较少，或者实证考察的国别范围和时间跨度较小，研究结论的价值较为有限。另外，多数研究是从宏观的版权保护强度对产业的影响这一视角进行的，至于作品使用者权的开放程度对版权产业及相关行业影响得更为微观

① 姚颉靖、彭辉：《版权保护与文化产业创新能力的灰色关联分析》，《首都经济贸易大学学报》2011 年第 2 期。

② ［美］威廉·M. 兰德斯、理查德·A. 波斯纳：《知识产权法的经济结构》，金海军译，北京大学出版社 2016 年版，第 99 页。

③ Ruth Towse, "Copyright and Artists: A View from Cultural Economics", *Journal of Economic Surveys*, Vol. 20, No. 4, 2006, p. 569.

④ Woolley D. J. and Eining M. M. , "Software Piracy among Accounting Students: A Longitudinal Comparison of Changes and Sensitivity", *Journal of Information Systems*, Vol. 20, No. 1, 2006, pp. 49 – 63.

⑤ 李婉红、毕克新：《我国软件产业创新能力与版权保护的关联度研究》，《中国科技论坛》2010 年第 6 期。

⑥ 蔡虹、吴凯、蒋仁爱：《中国最优知识产权保护强度的实证研究》，《科学学研究》2014 年第 9 期。

的研究，则少之又少。为了获得这一问题的确切答案，弗林和帕尔米多教授组织全球作品使用者权专家网络的成员，按照版权合理使用制度的灵活性、开放性和普遍性标准，对来自不同地区、法律制度和发展水平的 21 个国家（包括澳大利亚、智利、芬兰、日本、韩国、荷兰、葡萄牙、新加坡、斯洛文尼亚、瑞士、美国、阿根廷、博茨瓦纳、巴西、中国、哥伦比亚、印度、秘鲁、南非、乌克兰、越南）的作品使用者权在 1970—2016 年的变化过程、政策背景进行了全面的调查和测试，形成了较为完整的作品使用者权数据库。在此基础上，相关领域的专家就作品使用者权对技术行业的企业绩效和新作品创作的影响等进行了实证调研和分析，得出的结论是：随着时间的推移，所有国家都有一个开放作品使用者权的总体趋势，但是，发展中国家平均落后于发达国家大约 30 年。在信息产业（包括软件和计算机系统设计）中，更开放的作品使用者权环境与更高的公司收入有关，但与版权密集型产业的损害无关。在拥有更开放的作品使用者权环境的国家，研究人员产生了更多和更高质量的学术成果。①

（一）作品使用者权的变革趋势

在前述研究样本中，随着时间的推移，所有国家的作品使用者权都朝着更加开放的方向发展。从封闭的合理使用模式转向采用美国式的完全开放、普遍灵活的一般例外是一种趋势，即使关注特定的例外情况比如教育的国家，也有一种趋势，即例外情况适用的作品种类、用途和目的是开放的。在这个意义上说，所有的法律都变得更加开放，但是，版权实践并没有以同样的速度变得更加开放。调查表明，高收入国家在其法律中有更开放的作品使用者权，自 20 世纪 90 年代初以来，它们与发展中国家之间的差距一直在扩大。很

---

① Flynn S. M. and Palmedo M. , "The User Rights Database：Measuring the Impact of Copyright Balance", http：//infojustice. org/archives/38981.

少有国家（几乎没有发展中国家）拥有支持数字经济最需要的充分的作品使用者权，包括转换性使用、文本和数据挖掘，以及适应新技术的一般例外。

（二）开放作品使用者权对相关产业和行业的影响

在获得各国采取更加开放的作品使用者权的数据之后，前述研究团队开始测试关于潜在影响的两个主要假设，即作品使用者权可能促进技术产业增长，以及它们可能促进更多和更高质量的创造性产出。在这两方面都发现了积极的结果，且没有证据表明传统的版权产业受到了损害。

1. 开放对科技产业的影响

研究团队从汤森路透收集了数据库中代表性国家的软件、计算机系统设计和科学研发行业的公司数据，调查和测试结果显示，在控制其他因素的情况下，作品使用者权的开放程度得分与三个行业的总收入均具有显著的正向关系。首先，在保持公司规模、国家财富和国家规模不变并控制时间的情况下，作品使用者权开放程度得分每增加一个单位，其收入就会增加50%—70%。其次，团队采用美国经济分析局（Bureau of Economic Analysis）提供的美国跨国企业外国子公司的行业数据，测试了版权开放程度对接受美国外商直接投资的企业收益的影响。测试以研发服务和计算机系统开发行业为对象，结果表明，作品使用者权的开放性和与美国跨国公司合作的公司的回报之间存在正向关系，亦即上述行业的子公司如果位于作品使用者权更开放的国家，那么它们的净收入和总销售额往往会更高，而且在这些国家的附加值也会更高。

2. 开放对传统版权产业的影响

研究团队随后测试了科技公司的收益是否会以图书出版商、音乐出版商、电影和视频制作商等传统版权密集型行业的损失为代价。调查和测试没有发现这种代价的证据。调查人员再次将总收入作为因变量，将开放程度得分作为利益的自变量，并设置相同的控制。

在样本公司中，版权限制的开放性与收入之间没有负向关系；相反，开放程度与收入之间存在显著的正向关系，版权限制的开放性不会伤害反而有益于传统版权产业。

3. 开放对学术的影响

研究团队最后对"更开放的作品使用者权将有利于新作品的创作"这一假设进行了测试。调查人员从 Scimago Journal & Country Rank 获得了各国研究人员可引用文献数量的数据，该数据库汇总了 Scopus 数据库的引文数据，而 Scopus 数据库收集了来自5000多个国际出版商的21500多本书的引文数据。测试显示，作品使用者权开放性得分和研究产出之间呈正向关系，这些关系是通过可引用的文献数量来衡量的。考虑到一个国家出版的可引用文献的数量只是学术产出数量的一个指标，但不能检验质量问题，研究团队进一步检验了开放程度与学术产出质量之间的关系。调查人员使用了专门用于获取一个国家学术产出的数量和重要性的 h 指数，即某个国家研究人员发表的论文中被引用至少 h 次的最高数量。调查结果显示，作品使用者权开放程度越高，h 指数得分越高，表明更多的作品被引用，亦即更开放的作品使用者权将有利于更多和更高质量新作品的创作。

上述实证研究表明，更加灵活的版权限制和例外制度或者说更加开放的作品使用者权有助于版权产业及相关产业的发展。当然，这并非否认严格的版权保护对于版权产业的激励和促进作用。事实上，开放的作品使用者权是以版权保护为前提的，严格的版权保护和开放的作品使用者权在很大程度上并不冲突，因为从本质上看，包括合理使用在内的作品使用者权原本就不在版权的规制范围之内，我们需要摒弃将每一个作品使用者都预设为天然的、潜在的偷盗者的观念。一方面加强对版权侵权行为的打击，另一方面承认属于社会公众的作品使用者权并保障其不被不合理限制，才能最大限度实现版权制度的社会功能和经济效用，促进版权及相关产业的健康和可持续发展。

第三节　人权法视角

版权作品的使用涉及社会公众的言论自由以及参与文化、接受教育的基本人权。正因如此，国内很多学者都从人权的角度对作品使用者权的正当性进行了论证，这些论证往往只是点到为止，还需要进一步展开。另外，在基于人权视角论证作品使用者权的正当性时，一个不容回避的问题是，版权是否也是一种人权，是否应该获得同样的重视？如果答案是肯定的，那么人权视角的论证将不具有充分的价值。相反，如果版权不属于人权，或者属于一种弱人权，则基于人权的版权作品的使用在一定意义上具有优越于版权的地位，作品使用者权也因此具有了更加充分的人权法上的正当性。因此，在对作品使用者权进行人权正当性分析之前，首先要对版权是否具有人权地位进行分析。

一　版权的人权地位之争

人权是人类基本权利的永恒表达。[①] 学术界关于人权的含义和界定方式存在广泛的争议，但一般认为，人权是指作为一个人所应该享有的权利，是一个人为满足其生存和发展所需而应当享有的权利，它在本质上属于应有权利、道德权利。[②] 根据"古典启蒙运动"的观点，人权的概念有三个基本要素：人权是人的自然或固有的权利，仅仅基于他们作为人的地位；权利是人人平等拥有的；权利是普遍的，无处不在。[③] 正如洛克所言，一个人，正如已经证明的那样，生

---

① Peter K. Yu, "Intellectual Property and Human Rights in the Nonmultilateral Era", *Florida Law Review*, Vol. 64, No. 4, 2012, pp. 1052 – 1053.

② 周叶中主编：《宪法（第二版）》，高等教育出版社 2005 年版，第 102 页。

③ Jack Donnelly, *Universal Human Rights in Theory and Practice*, Ithaca：Cornell University Press, 2013.

下来就有完全自由的权利和不受控制地享受自然法的所有权利和特权，与世界上任何其他人一样，天生就有一种力量，保护他的生命、自由和财产，对抗其他人的伤害和企图。① 同样，法国的《人权宣言》曾庄严地宣告人权为"人的自然、不可剥夺和神圣的权利"②。每个人生来就具有某些不可剥夺的自然权利的观念意味着，人权为政府和立法机构行使权力奠定了基础并设定了限制，任何国家都不能剥夺这些权利。自然法是实定法的前身，人权高于法律权利。尽管法律实证主义对基于自然权利的人权学说进行了批判，但人权属于道德权利，人权具有普遍性和平等性的特质却得到了公认。

版权作为知识产权的组成部分，是指自然人、法人或其他组织对文学、艺术和科学作品依法享有的财产权利和精神权利的总称。尽管版权被认为是一项私权，但作为复制、传播技术进步以及商品经济发展到一定阶段的产物，版权并不是人类与生俱来的权利，而是法律授予的，且版权从一开始就被当作激励知识生产与传播、推动文化进步的政策性工具，受到了诸多的限制。正因为如此，版权（知识产权）与人权长期以来彼此隔膜，很少有正式的互动。第二次世界大战之后，许多国际和区域人权文书都提到保护智力创造的精神和物质利益，二者才开始出现交叉，版权（知识产权）是否属于人权的争论也逐渐展开。

（一）人权国际公约中关于知识产权（版权）的规定及评析

1948 年 5 月通过的《美洲人的权利和义务宣言》第 13 条规定："人人……对其发明或以其本人为作者的任何文学、科学或艺术作品上的精神和物质利益有权得到保护。" 1948 年 12 月 10 日通过的《世界人权宣言》第 27 条是确定版权为一项人权的国际文书中的第一个

---

① John Locke, *Two Treatises of Government and a Letter Concerning Toleration*, New Haven: Yale University Press, 2008.

② *Declaration of the Rights of Man*, Pmbl〔1789〕, http://avalon. law. yale. edu/18thcentury/rightsof. asp, 2021 - 9 - 18.

关键条款。根据该条之规定：人人有权自由参加社会的文化活动，享受艺术，并分享科学进步及其产生的福利；人人对由于他所创作的任何科学、文学或艺术作品而产生的精神的和物质的利益，有享受保护的权利。1966 年通过的联合国《经济、社会和文化权利国际公约》可视为《世界人权宣言》的后续行动，其第 15 条第（1）款规定："本公约各缔约国承认人人有权：1、参加文化生活；2、享受科学进步及其应用所产生的利益；3、对其本人的任何科学、文学或艺术作品所产生的精神和物质上的利益享受被保护之权利。"同样，《美洲人权公约经济领域附加议定书》第 14 条第（1）款（c）项重申了《经济、社会和文化权利国际公约》的措辞，要求所有缔约国"承认人人有权……从其本人所创作的任何科学、文学或艺术作品中获得精神和物质利益的保护"。

上述公约中科学、文学或艺术作品上的精神和物质利益一般被视为知识产权。正因如此，有学者认为知识产权具有人权的属性。[1]有学者甚至认为知识产权属于一项普世的人权。[2]然而如果考察上述公约，尤其是《世界人权宣言》和《经济、社会及文化权利国际公约》的起草过程可以发现，事情远非如此简单。

《世界人权宣言》的起草经历了漫长的过程，包括"七个形成性起草阶段"，其中第一稿草案没有包含保护智力创作的利益的权利。相反，它只提到"参与社会文化生活、享受艺术和分享科学利益的权利"，这一权利最终被修改为《世界人权宣言》第 27 条第（1）款。在《世界人权宣言》起草的整个过程中，对第 27 条第（1）款的通过几乎没有分歧，这一条保护文化参与和发展的权利以及享受科学进步的利益。当第三稿接受部分国家代表的建议将知识产权纳入人权范围时，遭到了许多国家的反对。例如，美国和厄瓜

---

① 吴汉东：《知识产权多维度学理解读》，中国人民大学出版社 2015 年版，第 394 页。

② Robert L. Ostergard，"Intellectual Property：A Universal Human Right"，*Human Rights Quarterly*，Vol. 21，No. 1，1999，pp. 156 – 178.

多尔的代表声称，这项规定是多余的，它保护的是原本属于拥有财产权利的东西，而非被视作基本人权的利益。^① 正如有学者曾指出，将知识产权保护这类相对琐碎的事项纳入人权辩论范围，将削弱人权对人类具有根本重要性的主张。^② 英国代表科贝特（Cobbett）亦指出，《世界人权宣言》应具有普遍性，只承认对所有人都有效的一般原则。^③ 澳大利亚代表艾伦·瓦特（Alan Watt）则认为，知识工作者无可争辩的权利，不能与思想自由、宗教自由或工作权等更为普遍的基本权利相提并论。^④ 事实上，"保护智力创作的利益的权利"在最终投票中仅以微弱的优势被纳入《世界人权宣言》。可见，智力创造中的利益保护权作为人权而存在是政治妥协的结果。正如有学者曾言，《世界人权宣言》不可避免地传达出一种不完整的，甚至是有偏见的关于人权的形象。它们都是在特定的政治和经济环境下起草和颁布的，因此反映了起草者的思维定式和具体关切，以及他们所处的时代。^⑤ 此外，版权和知识产权条款中的各种要素是相互关联的，这意味着，必须将作者和创作者的权利理解为文化自由以及参与和获得科学进步利益的基本先决条件。列入各种条款的版权和知识产权部分只是因为它们被视为实现和保护其他更重要人权的工具。正如奥黛丽·查普曼（Audrey Chapman）所猜测的那样，起草的历史反映出"知识产权作为一项人权的主张相对薄弱"，一些代表之所以支持这项规定，可能主要是因为知识产权在实现其他权利（参与文化的权利）方面发挥了作用，这些权利具

① Peter K. Yu, "Reconceptualizing Intellectual Property Interests in a Human Rights Framework", *University of California Davis Law Review*, Vol. 40, No. 3, 2007, p. 1045.

② Philip Alston, "Conjuring Up New Human Rights: A Proposal for Quality Control", *American Journal of International Law*, Vol. 78, No. 3, 1984, p. 615.

③ Morsink J., *The Universal Declaration of Human Rights: Origins, Drafting and Intent*, Philadelphia: University of Pennsylvania Press, 1999, p. 221.

④ Morsink J., *The Universal Declaration of Human Rights: Origins, Drafting and Intent*, Philadelphia: University of Pennsylvania Press, 1999, p. 221.

⑤ Jakob Cornides, "Human Rights and Intellectual Property: Conflict or Convergence", *Journal of World Intellectual Property*, Vol. 7, No. 2, 2010, p. 137.

有更强的道德基础。① 另外需要注意的是，相关文书也未明确"智力创造利益保护权"的范围。《经济、社会和文化权利国际公约》相关规定的出台也经历了基本类似的争议和妥协的过程。

正是因为关于知识产权（版权）是否属于人权存在普遍争议，尽管上述国际公约似乎隐约承认了知识产权的人权地位，但目前除了极少数国家之外，绝大多数国家的宪法并未将知识产权纳入人权的框架之内。可见，以国际人权公约的相关规定为依据主张知识产权（版权）属于人权的理由并不充分。

此外，即便一定要将知识产权（版权）视为人权，也并非所有的知识产权（版权）的权利内容均属于人权的范畴。2006 年 1 月，经济、社会和文化权利委员会发表了第 17 号一般性意见，对保护智力创造所产生的精神和物质利益的权利作出了解释。由于委员会负责解释《经济、社会和文化权利国际公约》的条款，这种权威性的解释为分析第 15 条第（1）款（c）项的权利和义务提供了出发点。第 17 号一般性意见开篇即指出，这项权利（人权）"源自所有人的固有尊严和价值"，与"知识产权制度中公认的大多数法律权利"形成了鲜明对比。人权是属于个人并在某些情况下属于个人和社会的基本的、不可剥夺和普遍的权利。人权是基本的权利，因为人权是人本身固有的；而知识产权是各国为激励创造性、创新性产品的传播以及发展文化而采用的手段，有利于维护科学、文学和艺术作品的完整性，造福全社会。与人权相反，知识产权一般是临时性的，可以被撤销、许可或转让给他人。在大多数知识产权制度下，知识产权（除精神权利外）通常在时间和范围上受到限制，可以被交易、被修改，甚至被没收，而人权是对人的基本权利的永恒表达。知识产权制度和知识产权保护已经为创造者提供了基本利益和基本生活的保障。此外，第 15 条第（1）款（c）项所规定的保护作者精神和

---

① OseiTutu J. J. , "Corporate Human Rights to Intellectual Property Protection", *Santa Clara Law Review*, Vol. 55, No. 1, 2015, pp. 1 – 51.

物质利益的范围不一定符合国家立法或国际协定所称的知识产权。因此，重要的是不要把知识产权等同于第 15 条第（1）款（c）项所承认的人权。①

可见，在国际人权公约框架下，充其量只有"源自所有人的固有尊严和价值"的知识产权（版权）可以被归入人权的范畴。

（二）财产权、人格权和知识表达视角的论证与评析

也有学者认为，知识产权（版权）属于财产权，而财产权作为人的生命和自由的保障已被世界人权宣言所确认，因此知识产权（版权）也属于人权的范畴。② 这一论证值得商榷。事实上，财产权作为一个宽泛的范畴，是否属于人权一直都存在争议。③ 正因如此，《世界人权宣言》之后的两部人权公约和《欧洲人权公约》均未将财产权纳入其中。即便是《世界人权宣言》也将财产权视为保障人的生命和自由的工具性人权，作为人权的财产权限于满足个人生活所必需的如住房、个人物品、私人信件等个人财产。④ 至于非满足个人生活所必需的其他财产，尤其是法人所拥有的财产，从《世界人权宣言》的文字表述来看，显然不属于人权的范畴。1973年法国《宪法》对作为人权的财产权亦表述为："未经本人同意，其财产的最基本部分（the least portion）不可以被剥夺。"⑤ 1948 年《美洲人权公约》也规定只有"被用来维持体面生活和人的尊严的

---

① Econ. & Soc. Council, Comm. on Econ. , Soc. & Cultural Rights, *General Comment No. 17： The Right of Everyone to Benefit from the Protection of the Moral and Material Interests Resulting from Any Scientific*, *Literary or Artistic Production of Which He or She Is the Author*〔Article 15, Paragraph 1（c）, of the Covenant〕, U. N. Doc. E/C. 12/GC/17（Jan. 2006）.

② Aurora Plomer, "The Human Rights Paradox： Intellectual Property Rights and Rights of Access to Science", *Human Rights Quarterly*, Vol. 35, No. 1, 2013, p. 147.

③ 王晨：《财产权属于人权吗?》，《海峡法学》2016 年第 3 期。

④ Johannes Morsink, *The Universal Declaration of Human Rights： Origins, Drafting and Intent*, Philadelphia： University of Pennsylvania Press, 1999, p. 155.

⑤ Joshua Muravchik, *Heaven on Earth： The Rise and Fall of Socialism*, New York： Encounter Books, 2002, p. 10.

最基本的财产"才受到人权保护。① 可见，财产权即便构成人权，也仅限于其中用于维持人的生活所必需的极少部分个人财产，且属于保障生命、自由和尊严的工具性权利，其权利位阶低于其他目的性人权。知识产权（版权）很难被认定为用于维持人的生活所必需的个人财产，至少其中的绝大部分是如此，或者说知识产权法的保护本身就能够满足知识创造者的生活所需，而无须进一步借助于更高位阶的人权的保护。

另外，知识产权（版权）作为国家赋予的有限财产权，其与有形财产权也有着本质上的区别。大多数有形资产（如土地、牲畜等）是稀缺资源，可用性有限，经济学理论称之为"竞争性资源"，如果这种竞争性资源不是某人的财产，它们就有可能被过度开发和维护不足，如果没有与之相联系的产权，竞争性资源将退化或枯竭，造成"公地悲剧"。当竞争性资源作为私人财产时，对社会的价值是最高的。而版权和专利关系到知识信息，知识不是一种有限的资源，它是非竞争性的。最大限度地利用这些非竞争性资源，可能对整个社会以及具体的社会成员更有价值。例如，当甲把他的知识传授给乙，双方都将拥有它，鉴于表达、理解和传播这种知识的人数增加了，这种知识本身就变得更加有用，这也符合甲的利益。在个人拥有有形资产的情况下，有形资产的最佳利用符合社会的利益，但对知识的利用却不一定如此。事实上，人们利用知识越多，整个社会的发展前景就越好。因此，从财产权的角度论证知识产权（版权）的人权属性很难站得住脚。

还有学者从人格权的角度论证版权的人权属性。人格权关乎人的尊严，属于人权的范畴。版权包含了人身权，尤其是其中的发表权和保护作品完整权，体现了作者的人格或精神利益，因此属于人

---

① "American Declaration of the Rights and Duties of Man, O. A. S. Res. XXX", *Reprinted in Basic Documents Pertaining to Human Rights in the Inter - American System*, OAS/Ser. L/V/I. 4 Rev. 9〔2003〕.

权的范畴。但与普通人格权相比，版权人身权明显具有弱人格权的性质和地位。① 普通人格权是人与生俱来、生来即应享有的权利，法律不仅禁止他人侵害，也不允许主体对自己的人格任意进行法律或事实上的支配或处分，因为其关乎人作为一个人的人格完整性。相反，著作人身权可以与作者分离，不具有普通人格权所具有的自然法意义上的固有性和不可剥夺性。因此，版权人身权明显不同于人权意义上的人格权，即便一定要将其归入人权的范畴，也只享有弱人权的地位。事实上，版权财产权才是版权最主要的组成部分和争论的焦点。从版权人身权的角度论证版权的人权属性，其说服力也明显不足。

还有一种观点认为，与有形财产一样，版权也是作者自我表达的权利，因此，限制公众使用版权作品是合理的，因为使用者的使用从物理上排除了版权人的表达。但就版权作品而言，这样的推论难以成立，因为与有形权利不同的是，版权作品不具有排他竞争性，使用者使用版权人的作品不会剥夺版权人通过作品表达自我的权利。②

二 作品使用者权的人权意蕴

与知识产权的人权属性存在争议不同，作品的使用直接关系到使用者能否有效接触信息、表达思想、参与文化、接受教育，这些权利均属于基本人权的范畴。因此，作品使用者权这一概念的提出具有重要的人权意蕴，许多学者认为，作品使用者权是上述宪法性权利在版权法中的体现，具有正当性。对此，笔者亦表示赞同。

---

① 蒋瑞雪：《科学发展观下知识产权法价值目标的思考》，《唐山学院学报》2009 年第 5 期。

② Richard Moon, *The Constitutional Protection of Freedom of Expression*, Toronto：University of Toronto Press, 2000, pp. 23 – 24.

（一）参与文化的人权

《世界人权宣言》第 27 条第（1）款规定：人人有权自由参与社会的文化生活，享受艺术，分享科学进步及其利益。同样，《经济、社会和文化权利国际公约》第 15 条第（1）款承认人人有权参加文化生活，享受科学进步及其应用的好处。参与文化的人权赋予每个人获得、使用和分享文化包括作品和版权其他客体的权利。

1. 作品是文化的组成部分

文化没有统一的含义，但作品属于其定义之一。爱德华·泰勒将文化定义为一个"复杂的整体，它包括知识、信仰、艺术、道德、法律、风俗以及人作为社会成员所获得的任何其他能力和习惯"①。知识、信仰和艺术巧妙地构成了作品，作品是人的能力的明确体现和表达。此外，联合国教科文组织将作品纳入其对文化的定义中，即一个社会或一个社会群体的一系列独特的精神、物质、智力和情感特征，除了艺术和文学之外，它还包括共同生活方式、价值体系、传统和信仰。② 经济、社会和文化权利委员会在第 21 号一般性意见中解释："第 15 条第（1）款（a）项所指的文化包括生活方式、语言、口头和书面文学、音乐和歌曲、非口头交流、宗教或信仰体系、典礼和仪式、体育和游戏、生产方法或技术、自然和人为环境、食物、衣服和住所……"③ 这种对文化的定义既不依赖于来源，也不依赖于形式。无论是口头的、书面的还是视觉的，无论是数字的还是印刷的，也无论它是由自然人、法人、个人还是团体甚至是机器

---

① ［英］爱德华·泰勒：《原始文化：神话、哲学、宗教、语言、艺术和习俗发展之研究》，连树声译，广西师范大学出版社 2005 年版，第 1—2 页。

② *Unesco Universal Declaration on Cultural Diversity*, UNESCO Res 25, UNESCOOR, 31st Sess, UN Doc 31 C/25, ［2001］1, pmbl.

③ See Committee on Economic, Social and Cultural Rights, General Comment No 21: Right of Everyone to Take Part in Cultural Life ［art. 15, para. 1 (a), of the International Covenant on Economic, Social and Cultural Rights］, UNESCOR, 43rd Sess, UN Doc E/C. 12/GC/21, ［2009］［General Comment No. 21］.

生产（例如人工智能创作物）的，作品都是文化的一部分。

2. 参与文化权利的内容

《世界人权宣言》和《经济、社会和文化权利国际公约》共同赋予每个人参与文化生活、享受艺术和分享科学进步成果的权利。目前，这项权利的确切内容和范围仍不完善，特别是在保护和享受作品方面。尽管如此，在第 21 号一般性意见中，经济、社会和文化权利委员会确定了三个组成部分：参与；获得；对文化生活做出贡献。这些组成部分共同授予公众获取作品、使用作品来创作新作品以及与他人分享作品的权利。①

首先，作品获取权既存在于文化参与权的参与中，也存在于文化参与权的获取中。参与部分包括每个人都有权"寻求和发展文化知识和表达方式，并与其他人分享，以及实施和参与创造性活动"。② 由于作品是储存或反映文化知识和表达的主要媒介，因此获得文化知识和表达离不开对文学、科学和艺术作品的获取。正如联合国教科文组织大会所解释的，获取文化是指每个人都能获得的具体机会，特别是通过创造适当的社会经济条件，自由获取信息、培训和知识，以及享受文化价值和文化财产。③ 参与文化生活权利的"获取"部分赋予了作品使用者权：第一，通过教育和信息了解自己和他人的文化；第二，遵循一种与使用文化产品和资源相关的生活方式；第三，受益于文化遗产和其他个人和社会的创造。人类为了获得"自我提高的能力"而自然地寻求知识。让－雅克·卢梭认为，

---

① See Committee on Economic, Social and Cultural Rights, General Comment No 21：Right of Everyone to Take Part in Cultural Life ［art. 15, para. 1 (a), of the International Covenant on Economic, Social and Cultural Rights］, UNESCOR, 43rd Sess, UN Doc E/C. 12/GC/21, ［2009］［General Comment No. 21］.

② See Recommendation on Participation by the People at Large in Cultural Life and their Contribution to It, UNESCOOR, 19th Sess, Res 4. 126, ［1976］Annex I 29 at para I. 2 (b)［"UNESCO Recommendation"］.

③ See Recommendation on Participation by the People at Large in Cultural Life and their Contribution to It, UNESCOOR, 19th Sess, Res 4. 126, ［1976］Annex I 29 at para I. 2 (b)［"UNESCO Recommendation"］.

为了这个追求，人们放弃了作为自然状态特征的平等状态，走上了被奴役之路，因为寻求知识是人类相互依赖而不是自给自足的一种方式。① 在现代社会中，人类对知识的需求不不断增长，他们在知识的创造和使用上的相互依赖不可避免。因此，公众获取、使用和分享作品的权利，以及作者对其智力创作的权利，是恢复或保证知识创造、使用和传播生态系统的公正秩序的一种尝试。

其次，使用者在已有作品的基础上使用和创造新作品的权利，属于参与文化生活权利的参与部分。公众"发展文化知识和文化表达"的权利包括为进一步创作或改进现有作品而使用这些作品的权利。发展就是"成长或促进成长，变得更成熟、更先进或更精细"②。因此，文化知识和表达的发展，本质上意味着一个过程，即使用者改进现有作品或将它们转化为新的作品。随着文化越来越多地融入数字领域，智力作品的创作和使用之间的互动关系变得愈加突出，标志着从"只读文化"向"读写文化"的重要转变。在"只读文化"中，作品的使用采取传统的阅读和引用的形式；而在"读写文化"中，作品的使用则延伸到另一个层面，人们不仅可以阅读，还可以引用，混合文字、图像、视频或声音来创作新的作品，并使用数字网络来分享它们。

最后，公众有权通过对作品的获取和使用，与他人"分享"其已经获取或进一步创作的作品。公众首先从文化参与权的参与部分获得这一权利，这一权利提供了与他人"分享"文化知识和表达的权利。此外，他们还从"对文化生活的贡献"这一组成部分获得这种权利，这一组成部分赋予每个人"参与创造社会的精神、物质、智力和情感表达"的权利，以及"参与个人所属社会的发展"的权利。分享作品的权利是对作品获取和使用权利的补充和促进。由于知识具有非竞争性质，它符合人们分享知识的心理需求，这对于促

---

① Jean Jacques Rousseau, *Discourse on Inequality*, Montana: Kessinger, 2004, pp. 29-30.

② Oxford Dictionary of English, 3d, sub verbo "develop".

进信息经济中的创新至关重要。它还促进了知识生产的新的社会经济模式，例如自由软件运动和知识共享许可等。这些模式是对作品排他性权利方法（该方法强调版权所有者对作品的控制，阻碍知识分享）不满的反映。它们促进了作品的分享和发布，从而形成了将知识视为"公共资源"的新范式。

公众获取、使用和分享作品的权利是"自由文化"架构的重要支柱，在"自由文化"架构中，文化及其发展不受文化产业的严格控制，不受获取、使用和分享其文化之前的许可要求，个人可以在作品中"添加或混合他们认为合适的内容"。作品使用者参与文化的人权可以为这些自由提供重要的规范依据。

（二）受教育的人权

参与文化的人权与受教育权和言论自由是相互依存的。《世界人权宣言》第 26 条赋予每个人接受教育的权利，它使小学阶段的教育免费并成为义务教育，它要求提供技术和专业教育以及平等地接受高等教育。第 26 条还规定，受教育的人权的目的是充分发展人的个性，加强对人权和基本自由的尊重。受教育的人权也体现在《经济、社会和文化权利国际公约》的第 13 条和第 14 条。[①] 值得注意的是，《经济、社会和文化权利国际公约》第 13 条增加了教育人权的三个目标：发展人的"尊严感"，使人能够参与自由社会，促进各国和所有不同群体之间的相互容忍和理解。

教育本身就是一项人权，也是实现其他人权例如享受适当生活水准的人权和广泛的民主权利的重要工具。《经济、社会和文化权利国际公约》第 13 条将其描述为"人类生存的乐趣和回报之一"。由于对经济、社会和文化权利的历史偏见，以及有关其可诉性和积极性质的争论，并非所有国家都平等对待受教育的人权。例如，美国

---

① *International Covenant on Economic, Social and Cultural Rights*, 16 December 1966, 993 UNTS 3, Can TS 1976 No. 46, Art 13 – 14.

宪法就不保护受教育权，加拿大《权利和自由宪章》也没有关于教育的明确规定，但少数民族语言教育除外。此外，许多国家的宪法至少保护初等教育的人权。

受教育的人权应当具有有效性（Availability）、可获得性（Accessibility）、可接受性（Acceptability）和适应性（Adaptability），又称为"4 - A 体系"。有效性是指存在一个适当和高质量的教育系统，为教育活动提供适当的物质基础设施和人力资源；可获得性是指教育机构和教育项目对所有人一视同仁，每个人都能不受歧视地获得它们；可接受性意味着教育具有良好的质量，与学生的文化相关并且适当；适应性意味着教育要根据不断变化的社会和文化状况来适应学生的需求。①

受教育的人权与参与文化的人权有着内在的联系。当学生无法接触到书籍等作品时，教育就无法进行；当学生负担不起教育材料，或当禁止学生在远程学习过程中通过电子方式交流时，教育也无法进行。当作品不能以学生的有关语言或以有特殊需要的学生能够获取的格式提供时，受教育的人权就无法实现可接受性和适应性。书籍、计算机程序、艺术和其他教学材料，连同它们的交流手段，如互联网、广播或电视，构成了一个良好的优质学习环境所必需的交流信息和知识的主要渠道。受教育的人权和参与文化的人权之间的关系源于教育作为"个人和社会传递其价值观、宗教、习俗、语言和其他文化的渠道"的功能。

实现受教育的人权是昂贵的，国家承担了重要的一部分成本。然而，版权的影响使提供作品等教育材料的成本被放大。将有关教育的版权限制和例外情况视为作品使用者权，防止版权人对作品的过度控制，可以更好地促进文化参与的人权和受教育的人权，二者

---

① Committee on Economic, Social and Cultural Rights, General Comment No. 13: The Right to Education (Art. 13 of the Covenant), UNESCOR, 21st Sess, UN Doc E/C. 12/1999/10, 〔1999〕 at para 6.

与言论自由相互联系、彼此依存。

（三）言论自由

言论自由是所有自由和民主社会的法律和政治结构的基石。[①] 它是"寻求和获得真理"的必经之路，是"个人自我实现和人类繁荣形式多样性"的保证。[②] 言论自由权促进了思想自由市场的创建，强化了政治参与，通过将潜在的破坏性能量引导到有意义的公共讨论中来稳定社会，并允许公民在民主进程中做出明智的决定。言论自由本身就是一种目的，因为对言论或信息的限制将阻碍我们充分发挥自身的才能。言论自由理论并不局限于对宪法权利和对抗政府行为的权利的经典解释，要使言论自由这一最基本的自由名副其实，仅仅限制政府行为是不够的，还需要政府积极地保障和促进，这就要求法律的介入，防止钳制言论的发生，确保公众有获悉各种信息的权利。

《世界人权宣言》《公民权利和政治权利国际公约》确保了人类享有言论自由，并将其定义为"不受干涉地持有意见"和"寻求、接受和传播信息和思想"的权利。[③] 寻求、接受和传播思想的权利是参与文化权利的组成部分，它支持公众获取、使用和分享作品。文化参与权的参与构成部分，与言论自由一样，赋予使用者"寻求"文化知识和表达的权利。更明确地说，参与文化权利的获取部分为每个人提供了"通过各种途径或通信媒介了解表达和传播形式"的权利。同时，这也是言论自由的一个组成部分，其中包括"表达和接受能够传递给他人的任何形式的想法和意见"。经济、社会和文化权利委员会解释称，这项权利"意味着所有人都有权获得并参与各

---

① Rwdsu v. Dolphin Delivery Ltd., 〔1986〕2 SCR 573 at 583, 33 DLR (4th) 174.

② Irwin Toy Ltd. v. Quebec (Attorney General), 〔1989〕1 SCR 927 at 976, 58 DLR (4th) 577.

③ *Universal Declaration of Human Rights*, GA Res 217 (III), UNGAOR, 3d Sess, UN Doc A/810 〔1948〕, art 19.

种信息交流，有权获得文化商品和服务，这些被理解为身份、价值和意义的载体"①。简言之，参与文化和言论自由的人权的一个目标就是赋予人类以任何形式获取和分享作品的权利。尽管如此，根据《公民权利和政治权利国际公约》第19条第（3）款（a）项，"寻求、接受和传递信息和思想"的人权可以受到"某些限制"，只要这些限制是法律规定的，而且是"为了尊重他人的权利或名誉"所必需的。利用专有权保护作者的精神和物质利益，可以归属于这类例外，但是这并不否定作品使用者权的人权性质。

关于以基本自由为基础的作品使用者权的争论，还涉及一个关键问题，即表达自由和信息自由等基本自由是否已经受到了版权法的充分保护。如果已经受到了充分保护，人权公约的额外保护将是多余的。学术界和实务界对此并未达成一致意见。有观点认为，虽然这两个概念（版权和言论自由等人权）可能相互冲突，但任何此类冲突最终都可以通过适用版权法所载的法定例外和限制来解决。因此，没有理由把眼光放在版权法之外，从宪法和人权法中寻找解决冲突的方法。美国联邦最高法院在 *Harper & Row* 案中即持这一观点，法院认为版权法的"思想表达二分法"和合理使用原则已经包含了对第一修正案所载权利的保护，因此没有必要进一步扩展合理使用原则，以涵盖被告所主张的公共利益使用的种类。② 相反，荷兰 *Dior v. Evora* 案③的法官则同意使用版权例外之外的标准来确定侵犯言论自由的行为，该案中，被控侵犯版权的被告成功援引了宪法规定的言论自由，为其涉嫌侵犯版权的行为辩护。

版权与言论自由冲突的本质是显而易见的。版权通过赋予版权所有人控制其作品传播的专有权来保护思想和信息的表达，这一权

---

① General Comment No. 21, supra note 93 at para 49（b）.

② Harper & Row Publisher, Inc. v. Nation Enterprises, 471 U. S. 539, 582 – 583〔1985〕.

③ See Dior v. Evora, Dutch Supreme Court（Hoge Raad）20 October 1995,〔1996〕Nederlandse Jurisprudentie 682.

利实际上是对其他人说话、写作等能力的有效束缚，因为一个人想要使用受版权保护的作品，必须首先获得版权人的许可。正如 Melville Nimmer 所言："难道版权法不正是一项限制了言论和新闻自由的法律？因为当言论和新闻表达中包含未经授权而使用的受版权保护的材料时，它会惩罚这些表达。"① 当版权所有人故意利用版权阻碍有关作品所包含的信息传播时，这种冲突就会特别明显。在美国言论自由法的特定背景下，鲁本菲尔德描述了版权法对言论自由的侵蚀：首先，这是一种基于内容的言论限制，不受严格的审查；其次，法院通常在版权案件中发布事先限制（如出版禁令）；最后，法院经常被要求禁止借用某一作品的言论，除非它对该作品持批评态度，这是一种观点歧视。② 单纯作为侵权抗辩的版权限制和例外无法充分保障言论自由，尤其是在数字网络时代。

知识产权并非自然权利，而是一项法定的工具性权利，知识产权制度的目的之一在于通过制止任意模仿创新性产品的行为，保障知识产权人的经济权利，激励后续创新。只有为人类生存和人的尊严所必需的财产权，才能被认为受到人权法的保护。知识产权并不属于为人类生存和尊严所必需的财产权。版权中的财产权利并非维持人的生存和尊严的最基本的自然财产权，而是促进社会文化进步的政策性工具，因此不属于人权的范畴；版权中的人身权利即便可以归属于人权，其与普通人格权相比，也明显具有弱人格权的性质和地位。相反，版权作品的使用直接关系到社会公众通过获取、使用、分享作品参与社会文化、接受教育、自由表达思想的基本人权，具有优越于版权的地位。从某种意义上说，版权制度的存在是为了让社会公众更好地使用作品，专有权对创作的激励也为公众参与文化、接受教育、自由发表言论提供了更为丰富的素材，作品使用者

---

① Melville Nimmer, "Does Copyright Abridge the First Amendment Guarantees of Free Speech and Press?", *UCLA Law Review*, Vol. 17, No. 2, 1970, p. 1181.

② Jed Rubenfeld, "The Freedom of Imagination: Copyright's Constitutionality", *Yale Law Journal*, Vol. 112, No. 1, 2002, pp. 1 – 60.

权与版权并不存在根本性的冲突，作品使用者权具有人权法上的正当性。随着版权的急剧扩张，版权法内置的安全阀在新的技术环境下已经无法保障社会公众在使用作品方面的人权，反而形成了诸多限制，将版权的限制和例外确定为作品使用者权具有人权法上的正当性和必要性。

第四节　版权法视角

一　版权工具正当性的重新解读

工具主义理论认为，法律是实现社会净福利增长的一种手段，这一理论是一般私人财产尤其是版权存在的最具影响力的正当性之一。① 国际条约和区域法律文书往往反映了版权的工具主义观点。② 在版权法源于英美传统的司法管辖区，以激励和奖励创造和创新为中心的工具主义理论常常被用来证明版权和其他知识产权的正当性。在欧洲大陆法系国家，以权利为基础的观点则经常被用来证明艺术作品和智力成果是作者人格的延伸。随着各版权国际条约在实体和程序层面的协调，英美法系与大陆法系在版权正当性理论上的分歧已大大缩小。

关于版权的两种工具正当性与作品使用者权特别相关。第一个正当性是作品创作和传播的动机，这种被广泛引用的版权正当性理论在很大程度上也证明了作品使用者权的正当性。第二个正当性是

---

① Jeremy Waldron, *The Right to Private Property*, Oxford: Clarendon Press, 1988, p. 3.

② E. g., "Agreement on Trade – Related Aspects of Intellectual Property Rights", *Marrakesh Agreement Establishing the World Trade Organization*, Annex 1C, 15 April 1994, 1869 UNTS 29, 33 ILM 1197, art 7; *WIPO Copyright Treaty*, 20 December 1996, WO033EN, Preamble, recital 4 – 5; *EC*, *Parliament and Council Directive 2001/29/EC of 22 May 2001 on the Harmonisation of Certain Aspects of Copyright and Related Rights in the Information Society*, [2001] OJ, L167/10, Preamble, recital 4 [Directive 2001/29/EC].

经济效率的论证，通常被用来支持动产所有权，特别适用于基于版权作品副本的作品使用者权。

（一）鼓励作品的创作和传播

在哈里斯的产权理论中，创作者激励工具是通过版权创造私有财产的唯一合理的正当理由。[1] 根据美国宪法，国会在版权和专利方面的权力是促进科学和实用艺术的进步，方法是在有限的时间内保证作者和发明人对他们各自的著作和发明的专有权。[2] 在加拿大，工具正当性在很大程度上支持了版权的存在，正如最高法院在 Théberge 案中的判决所述：版权法通常是在促进激励和传播艺术和智力作品的公共利益与为创作者获得公正的报酬（或者更准确地说，防止创作者以外的人挪用可能产生的任何利益）之间取得平衡。[3]

版权激励创作和作品传播的"工具正当性"的最大缺陷在于其前后不一致、缺乏说服力和难以应用。需要赋予版权人多大范围的产权，才能激发他们创作？财产是鼓励创造力的必要条件吗？有没有其他方法可以达到同样的目的？难道没有足够的证据表明，创造过程是独立于经济利益的直接动机，或在没有授予知识产权的领域进行的吗？为了最大限度地增加社会净福利，应促进何种类型的创造力和创新？我们鼓励谁投资版权作品的创作和发行——作者还是公司？

版权所宣称的工具正当性是在公平奖励作者的同时，为创作和传播作品提供激励。这些正当性的内在平衡要求我们同样关注版权作品的接受者或预期受益人获取和享受作品的程度，就像关注版权所有者的权利范围一样。帕特森和林德伯格将这种不平衡和对作品使用者有害的原因归结为版权的功能侧重于创作而非发行以及使用

---

① James W. Harris, *Property and Justice*, Oxford: Clarendon Press, 1996, p. 296.

② US Const art I, §8.

③ Théberge, 2002 SCC 34.

者利益的抽象性，通过将版权的功能视为鼓励创作而不是发行作品，法院增加了将公众获取作品以供学习的利益与版权所有者的版权利益等同起来的难度。因为作者的利润要求以具体权利为基础，而公众的学习权利只是一种抽象的利益。"版权是用来鼓励作品创作的"这一谬误，一直是"版权是作品的所有权"这一谬误产生的主要原因。鉴于后一种谬误，需要有远见的法官来平衡学习权和创作权，就像版权条款的制定者一样。① 有学者认为有必要将版权的工具正当性集中于作品与公众，而不是当前版权框架所基于的作者与作品的关系上。②

国际和区域版权公约和其他文书在提到更有力的版权保护背后的激励政策目标时，往往假定作品使用者是作品的被动接受者，而不是参与者。这样的假设在一定程度上支持了版权的扩张，以致它可能会与最初宣称的激励创作和作品传播的目标相抵触。过于强有力的版权保护可能会阻碍作品的适当获取和传播，以及对未来作品创作的激励。正如达沃豪斯所言，事实的真相是，目前的知识产权制度在激励创作者方面（产生创新动力）做得很差。③

现代社会普遍重视并鼓励创新和创造，视其为经济增长和文化繁荣的重要引擎。当前的技术发展允许公众以一种不久以前还无法想象的方式来体验版权作品，而且其体量是前所未有的。数字革命、通信网络的爆炸式发展以及信息技术的普及，使版权作品得到了前所未有的传播和共享。数字革命已经进行了很多年，我们慢慢看到国际上对作品使用者权益的更多认可。除了给予版权所有人相应的地位外，还需要为作品使用者腾出空间，认识到他们在"创造和传

---

① ［美］莱曼·雷·帕特森、斯坦利·W. 林德伯格：《版权的本质：保护使用者权利的法律》，郑重译，法律出版社 2015 年版，第 166 页。

② Craig Carys J. Craig, "Locke, Labour and Limiting the Author's Right: A Warning Against a Lockean Approach to Copyright Law", *Queen's Law Journal*, Vol. 28, No. 1, 2002, pp. 5 –6.

③ ［澳］彼得·达沃豪斯、约翰·布雷斯韦特：《信息封建主义》，刘雪涛译，知识产权出版社 2005 年版，第 15 页。

播作品"的工具正当性中所扮演的不可或缺的角色。如果不是为了那些能接触到作品的人的利益，为什么要激励创造？正如尼瓦·埃尔金科伦所言：为了激发创造力，仅通过授权作者排除后续作者来激励他们是不够的，仅豁免版权作品的转换性使用也是不合适的。激发创造力需要扩大获得创造性作品的渠道，版权法必须使作者和使用者之间保持平衡，不仅包括后来的作者，也包括文化产品的消费者，因为他们将来可能成为作者。[①]

作品使用者和作者一样，都是生产资料。[②] 从这个角度来看，基于激励作品传播和后续创作动机的版权正当性还需要考虑公众的最佳获取，以便在更广泛和更长期的层面上进一步支持这一目标。信息时代为我们提供了一个前所未有的机会来重新考虑作品使用者权的作用，包括将版权作品副本的产权作为版权整体产权设计的一部分，平衡创作和传播作品的动机。如果没有这种平衡，版权就有从其工具正当性轨道中偏离的风险。

要鼓励作品使用者在文化方面的参与创新，需要保证他们在体验和使用作品方面具有一定程度的自主权。例如，使用者可以选择如何、何时以及与谁一起享受版权作品，并进行与版权作品相关的交流和自我表达。与其他消耗性商品相比，版权作品消费方面的自主权可能需要更大的保护，因为文化产品不仅仅是有用的商品，还往往具有传播价值和象征意义，它们以更直接和更亲密的方式引导着我们的思维，会使消费者面临更深入、更具侵入性的自由限制。现实生活中，信息消费者的这种特殊脆弱性常常被忽视。[③] 如果不能更好地认识到作品使用者权在版权设计中的地位和作用，将背离版

---

① Niva Elkin – Koren, "Making Room for Consumers Under the DMCA", *Berkeley Technology Law Journal*, Vol. 22, No. 3, 2007, p. 1141.

② Jessica Litman, "Lawful Personal Use", *Texas Law Review*, Vol. 85, No. 7, 2007, p. 1880.

③ Niva Elkin – Koren, "Making Room for Consumers Under the DMCA", *Berkeley Technology Law Journal*, Vol. 22, No. 3, 2007, p. 1141.

权激励作品创作和传播的工具正当性，削弱版权使用者参与现代文化和创新社会的期望。

（二）效率和作品副本所有权

与激励作品传播和后续创作的工具正当性一样，广泛的效率论证也可以支持作品使用者权，特别是拥有作品副本的使用者的权利。效率工具性论证一般支持维持一个与动产和不动产相关的产权制度。通过支持产权制度，国家将代表个人行使使用、管理和监督职能，并减轻社会在此方面的负担。① 相反，如果一个社会不支持产权制度，它就会在一个公共的、受控制的、受监控的使用环境中提供对资源的访问。林德伯格和帕特森在呼吁对版权法中作品使用者的地位和作用给予更多的认可时，提出了类似的市场风险论证：作品使用者权服务于一个社会所期望的目的，因为它通过允许市场力量决定价格来维持市场秩序。否认个人使用的权利，就是利用版权来控制无数公民的行为，而只为了几个人的所谓经济利益。版权从来不打算创建并保证利润，它只是为了保护作品的市场销售。使用者也享有权利。②

对版权利害关系人的利益进行经济效率分析，一方面应当保持适当的产权范围以激励创作，另一方面应重视并允许副本所有者和其他使用者的自由和特权。对于嵌入有形物体的版权作品，使用者通常意识到他们作为作品副本所有者的权利，并将所有权用于最有成效的用途。正是广泛而成熟的所有权概念创造了效率：作为副本所有者，使用者通常知道如何处理嵌入物理对象的版权作品，而不需要求助于详细的使用条款。然而，在数字网络环境下，无论是在线发行还是通过物理媒介发行，版权人提供的未经协商的标准终端

---

① James W Harris, *Property and Justice*, Oxford：Clarendon Press，1996，p. 242.

② ［美］莱曼·雷·帕特森、斯坦利·W. 林德伯格：《版权的本质：保护使用者权利的法律》，郑重译，法律出版社2015年版，第154页。

用户协议，都至少在两个方面损害了经济效率。首先，随着新的网络访问、复制和共享能力的增强，数字作品使用者潜在的使用自由正呈指数级增长。其结果是，使用者对作品副本所有权的期望将随着环境的变化而变化，这些变化会影响他们与版权作品的交互方式。但版权法和版权人设置的合同条款不一定能确保使用者对作品使用的期待。使用者的期待与法律及合同条款之间的差距，以及由此产生的不确定性，使使用者付出了巨大的信息成本。① 其次，日益增长的由法院强制执行的版权人许可而非出售作品副本的商业惯例，限制了使用者转让其合法获得的版权作品副本的能力。通过许可而不是出售作品副本，版权所有者正在创造一种环境，使每项行为都受到潜在的审查，并根据版权所有者规定的条件有所不同。②

综上所述，版权制度激励创新创造的工具正当性，也支持作品使用者作为创作过程的充分参与者的利益。这表明在版权制度中，对创造的激励也应适用于作品使用者，作品使用者权的承认具有版权法上的工具正当性。

二 作者关系理论与作品使用者权

现有的关于作者身份的定义包含以下假设，即个人在生活中相互孤立，而忽视个人在社会、家庭、族群内与其他人的关系——正是基于这样一种社会关系，个人有限的垄断权利应该在这种关系中存在，并为这种关系的利益而存在。③ 基于这一定义的版权法律制度，主要关注的是创作作品的作者与向公众传播作品的人之间的关系。④

---

① Eduardo M. Penalver and Sonia K. Katyal, *Property Outlaws*, New Haven: Yale University Press, 2010, p. 40.

② Pascale Chapdelaine, *Copyright User Rights: Contracts and the Erosion of Property*, Oxford: Oxford University Press, 2017, p. 171.

③ Shelley Wright, "A Feminist Exploration of the Legal Protection of Art", *Canadian Journal of Women and the Law*, Vol. 7, No. 3, 1994, p. 73.

④ Jessica Litman, *Digital Copyright Amherst*, New York: Prometheus Books, 2001, p. 288.

然而，不断增长的公众数字素养和参与式网络的兴起，塑造了一个对等生产的世界和一个大众参与的时代。艺术和文学作品的制作不再被视为社会和文化精英的特权与天赋，而是一种大众个人的日常参与，这种参与促进了互动交流、创新创造和自我发展。① 在新的语境下，作品的创作不仅仅是一个创造性表达的过程，也是一个交流的过程。交互式信息技术和参与式网络的普及，催生了一个交互式信息场域。如果继续孤立作者和作品使用者，版权法将变得无关紧要，进而步入非常现实的危险境地。版权的目标是鼓励与他人建立有意义的交流和参与关系，我们应当在文化对话和参与的背景下理解作者身份。卡里斯·克雷格据此提出了作者身份的关系理论。一个关系作者"总是处于他所处的社会以及他周围的文本和话语之中，并由其构成"②。必须用关系话语来理解版权，它在作者和使用者之间建立了关系并分配权利和义务，确立沟通和交流的规则。版权的重要性在于它能够构建沟通关系，并建立塑造这些关系的权力动态。③ 其目的是通过对智力作品的创作和传播给予激励，最大限度地促进沟通和交流。

我们不应该把作者身份看作一个人把笔放到纸上的行为，而应该把作者身份概念化为诞生它的生态系统的产物，从系统的角度看待创造力。④ 关系作者是一个描述系统，它谈论的是文化贡献者而不是孤独的浪漫作者，它的主题集中于关系和多重贡献。根据后现代主义社会文化理论，创造过程和文化进步是一种开放的、以交流为导向的话语和解释。基于作者关系理论，创造力的实现是一个对话

① Julie E Cohen, "The Place of the User in Copyright Law", *Fordham Law Review*, Vol. 74, No. 2, 2005, p. 371.

② Craig C. J., "Reconstructing the Author - Self: Some Feminist Lessons for Copyright Law", *Journal of Gender, Social Policy and the Law*, Vol. 15, No. 2, 2007, p. 261.

③ Craig Carys J., *Copyright, Communication and Culture: Towards a Relational Theory of Copyright Law*, Cheltenham: Edward Elgar Publishing Limited, 2011, pp. 2 - 3.

④ Julie E. Cohen, "Creativity and Culture in Copyright Theory", *University of California Davis Law Review*, Vol. 40, No. 3, 2007, p. 1183.

和交流的过程，版权保护的目的是构建这一过程的参与者和贡献者之间的关系。与关注孤立的作者而排斥任何其他文化参与者的浪漫主义作者概念不同，关系作者阐明了一种方法，包括并内化公众、作者和使用者（消费者）之间不断演变的动态关系。因此，这一理论主张一种支持关系作者贡献的解释，目的在于通过分配权利和义务来建立作者、使用者和公众之间的交流关系。天真地接受作者身份是一种以个人为主体的孤立行为，可能会助长不利于社会的过于宽泛或过于强大的作者权利。① 建立在浪漫主义作者观念基础上的版权制度，无法规范网络信息社会中信息和知识的实际生产方式。反之，作者身份关系理论则会催生出一种适应性和灵活性更强的版权制度。

作者关系理论强调贡献的概念，"作者" 不是创作作品的人，而是对作品作出某种贡献的人。这种对作者身份的分析视角也与信息论的发现一致，创造力的去中心化包含了多种促成因素，但没有一个是首要的。② 因此，应鼓励和重视各种贡献。在网络化的信息社会，任何一种贡献，包括新作品的创作、对既存文化的诠释与再诠释，甚至对版权材料的组合与再组合，都是信息与知识生产的关键。贡献者是那些对创造力和文化进步做出贡献的人，是那些以任何方式参与话语过程的人。贡献的定义非常宽泛，不考虑其智力或艺术价值，但强调其对信息自由流动的实质性功能价值。我们既要尊重作者在作品创作中的智力付出和贡献，也应该更明确地承认文化对作者身份的贡献。更确切地说，承认每个人在协助和培养作者身份方面的作用，以及使用者通过消费性、生产性和转换性使用版权作品对创造力的贡献。

现行的版权法律框架采取了一种监管方法，禁止除作者以外的

① Alan L. Durham, "Copyright and Information Theory: Toward An Alternative Model of Authorship", *Brigham Young University Law Review*, Vol. 2004, No. 1, 2004, pp. 69 – 125.

② Julie E. Cohen, "Creativity and Culture in Copyright Theory", *University of California Davis Law Review*, Vol. 40, No. 3, 2007, p. 1177.

任何人从事复制、传播和演绎作品的行为，除非此类行为得到版权所有人的明确批准或为个人学习、研究、批评、评论和模仿等特定目的而进行。作者关系理论则阐明了一个"利益分享"的方案，以促进创造力的各个参与者的贡献来创造关系，并协调创造力所产生的利益。基于此，除了初始作者和后续作者应该享有版权之外，包括个人和组织在内的作品使用者也应当基于其对文化的贡献享有使用作品的某些权利，而不仅仅是屈从于作者的权利，在版权限制和例外的缝隙中获得一丁点的利益。保障公众和消费者享有更多使用、分享和传播版权作品的自由和权利，有助于建立更具对话性和灵活性的版权制度，在这一制度框架下，社会公众可以在一个更具活力和适应性的环境中，基于任何现有的知识材料，自由地为人类文化和知识做出贡献。

三　权利制约与版权平衡

利益平衡是版权制度的永恒追求。[1] 历史上，版权人控制的行为主要集中在商业出版物上，这意味着在实践中，版权法并不是日常生活的焦点，因为个人使用并不是侵权行为。版权法在保护版权人专有权利的同时，也通过其"内置的安全阀"，包括作品独创性要求、思想表达二分法、版权期限制度、版权限制与例外等，对版权进行严格限制，公众的言论自由、受教育的权利以及参与公共文化的权利和自由得以维系，版权制度因此在很长一段时间内处于稳定的平衡状态。然而，媒体技术的进步不断挑战着这一经过深思熟虑的法律安排。尤其是数字网络技术为个人使用者可以完成的行为提供了更多的可能性，而版权法已成功地扩展到涵盖这些可能性，但限制很少。版权技术措施无法区分公有领域和私有领域，使用者的各种合法利益因此处于不确定状态，作为被动防御机制的合理使用

---

[1]　叶明、张洁：《利益平衡视角下的数字音乐版权独家授权模式研究》，《电子知识产权》2018 年第 11 期。

在技术措施面前显得弱小无力，禁止规避技术措施入法打破了版权法追求的公共利益和个人利益的动态平衡。此外，版权人还利用未经协商的标准化数字用户协议，限制作品使用人对作品进行包括合理使用在内的使用。网络服务提供者过滤、屏蔽和禁止访问受版权保护的材料，以最大限度地减少他们的版权侵权风险，这些缺乏透明度和法律监督的选择导致合理使用根本得不到实施，沦为莱斯格口中的"聘请律师的权利"。法律和代码的共同作用肢解了版权的例外和限制，权利人获得了"超越版权"的权利，作品使用者的自由和公共利益进一步萎缩，版权制度基于传统机制形成的平衡土崩瓦解。版权制度已经背离其初衷，不再是保护作者、鼓励阅读和欣赏的法，而是保护投资者的法，成为文化和新作品创作的严重阻碍。

在此背景下，抽象的公共利益诉求已经难以实现，需要一种新的平衡机制，通过将版权的限制和例外视为作品使用者权，并进行相应的制度安排，有助于充实著作权法下公共利益的概念，使其内涵具体化，并固定在版权法律规范中，从而将使用者的权利体现为与版权相制衡的权利。①

对创作过程中作品使用者的价值和贡献的探究表明，使用者不仅仅是版权作品的被动接受者，而且是创作过程中的参与者。因此，旨在促进创作的版权法应当同时关注作者和使用者的权利。创意生态系统是一种互动的文化流，为了鼓励创新，版权法必须关注作者事后受益的能力，但也要关注他们事前获取和使用现有材料、获得新技能、学习新技术、接触文化流动和受到新思想启发的能力。所有这些都是刺激新创造的必要条件，其重要性不亚于保护版权专有权。公众使用创造性作品的自由会直接影响其参与创作过程的能力，因此，版权法所允许的使用不仅仅是例外，不仅仅是版权保护规则所不适用的特殊情况，更是实现版权目标的重要机制。为了激发创意，版权法应该同时关注作者和使用者，因为二者都在积极创造文

---

① 刘银良：《著作权法中的公众使用权》，《中国社会科学》2020 年第 10 期。

化。为了促使版权法的目标得以实现，并在作者和使用者之间保持适当的平衡，作者的版权专有权和作品使用者权同等重要。从这个角度看，对作者的激励只提供了激发创造力的一种手段，而其他同样重要的机制则侧重于确保使用者的适当权利。换句话说，作者在其作品中的权利和使用者使用作品的权利是促进版权目标得以实现的不同机制。版权法不仅限于设计版权的专有制度，它还设计了一种超出版权范围，可以在没有许可的情况下使用的制度，这就是版权法中作品使用者权的基本原理。

本章小结

作品使用者权契合了结构主义哲学、主体间性哲学和分配正义哲学的内在要求，也是社会公众宪法性人权在版权法中的具体体现。新自由主义经济思想的式微为作品使用者权的确立消除了障碍，市场失灵和价格歧视理论并不能成为数字网络环境下废除版权限制和例外制度的依据；相反，作品使用者权有利于促进版权制度动态效率的实现，对于版权产业及相关产业的发展具有积极的影响。版权工具主义理论不仅可以证明版权的正当性，而且可以论证对作品使用者权的激励正当性。作品使用者权观念符合版权生态系统的客观状态和运行机制，是对使用者在协助和培养作者身份方面的作用，以及通过消费性、生产性和转换性使用作品对创造力的贡献给予的回报。通过权利制约权利，有助于恢复版权制度的平衡。因此，作品使用者权观念的确立具有正当性和必要性。

第三章　作品使用者权的争鸣与回应

自作品使用者权概念提出以来，就遭到了来自理论界和实务界的广泛质疑和猛烈抨击，在"以作者和传播者为中心"的传统版权理念仍然盛行的当下，这不足为奇。况且，作品使用者权观念与现行的版权制度存在一定程度的抵牾，或者说现行的版权制度体系难以保证作品使用者权的实现。因此，梳理并回应关于作品使用者权的学术争鸣，有助于消除观念上的分歧，也有利于进一步认清现行版权制度与作品使用者权之间的冲突，从而为作品使用者权制度的确立奠定基础。

第一节　规范层面的质疑与回应

一　权利来源或依据的争议

目前，我国学术界直接从更宽泛的层面探讨作品使用者权的文献较少，更多的是对合理使用性质的争论，归纳起来主要有三种观点：权利限制说、侵权阻却说和使用者权利说。[①] 权利限制说从对象

[①] 吴汉东：《著作权合理使用制度研究》，中国政法大学出版社 2005 年版，第 135—142 页。

主体的角度阐释合理使用，认为版权人基于其作品而享有的权利并非绝对排他的，合理使用就是对版权的一种限制和约束。该学说为学界通说，也得到了许多国际国内立法的支持。① 侵权阻却说认为，合理使用行为本应属于侵犯版权行为，但由于法律的特别规定，不将其界定为侵权行为。"侵权阻却说"与"权利限制说"实际上并无本质差别，都只是把合理使用看作侵权诉讼的抗辩事由之一。在这两种观念下，合理使用只是从反向界定或限制了版权的权利范围，作品使用者不是其中的关注重点。使用者权说将合理使用定性为使用者依法享有的使用他人作品的权利。基于这种学说，版权人负有相应的义务，即"服从使用者的意思而进行的作为或不作为（主要表现为不禁止与干涉他人的合理使用）"。

对作品使用者权的第一个疑问是权利来源或权利依据不足，即作品使用者何以能够对他人的版权作品取得版权法意义上的使用者权。有学者指出，如果合理使用是版权法意义上的使用者权，那么版权人与使用者之间就存在着民事法律关系。根据民法理论，民事法律关系应当以包括行为和事件在内的民事法律事实为基础。也就是说，在合理使用行为实施之前，由于某种行为或事件，使用者与版权人之间产生了民事法律关系。在使用作品前，使用者尚未实施某一行为，因此上述民事法律关系的产生不能基于使用者或第三人的作为或不作为，更不会因为客观事件，而只能因为版权人对作品的创作和传播。作品只有公之于众才会实际产生版权法上的权利义务，因此似乎只有传播作品的行为才是合理使用权产生的依据。这也意味着，只要版权人传播其作品，使用者就享有了合理使用权，亦即在使用者实际使用他人作品之前就存在了合理使用权。然而，

---

① 《伯尔尼公约》没有使用"对著作权的限制"，但世界知识产权组织认为合理使用是著作权保护的限制，国内学者也大都持此种观点；1996 年 12 月通过的《世界知识产权组织版权条约》第 10 条的标题是"限制和例外"，美国 1976 年《版权法》第 107 条的标题是"专有权的限制：合理使用"，我国《著作权法》第二章第四节的标题是"权利的限制"，这都表明合理使用是对著作权的限制。

合理使用的构成有其特定的条件，在使用者具体实施使用行为之前，其将来的使用行为是否"合理"尚未可知，何来"合理使用"的权利？①

这样一种疑问并非我国学界独有，在国外也存在类似的声音。如有人认为，版权是自然人、法人或其他组织对其创作的有独创性的文学、艺术和科学作品依法享有的权利，版权人基于其创作作品的行为而享有版权，天经地义，创作构成了版权的权利来源和权利基础；作品使用者作为消极、被动使用他人作品的人，可以通过购买版权作品的副本而获得对副本的所有权，但其凭什么能够取得版权法意义上的权利？② 如果说上文董炳和教授的论证还稍显烦琐，这一疑问则非常直白，也提出了一般公众心中普遍的疑惑——一个使用或意欲使用他人作品的人，何以能够对他人创作的作品享有版权法意义上的权利？如果可以这样的话，版权法还能称为版权法吗？

上述观点立足于自然权劳动理论，具有极强的煽动性，即作品是作者创造的劳动成果，其理应对自己的劳动成果享有权利；使用版权作品的人并未创作作品，仅负有尊重作者权利并不得擅自使用的义务，充其量只能在法律允许的情况下获得一些使用作品的自由，不可能取得权利。且不说自然权劳动理论自产生至今已经遭到了诸多批判，难以作为版权的哲学基础；作品作为信息也不同于一般的有体物，具有公共产品的属性，对作品的使用不仅关系到作者的经济和精神权利，也关乎社会公共生活，是社会公众表达言论、参与文化、接受教育的重要途径。因此，合法使用作品的权利首先是社会公众言论自由、参与社会文化和接受教育等宪法性人权在版权领域的具体体现，其权利来源具有正当性，与版权相比具有更高的位阶。此外，作品使用者可能是单纯的消费者，也可能是新作品的再

---

① 董炳和：《合理使用：著作权的例外还是使用者的权利》，《法商研究》1998 年第 3 期。

② Darren Hudson Hick，"Mystery and Misdirection：Some Problems of Fair Use and Users' Rights"，*Journal of the Copyright Society of the USA*，Vol. 56，No. 2 – 3，2009，p. 494.

创作者，立足于已有作品创作新的作品是作品创作的一般规律和必然要求，也有利于不断丰富社会文化，契合了版权制度的根本宗旨。即便是单纯的消费者，其对作品的使用也具有社会意义，作品的消费也会通过产生一种共同的文化语言来促进创造力的产生。事实上，使用者对版权法目标的大部分贡献是通过非转换性使用来实现的。将创造过程视为"互动流"的观点描述了这种过程的动态本质，在这种过程中，意义是通过人类之间的相互作用、使用和发展一种共同的文化语言而产生的。文化是一种能够与他人、物体和自然进行互动和接触的语言。我们使用文字、乐谱、诗歌等来传达信息，理解彼此和自己，理解世界。读书读报，听音乐，看电影，都不是简单的消费行为。它们都是创造性的实践，包含了意义的互动交流。[1]创造性实践是分散的、交互的、相关的，并且由用户通过使用作品来执行。在这种创造模式中，每个人首先是使用者，其次才是创造者。读书的行为（或看电影的行为）使读者与文本对话，这是一种产生新意义的有益实践。这些意义生成的过程是一个连续体的一部分，它们不仅由作者完成，而且通过对作品的使用来完成，作者与那些听、读或表演他们作品的使用者共享一个共生的目的。文化实践不是简单地传播或利用文化作品，它们通过与文化制品的接触而产生，这塑造了它们的意义。[2]此外，作品使用者权观念的提出并非要在版权法上新设一种权利，而是在现行的制度框架内，将版权的限制和例外的性质从"单纯的侵权抗辩"上升至"作品使用者权"，以便版权的限制和例外能够免受不断扩张的版权以及版权技术措施、版权合同和其他私人执法的侵蚀，得到真正的实现，与版权保护一并促进版权制度的政策目标得以实现。

　　可见，认为作品使用者权不具有合法权利来源的观点是对版权

---

　　[1]　Jane C. ，"Ginsburg. Authors and Users in Copyright"，*Journal of the Copyright Society of the USA*，Vol. 45，No. 1，1997，pp. 1 – 19.

　　[2]　Niva Elkin – Koren，"Making Room for Consumers under the DMCA"，*Berkeley Technology Law Journal*，Vol. 22，No. 3，2007，pp. 1119 – 1156.

制度的片面理解和对作品使用者权内涵的误读，忽略了版权制度在言论自由和社会文化方面的更为重要的价值，低估了作品使用者对版权生态系统的贡献和意义，也没有考虑到文化创造、传播与交流的互动过程，其结论自然是不科学的。

二　基于霍菲尔德权利分析框架的质疑与回应

以霍菲尔德（又译"赫菲尔德"）的权利分析框架为基础对作品使用者权进行批评是反对者普遍使用的一个重要的理论武器。在霍菲尔德之前，无论是学术界还是司法实践中，在使用"权利"一词时，都习惯性地将特权、权力和豁免纳入权利的范围之内，而没有使用严格意义上的权利的概念。为了解决权利概念的混乱，霍菲尔德在其经典论文《司法推理中应用的基本法律概念》一文中，认为权利与特权、权力和豁免并不相同，严格意义上的权利本质上是一种"请求权"，即权利人要求义务人做出或不做出一定行为时所处的法律地位。义务是指义务人应权利人的请求必须做出或者不做出一定行为时所处的法律地位。权利的相对方是义务，即权利必然要求相对方负有义务，有权利必有义务，无义务则必无权利。如果义务人未履行作为或不作为义务，则权利人可以请求国家有关机构强制其履行，或者赔偿权利人因此遭受的损失。特权（Privilege）又称为自由权，仅指一个人可以做某事的自由，而相对方并不必然承担义务。[①] 特权与权利是极易混淆的两个概念。

基于霍菲尔德的权利分析框架，一般而言，权利和义务是相关联的，当一个人被确认拥有一项权利时，必然意味着一个或多个个人（或国家等实体）对该项权利的受益人负有相关义务，一项权利的关键特征在于它强加给其他人一项义务，享有特权只意味着其他人无权干涉这些权利，而无义务保证这项权利得到尊重。据此有学

[①]　W. N. 赫菲尔德：《司法推理中应用的基本法律概念（上）》，陈端洪译，《环球法律评论》2007 年第 3 期。

者认为，如果有人认为个人对版权公有领域享有某种权利，逻辑上的推论是，另一些个人或实体有积极的义务尊重该权利所保护的利益，并采取或不采取某些行动。[1] 我国也有学者持类似的观点，并认为尚未发现有立法规定版权人负有不禁止或干涉他人合理使用的义务，也未发现有立法规定使用者无法实现合理使用时可以获得法律救济，因此将合理使用视为使用者权的主张无法成立。[2] 将合理使用视为一项民事权利，意味着版权人负有不得妨碍使用者权利实现的义务，否则使用者有权要求排除妨碍以获得救济。既然使用者在版权人采取措施妨碍其实现合理使用时不能主张排除妨碍，合理使用就不是一项具体的民事权利。[3]

进而，有学者将合理使用归入大陆法中客观权利的范畴，系由于法律规定的反射效果给主体带来的某种利益，而非主观权利，即法律规范赋予主体为实现个人利益，要求他人做出或者不做出一定的行为、容忍或者不作为的权能。有学者则将合理使用归于特权的范畴，即使用者可以合理使用他人作品，但并不享有请求权。[4] 还有学者认为，由于合理使用这样一种特殊的"权利"不能像其他民事权利一样进行有效移转，因此，只能将其视为一种未上升为权利的法益。[5]

诚然，霍菲尔德的权利分析框架对于更加清晰地界定"权利"具有重要的意义，然而，其思想也被质疑，并非颠扑不破的真理。比如有学者就提出权利义务并不一定具有相关性，霍菲尔德的权利

---

[1] Mac Queen H. and Wealde C. , "John Cahir, Right or Liberty?", *Intellectual Property: The Many Faces of the Public Domain*, Cheltenham: Edward Elgar, 2007, p. 35.

[2] 朱理:《合理使用的法律属性——使用者的权利、著作权的限制还是其他》,《电子知识产权》2010 年第 3 期。

[3] 董炳和:《合理使用：著作权的例外还是使用者的权利》,《法商研究》1998 年第 3 期。

[4] 朱理:《合理使用的法律属性——使用者的权利、著作权的限制还是其他》,《电子知识产权》2010 年第 3 期。

[5] 孙山:《未上升为权利的法益——合理使用的性质界定及立法建议》,《知识产权》2010 年第 3 期。

理论需要改造与重构。[①] 单纯以霍菲尔德的权利理论否认作品使用者权概念并不充分。有学者因此指出，将版权的限制和例外视为作品使用者权并没有什么内在的错误，这些权利可能不是可以转让的权利，也不是霍菲尔德所设想的具有相关义务的权利，但它们仍然是权利，根据法律，这些活动不是侵权行为，因此"超出了所有者的控制范围"。[②] 即便是立足于霍菲尔德的权利分析框架，上述对作品使用者权的批评也反映了对"权利"的狭隘理解。霍菲尔德对"权利"的描述是广义的，不仅包括狭义的权利（与义务相关），还包括特权、权力和豁免。使用者的权利可以通过各种各样的法律措施得到保护，至少它们与不干涉的义务相关。事实上，正如后文所要介绍的，在一些国家立法中，针对版权人通过技术措施、版权合同以及其他在线私人执法限制或取消公众合法使用作品的情形，赋予了社会公众通过一定途径获得救济的权利。换句话说，权利人对公众合法使用版权作品的权利负有可以执行的义务。因此，问题不在于是否应该保护作品使用者的权利，而在于法律应该如何保护作品使用者的利益。是作为严格意义上的权利来保护还是作为自由来保护取决于政策，而不是由权利本身的内在性质驱动的。作品使用者权是主观权利还是客观权利，是权利还是特权，仅取决于法律规定，与该权利的正当性渊源没有必然关系；关键在于版权法的规定及其适用性解释，而非该权利的法理基础。如果版权法规定公众享有使用权并赋予其救济措施，它就可成为实在法下具有可诉性的权利。[③]因此，批评者以部分现行立法未规定权利人对使用者的义务为依据否认作品使用者权，不仅忽略了另外一些国家的相反规定，也存在一个致命的缺陷，即以（可能并不完善的）实然立法否定作品使用者权的应然正当性，也没有考虑到立法变动的未来可能性。换句话

---

① 陈景辉：《权利和义务是对应的吗?》，《法制与社会发展》2014 年第 3 期。

② David Vaver, "Copyright Defenses as User Rights", *Journal of the Copyright Society of the USA*, Vol. 60, No. 4, 2013, p. 669.

③ 刘银良：《著作权法中的公众使用权》，《中国社会科学》2020 年第 10 期。

说，可能从现有规范的层面还无法将版权的限制和例外视为作品使用者权，但并不能完全否认作品使用者权的事实存在，不能阻止从学理层面主张明确承认作品使用者权，这也表明通过制度的变革将版权限制和例外的地位提升至作品使用者权具有极大的可能性。

三　作品使用者权的不确定性辨析

另一个反对作品使用者权的理由是，合理使用和其他版权限制与例外是一个不确定的标准，确定性法律标准旨在使法律适应社会、经济和技术的迅猛发展。由于法院可以在个案的基础上行使广泛的自由裁量权来决定什么是合理使用，合理使用因此不能作为一种权利，因为它的范围是未知的。此外，"作品使用者权"话语的目标是将法律事前允许的使用定义为权利，从而增加确定性并鼓励允许的使用。但"合理使用"缺乏必要的具体规定，无法就什么是允许的使用提供指导，它具有高度的不确定性，而且通常事先并不清楚某项用途是不是合理的。因此，权利话语无法消除合理使用所产生的这种高度不确定性。[1]

针对这一问题，需要说明的是，法院在将合理使用适用于特定情况时确实具有较大的灵活性，但与此同时，很多合理使用的列举情形是明确具体的，合理使用司法裁判也形成了实质性的行为规则。已有的研究也已经在法院的合理使用分析中发现了一些系统的模式，可以提取一些实践规则。[2] 更为根本的是，合理使用的不确定性并不

---

[1]　Niva Elkin - Koren, "Copyright in a Digital Ecosystem: A User - Rights Approach", Ruth Okediji, *Copyright in An Age of Limitations and Exceptions*, New York: Cambridge University Press, 2015, p. 161.

[2]　See, e. g, Barton Beebe, "An Empirical Study of U. S. Copyright Fair Use Opinions, 1978 - 2005", *University of Pennsylvania Law Review*, Vol. 156, No. 3, 2008, pp. 549 - 624; Neil Netanel, "Making Sense of Fair Use", *Lewis & Clark Law Review*, Vol. 15, No. 3, 2011, pp. 715 - 771; Matthew Sag, "Predicting Fair Use", *Ohio State Law Journal*, Vol. 73, No. 1, 2012, pp. 47 - 91; Pamela Samuelson, "Unbundling Fair Uses", *Fordham Law Review*, Vol. 77, No. 5, 2009, pp. 2537 - 2621.

减损其作为一种权利的性质。① 事实上，法律赋予版权所有人的权利
范围也是由一套法律标准来界定的，例如独创性和思想表达二分法。
这些法律标准的不确定性不亚于甚至可能高于合理使用，在解释和
适用这些标准时也不影响将版权定性为权利。此外，与合理使用相
关的不确定性可能会平等地影响所有者和使用者的权利。不确定性
是指到目前为止还没有被法院裁定的使用，并且可能在版权所有者
的权利范围之内或之外。但一旦法院判定某项特定的使用是合理的，
它就属于作品使用者权的范围，不受版权法的不当限制。

刘银良教授也指出了作品使用者权的不确定性问题，不过他是
针对作品使用者权这一个概念表述进行的批评。刘银良教授认为，
"作品使用者权"这一概念以权利主体身份为特征界定权利会导致法
律规范的不确定性。因为作品使用者内涵广泛、复杂多样，作为法
人机构的使用者与作为自然人的使用者其性质不同；作品使用者拥
有包括宪法权利和多种民事权利在内的多样化权利，他们的法理基
础和法律规范结构不同。因此作品使用者权这一概念具体指代何种
权利不明确，权利范畴不清晰，权利边界无法确定，也难以获得概
括性的论证和理论支撑，应当用公众使用权加以替换。② 刘银良教授
认识到在新技术背景下，将包括合理使用在内的版权限制和例外视
为侵权抗辩或免责事由，不利于版权的平衡和公共利益的实现，而
应将其上升到"权利"的层面，这与本书的立场一致。但其关于作
品使用者权不确定性的相关论述值得商榷。事实上，由于版权的限
制和例外本身具有不确定性，因此，作品使用者权原本就具有不确
定性，这一点无法也无须回避。本书提出作品使用者权并非要在版
权法中规定一种具体的权利，而是要在确定"版权的限制和例外属
于作品使用者权"这一理念的基础上，通过相关的制度安排在版权

① Pascale Chapdelaine, "The Ambiguous Nature of Copyright Users' Rights", *Intellectual Property Journal*, Vol. 26, No. 6, 2013, pp. 27–30.

② 刘银良：《著作权法中的公众使用权》，《中国社会科学》2020年第10期。

制度中贯彻这一理念，从而缓和数字环境下版权平衡面临的危机，至于作品使用者权是否确定并非首要关注的问题。作品使用者可能享有的宪法权利和民事权利也只是使用者权的权利来源或正当性基础，而非具体的使用者权本身，提出作品使用者权的目的即在于将这些多样化的权利内化到版权制度之内。以"公众使用权"替代作品使用者权，反而可能限缩权利的主体范围，给人以"只有个人使用才能享有使用者权"的错觉，事实上，作为组织机构的作品中间使用人也应当拥有使用者权。从这个意义上说，在西方国家普遍使用的作品使用者权（Users' Rights of Copyright Works）可能是更为妥当的概念选择。

四 作品使用者权的逻辑缺陷与评析

希克从逻辑分析的角度对作品使用者权这一概念进行了猛烈的批评。[①] 其首先指出，将合理使用和其他的版权限制与例外视为作品使用者权，是基于以下逻辑论证：

（P1）在除 a、b、c 以外的所有情况下，版权人都有权限制对 W 作品的复制；在 a、b、c 的情况下，使用者有权接触和复制 W 作品。

（P2）在 a、b、c 三种情况下，版权人限制使用者接触和复制 W 作品的能力，则侵犯了使用者的权利。

（C1）因此，限制使用者复制作品能力的版权保护，侵犯了作品使用者权。

（P1）→（C1）是一个有效的论证：（P2）直接来自（P1），（C1）只是（P2）中讨论的一个特定情况。除此之外，（P2）中还包括了另外一种情形（C2）：

（C2）版权所有者不发布 W 作品，限制了使用者接触和复制 W 作品的能力，因此侵犯了（潜在的）使用者的权利。

---

① Darren Hudson Hick, "Mystery and Misdirection: Some Problems of Fair Use and Users' Rights", *Journal of the Copyright Society of the USA*, Vol. 56, No. 2 - 3, 2009, pp. 485 - 504.

（C2）显然是一个荒谬的结论，因为这意味着作者通过写作、绘画或在家里创作一件作品，然后决定不发表它，会因此侵犯潜在的使用者的权利。如果上述论证是有效的，那么问题一定在于其中一个前提的真实性。由于（P2）、（C1）和（C2）都直接来自（P1），（P1）是罪魁祸首。即（P1）这一前提并不真实，亦即作品使用者不享有接触、复制和使用作品的权利。[①]

考虑到可能会有人主张（P1）应该以"如果 W 作品已经发行，那么……"作为前提，即当作者将作品提供给公众消费时，他和公众都获得了关于作品的权利，从而解决上述困惑，希克提出了新的疑问：首先，发表作品意味着什么并不明朗。发表小说、电影、地图还有照片，往往是相当简单的。但是，在 CD 和 DVD 受复制控制技术措施保护的特殊情况下，虽然可以从磁盘上播放的音乐或电影已经发行，但从本质上讲，技术措施保护的并不是音乐或电影，而是磁盘上的计算机编码。如果这样的编码对公众来说是不可使用的，怎么能称它为"已发行"呢？一个作品要被认为是"已发行"的，它必须已被提供给公众，而权利管理系统正好相反。其次，为什么发行作品的行为应该服务于在"合理使用"的情况下赋予公众与作品相关的权利？也就是说，尽管创作作品的行为可能在作品中产生权利，但发行作品的行为同样可以为公众带来权利则难以解释：我向你们展示我所创造的东西，但我对你们不负有任何责任。[②]

此外，希克还认为，无论是否有（P1）这一前提，都很难理解授予作者一项权利，能够让使用者拥有平行的权利，因为版权的专有权使作品的使用者承担不得复制、传播作品的义务，除非在合理使用的情况之下。由使用者有义务在除 a、b、c 以外的所有情形下不复制受版权保护的作品，得出他们有权在 a、b、c 的情况下复制

① Darren Hudson Hick，"Mystery and Misdirection：Some Problems of Fair Use and Users' Rights"，*Journal of the Copyright Society of the USA*，Vol. 56，No. 2 – 3，2009，pp. 492 – 493.

② Darren Hudson Hick，"Mystery and Misdirection：Some Problems of Fair Use and Users' Rights"，*Journal of the Copyright Society of the USA*，Vol. 56，No. 2 – 3，2009，p. 493.

受版权保护的作品这一结论，这是一个概念上的错误。按照霍菲尔德权利概念体系，使用者所声称的"权利"根本不是一种权利主张，而仅仅是一种自由或特权，这与给予他们合法或其他方面的权利相距甚远。①

　　上述对作品使用者权基于逻辑的质疑似乎颇具说服力，然而仔细推敲却并非如此，其过分强调了作品使用者权的赋予可能对版权人造成的负担，实属多虑。首先，上述分析以"版权纯粹系版权法赋予作者的专有权"为立论基础，从立法文本的角度看并无问题，却忽略了版权法应有的社会维度和服务文化传播的根本宗旨，失之偏颇。其次，正如前文所述，将版权的限制和例外视为作品使用者权并非赋予作品使用者某项具体的权利，从而直接让版权人因此背负相应的义务，而是在这一理念的指引下进行相应的制度安排，防止过度的版权保护和行使对公众合法使用作品的权利造成侵害。再次，即便是具体到单个的作品使用者，作品使用者权也有其成立的先决条件，即以合法获取版权作品为前提，未合法获取版权作品的人并不能享有作品使用者权。而且，构想中的作品使用者权在更大程度上是一种消极被动的权利，而非一种积极追求的权利，即当使用者合法使用作品的权利遭到权利人（通过技术措施、合同或其他行为）的不当限制时，作品使用者有权通过一定的渠道去除该不当限制从而获得救济。版权人因为创作、公布作品甚至不公布作品就会直接承受义务是一种纯粹的逻辑想象。换句话说，作者创作一部作品而不发表，不会因此而承受任何版权法上的义务；即便是作品发表了，如果权利人并未限制公众合法使用作品的权利，其也无须承担责任；只有当权利人通过技术措施、版权协议或其他形式不当限制公众合法使用作品的权利时，才可能需要版权人对作品使用者承担去除相关限制的义务。从这个意义上看，"作品使用者权"这一

――――――――――

① Darren Hudson Hick, "Mystery and Misdirection: Some Problems of Fair Use and Users' Rights", *Journal of the Copyright Society of the USA*, Vol. 56, No. 2 - 3, 2009, p. 494.

概念的提出，只是为了在日益失衡的版权利益关系中为作品使用者一方增添更多的砝码，从而恢复版权的平衡关系；其并未改变现行的版权制度框架，也并未压缩版权人基于版权制度宗旨和版权立法所应当享有的权利，更不会如上述学者所言为版权人带来无穷无尽的义务。

我国学者王迁教授也有过同样的担心，即作品使用者权的提出会导致特定的义务人（版权人）面对不特定的权利人（社会公众）的局面。① 与希克和前文董炳和教授的疑虑如出一辙。然而，他们均未完全领会作品使用者权这一概念的核心要旨，经不起推敲，自然也不能因此否定作品使用者权。

第二节　作品使用者权的救济困境与回应

一　作品使用者权的救济困境评析

通过考察使用者可以获得的救济措施来研究作品使用者权的性质和范围，似乎是一种先验的合法追求。"没有救济就没有权利"，这条拉丁格言反映了一种一元论的观点，即救济实际上界定了权利。② 权利和救济措施之间的关系有助于我们更好地理解各种权利概念。在某种程度上，救济措施的可获得性决定了一项特定权利的性质，当这项权利受到侵犯时，就可以获得救济，反之亦然。

目前，当版权使用者希望对版权作品进行合法使用而受到版权合同或技术措施的限制时，他们的救济十分有限。多数国家的版权法向版权所有人提供了针对版权被侵犯的广泛救济措施，但对于使用版权作品时受到限制的作品使用者可能获得的救济只字未

① 王迁：《技术措施保护与合理使用的冲突及法律对策》，《法学》2017 年第 11 期。

② Dedek and Helge, "From Norms to Facts: The Realization of Rights in Common and Civil Private Law", *Mcgill Law Journal*, Vol. 56, No. 1, 2010, pp. 77 – 114.

提。少数国家包括法国、英国和比利时，已引入一种在使用者和版权所有人之间调停的机制，使版权人在某些情况下，有义务准许使用者获取版权作品。例如，希望实施合法行为（比如从版权侵权的例外中受益）但由于版权作品受技术措施保护而被排除在外的使用者，可以采取这种机制。① 另一种情况是为了互操作性的目的，允许用户使用版权作品的某些方面。② 《欧盟信息社会版权指令》亦规定其成员国有义务要求版权所有人向某些版权例外的受益人提供从这些例外中受益的手段。③ 虽然这些机制的效果难以评估，但它们最接近于作品使用者对版权所有人限制其合法使用作品时的明确请求权。《马拉喀什条约》旨在为盲人、视力障碍者或其他印刷品阅读障碍者提供获取已出版作品的便利，这是第一份以特定的作品使用者的利益为中心的多边文书，该条约要求成员国确保在其管辖范围内实施的技术措施不妨碍受益人享受条约规定的版权例外待遇。④

　　但对于大多数国家而言，由于缺乏具体的机制，版权使用者要想成功地向限制作品合法使用的版权人或其他主体提出索赔则困难重重。版权法的许多特点有助于解释作品使用者救济措施的缺失。首先，以版权所有人为中心的版权设计，削弱了作品使用者对版权作品商业副本的个人财产权，在数字复制的情况下则几乎无足轻重。其次，版权侵权的例外是否赋予了权利，是否为权利人创造了一种积极的义务，允许使用者从这种例外中获益，这一点并不明确。第三，即使承认版权所有人对作品使用者有义务，也不清楚版权侵权的例外情况是不是强制性的，以及这些例外情况是否能通过合同予

----

① France CPI, Supra Note 5, art L 331 – 7, L 331 – 31; Belgium Wetboek van econo-misch recht/Code de droit économique, art XI 291 § 2.

② See e. g. , France CPI, art L 331 – 5, L 331 – 31 – 32.

③ EC, Parliament and Council Directive 2001/29/EC, 〔2001〕OJ, L 167/10.

④ "Marrakesh Treaty to Facilitate Access to Public Works For Persons Who are Blind, Vis-ually Impaired, or Otherwise Print Disabled, Adopted June 27, 2013", WIPO Doc. VIP/DC/8 Rev. , www. wipo. int/treaties/en/ip/marrakesh.

以排除。① 版权侵权例外设定了一个默认规则，即版权所有人可以自由地在这个规则之外签订合同，以便于版权人能够更好地决定在什么条件下可以使用他们的作品。很大一部分版权作品的转让是通过非谈判的标准格式协议进行的，而使用者通常并不知道他们放弃了什么。如果版权侵权的例外可以通过合同撤销，那么根据版权法，使用者可能获得的任何利益都可以通过合同或技术措施撤销，从而使同意这些条款的使用者没有权利要求。

正因为目前各国版权法在解决版权作品使用者针对版权人的救济措施方面的缺陷，很多学者认为版权的限制和例外不属于作品使用者权。一些倡导作品使用者权的学者也主张建立作品使用者权的救济制度。

诚然，无救济就无权利，但此处的权利是就实然权利而非应然权利而言的，换句话说，如果一国版权法未规定版权限制和例外的救济措施，充其量意味着从一般意义上看目前不能将版权限制和例外视为作品使用者权，但并不排除今后通过立法修改，规定相应的救济措施，从而使版权限制和例外具有作品使用者权的地位，前述法国、英国、比利时等国家的立法就是明证；更不表示从应然层面不能将版权限制和例外视为作品使用者权。另外，即便在版权立法未规定版权限制和例外的救济措施的情况下，也并不必然意味着版权限制和例外不属于作品使用者权，下文即将梳理的获得司法正义的几波浪潮表明，诉诸司法审查的范围已扩大到诸如规则是什么、如何制定这些规则、由谁制定这些规则以及规则对个人或特定群体的影响等问题。通过侧重于实体法和平等问题，以及通过预防性而不是通过传统的对抗性程序渠道解决特定问题，将取得更大的成果。询问作品使用者有什么救济措施是过早地提出了错误的问题。② 作品

① Pascale Chapdelaine, *Copyright User Rights: Contracts and the Erosion of Property*, Oxford: Oxford University Press, 2017, pp. 49 – 54.

② Pascale Chapdelaine, "Copyright User Rights and Remedies: An Access to Justice Perspective", *Laws*, Vol. 7, No. 3, 2018, pp. 1 – 26.

使用者对版权所有人阻止其合法使用作品的有限救济（或缺乏救济），充其量只会强化当前法律体系中作品使用者权的可塑性和变动性。

二 获得司法正义的浪潮与启示

麦克唐纳等认为，20世纪60年代出现的第一波获得司法正义浪潮主要集中在获得律师和法庭服务方面。人们关注的焦点是法律制度对于经济困难群体的成本、延误和复杂性等问题，法律援助项目是解决这些问题的灵丹妙药。① 第二波获得司法正义浪潮集中在机构重新设计上。它贯穿了20世纪70年代，并将关注点扩大到法院的实际执行、程序和组织。导致了建立小额索赔法庭、允许集体诉讼、允许应急费用等提议，以增加获得赔偿的可能性。② 20世纪80年代出现的第三波获得司法正义浪潮被称为"法律的去神秘化"，主要关注的是平等问题，包括诉讼的能力和机会，以及诉讼的结果。通过反思在社会中造成不同群体之间不平等的系统程序和框架，或通过审视可能妨碍采取行动纠正错误的社会规范，将诉诸司法的机会置于情境之中，提供了更好的机会来解决无法诉诸法庭的不公正。第四波获得司法正义浪潮贯穿整个20世纪90年代，重点关注预防性法律，认为真正诉诸司法必须包括多元化争议解决机制（ADR）。第四波浪潮也认为有必要改进程序，使公众参与立法听证。③ 第五波"积极获得司法正义"浪潮兴起于21世纪初，它认识到获得司法正

---

① Macdonald and Roderick A. , "Access to Justice in Canada Today: Scope, Scale and Ambitions", in Bass J. H. , Bogart W. A. and Zemans F. H. , *Access to Justice for a New Century: the Way Forward*, Toronto: Law Society of Upper Canada, 2005, p. 20.

② Macdonald and Roderick A. , "Access to Justice in Canada Today: Scope, Scale and Ambitions", in Bass J. H. , Bogart W. A. and Zemans F. H. , *Access to Justice for a New Century: the Way Forward*, Toronto: Law Society of Upper Canada, 2005, p. 20.

③ Macdonald and Roderick A. , "Access to Justice in Canada Today: Scope, Scale and Ambitions", in Bass J. H. , Bogart W. A. and Zemans F. H. , *Access to Justice for a New Century: the Way Forward*, Toronto: Law Society of Upper Canada, 2005, p. 22.

义的问题涉及公民社会生活的方方面面，意味着提供平等的机会，在法律制度内获得充分的权利。①

五波获得司法正义的浪潮及其倡议表明，获得司法正义的问题越来越被视为超出了诉诸律师和法庭的范围。每一波浪潮都没有取代另一波浪潮，相反，每一次浪潮都深入挖掘了获得司法正义的多重复杂性。

就作品使用者权而言，第三波和第四波获得司法正义的浪潮告诉我们，通过侧重于实体法和平等问题，以及通过预防性而不是传统的对抗性程序渠道解决特定问题，将取得更大的成果。如果不能解决版权法以及版权所有人和使用者之间存在的根本性结构不平等，那么这些救济程序就已经而且很有可能将继续对作品使用者，至少对比较脆弱的使用者群体没有什么帮助。

在最佳情况下，即个人或群体的权利得到合理明确的规定，获得司法正义的视角提醒我们，对被侵犯的权利是否存在救济办法本身不足以确定是否能为这一群体或个人伸张正义。我们应当更加谨慎地审视"通过可以向法院获取的救济措施来评估作品使用者权"的价值。不管救济措施的力度如何，获得司法正义采取了一种更加广泛的视角，即着眼于可以实施救济措施的周围条件。对于作品使用者中更脆弱的群体即个人用户或消费者来说，诉诸司法正义的视角提醒我们，鉴于其所面临的若干障碍，诉诸法院的传统救济办法对他们帮助不大。如果作品使用者被置于一种事先要求法庭允许其行使合理使用作品的境地，则合理使用等版权例外的力量和价值将受到严重损害。② 作品使用者权不应以其可对版权所有人采取的救济措施来衡量。相反，对它的评价应该是，不必向法院诉诸传统的救

---

① Macdonald and Roderick A., "Access to Justice in Canada Today: Scope, Scale and Ambitions", in Bass J. H., Bogart W. A. and Zemans F. H., *Access to Justice for a New Century: the Way Forward*, Toronto: Law Society of Upper Canada, 2005, p. 23.

② Burk D. L. and Cohen J. E., "Fair Use Infrastructure for Rights Management Systems", *Harvard Journal of Law & Technology*, Vol. 15, No. 1, 2001, p. 57.

济措施，而是确保作品使用者在具有法律规定的更加明确的权利的基础上获得版权作品。越是通过实质性的权利架构确保使用者以无争议的方式获得和享受版权作品，就越有可能更好地解决作品使用者获得司法正义的问题。

"无救济就无权利"在很大程度上是从实然层面作出的判断。以当前存在司法救济困境为由否认"作品使用者权"，系过分强调了司法救济在权利塑造和保障方面的价值而忽视了救济实施的周围条件，尤其是实质性的权利架构。更何况，实践中已有部分国家为"作品使用者权"提供了包括司法救济在内的救济保障措施，也不排除随着"作品使用者权"观念逐步深入人心，会有更多的国家竞相效仿。可见，从"司法救济困境"这一层面质疑作品使用者权并不充分，当然，这也为我们提供了一个很好的视角，即在观念确认之余，还需要从不同的方面进行制度回应，以保障作品使用者权的有效实现。

第三节　权利话语的缺陷与争鸣

对作品使用者权的另一个批评集中在对权利话语的批判之上，其论证路线与批判法学派（CLS）学者提出的权利批判如出一辙。因此，有必要首先考察批判法学派对权利话语的批判及反批判，并在此基础上分析与回应对作品使用者权的话语批判。

一　权利话语的批判与反批判

（一）批判法学派对权利话语的批判

批判法学派是 20 世纪 70 年代在美国兴起的一场知识和法律运动。这场运动在政治上源自左翼，深受美国 60 年代政治激进主义的影响。它质疑西方法律方法的全部合法性，将法律体系视为一种帮助维持现有的领导地位同时压制社会中较弱势或较贫穷阶层的结构性工具，其代表人物包括马克·图什内特、邓肯·肯尼迪和莫顿·霍维茨等。在批判法学派看来，法律就是政治，将法律与政治分开是不合理的。许多司法人员都是执法者，利用法律来维持压迫。只有当法院判决原告胜诉时，才有权利，作为法院裁决的理由，一项权利的存在事实上只是最终的结果。①

在提出"法律的不确定性"命题的基础上，批判法学派对权利话语展开了严厉的抨击。图什内特认为，权利话语是开放的，对立双方可以用同样的话语表达各自的立场。权利的存在取决于特定的社会语境，这在根本上是不确定的。由于权利话语的开放性和不确定性，它只能在政治博弈中提供暂时的优势。②"权衡"作为创造或认可权利的技术，缺乏可以通约的共同价值基础。鉴于社会实践中普遍存在的权利冲突，以及法律实践中权利论证途径的开放性，权利同时具有技术上的不确定性。如果不细化权利的社会建构，并立足于对社会整体的描述主张权利，抽象的权利话语将无法转化为具体的结果，不能发挥界定利益保护范围的实践功能，权利话语因此在推动政治进步方面没有用处。权利话语制造的表面正当性甚至可能掩盖其非正当性的情形，阻碍立法机构对非正当特权进行法律规制，导致权利异化。③"权利话语"倾向于以一种消极、分离和必然性的方式解释事物的本来面目。即便相对弱势的群体在法庭上赢得了某场胜利，其涉及的"权利"也会阻碍社会的进步性变革。这种胜利只会使他们沾沾自喜，反对者则会采取一切措施尽可能降低判决的影响，保守主义者完全可以利用权利的不确定性为自己谋利。

---

① Kairys D., *The Politics of Law: A Progressive Critique*, London: Hachette UK, 1998, p. 33.

② Mark Tushnet, "Essay on Rights", *Texas Law Review*, 1983, Vol. 62, No. 3, 1983, p. 1363.

③ 陆幸福：《权利话语的批判与反批判——围绕批判法学展开》，《法制与社会发展》2014 年第 4 期。

换句话说，"权利话语"使人们的幻觉永恒化，即法律辩论和法律推理是独立于社会运动和政治辩论的。①

美国著名人权学者玛丽·安·格伦顿从另一个方面对权利话语进行了批判，她认为，源于18世纪生命权、自由权和追求幸福权利的权利话语其实质是隔离的权利，对应的是孤立的个人，权利修辞以及将权利人视为自治个体的观念使我们的思想偏离共识的轨道，并专注于将我们彼此分立的事物，从而造成人际关系的疏离，使我们脱离公共生活。② 在对美国黑人民权运动中的人权话语进行抨击时，格伦顿对"仅仅依靠（权利）主张而不说理"进行了谴责："我们的权利对话促进了不现实的期望，加剧了社会冲突，并抑制了可能导致达成共识的对话，或至少发现共同点。权利话语中的'现在思维'阻碍了真正的沟通和公众讨论。"③

正是基于上述理由，大多数批判法学者声称，"权利"以及"权利话语"不可能促进，甚至可能阻碍社会和政治的变革，批判法学的首要任务是抛弃"权利"的辩论和对话。

（二）权利批判的反批判

权利批判固然有其积极意义，但是权利话语并未过时，它是边缘化群体谋求自身权益的重要武器。基于既定的法律确认，越来越多的弱势群体权利的公众承认，有助于他们与歧视和现实压迫作斗争。如果没有法律的强制性规定，强势群体在表达他们的歧视和偏见时可能会更加肆无忌惮。从个人主义的角度来看，公共领域和私人领域的划分尽管在人与人之间造成了某种隔离，但至少为每个人提供了"哪怕是一点点的尊严"。从社会心理学的角度看，"权利话

---

① 高中：《后现代法学与批判法学关于"权利话语"论争的启示》，《上海政法学院学报》2005年第1期。

② ［美］玛丽·安·格伦顿：《权利话语——穷途末路的政治言辞》，周威译，北京大学出版社2006年版，第21—23页。

③ ［美］玛丽·安·格伦顿：《权利话语——穷途末路的政治言辞》，周威译，北京大学出版社2006年版，第21—23页。

语"也会对弱势群体产生积极的影响。作为一种诉求形式，权利话语不仅可以广泛动员被歧视的边缘群体，为他们争取公众的同情和支持，而且能使他们产生自尊和自信。①

女权主义学者玛莎·米诺在部分接受批判法学派对权利的批评的同时，也为权利的使用进行了辩护："权利话语就像任何语言一样，可能误导、诱惑、错误地安慰或煽动，然而，我有时会想，我批评权利是在帮助谁，又是在伤害谁。事实证明，将一项要求表述为一种权利主张是有益、有用的，甚至是必要的，在追求权利的过程中，有些东西（权利的修辞）太有价值了，以至于不能放弃。"②金伯尔德·克伦肖是种族批判研究领域的领军人物，尽管他也承认权利的风险和局限性，但其认为通过援引权利可以获得诸多好处："权利一直很重要，它也许使种族不平等合法化了，但这也是被压迫群体以正式的平等身份进入统治秩序的手段，来自制度逻辑之外的挑战和要求将收效甚微。"③邓肯·肯尼迪认为："主张权利的言论是有效的，至少有一次是有效的，如果我们对权利失去信心，我们就会放弃这一点。或者更糟的是，如果'我们'对权利话语失去信心，而'他们'没有，那么'他们'将比'我们'更有优势，'放弃'权利就像一个职业运动员放弃类固醇，而他的所有竞争对手都还在使用它。"④

此外，尽管批判法学派对传统法学理论的批判有其积极的价值，但正如有学者所指出的，批判法学根本不能算作一个法学流派，因

---

① 高中：《后现代法学与批判法学关于"权利话语"论争的启示》，《上海政法学院学报》2005年第1期。

② Martha Minow, *Making All the Difference: Inclusion, Exclusion, and American Law*, Ithaca: Cornell University Press, 1990, pp. 306 – 307.

③ K. W. Crenshaw, "Race, Reform and Retrenchment", in West C., *Critical Race Theory: The Key Writings that Formed the Movement*, New York: The New Press, 1995, pp. 118 – 119.

④ Duncan Kennedy, "The Critique of Rights in Critical Legal Studies", in Ford R. T., Berlant L. and Kelman M., *Left Legalism/Left Critique*, North Carolina: Duke University Press, 2002, p. 216.

为它只是"批判",而无自己系统的理论。① 具体到权利批判理论,其仅仅对权利话语进行了批判,但并未提出一个合适的替代范畴。如果不采用权利话语为弱势群体争取利益,那么应当通过何种方式呢? 对此,批判法学派并没有给出正面的回答。事实上,在权利话语领域,个人权利的赋予主要是为了提升个人作为个体的尊严和自我价值。承认个人权利是为个人享有的自由提供制度保障的努力。从这个角度来看,个人权利保护了个人在自我实现和生活选择上的自由。

综上所述,权利的内涵及其语言确实容易受到外部影响,但也不是固定不变的,其意义也正体现于此。权利话语的观念和制度实践,有助于弱者以权利话语为切入点,主张"参与权利内容的决定"的平等权利。权利话语的运用使那些从未被认可的"边缘群体"能够参与博弈,"抛弃权利话语"的虚无主义或者悲观主义策略并不可取。权利话语在任何情况下都不能仅仅反映为一种声音、一种诉求,或者仅仅服务于一种利益、一个群体,而应当更加多元化,同时还要确保"权利话语"在制度中的表达渠道畅通,以便决策者在充分听取意见的情况下作出判断。

二 权利批判视域下作品使用者权的质疑与回应

(一) 作品使用者权与版权公共利益的张力

从现代版权制度的早期开始,法院基于权利的推理使版权偏离了它原本服务的社会目标,成为一个主要关注保护版权所有者私人利益的法律体系,而作品使用者只能从狭隘的版权限制和例外制度中获得少许的自由。② 正因如此,传统版权语境中,权利修辞的运用

---

① 信春鹰:《异军突起的美国批判法学派》,《法学研究》1987 年第 1 期。

② Deazley R. , *On the Origin of the Right to Copy: Charting the Movement of Copyright Law in Eighteenth Century Britain* (*1695 - 1775*), London: Bloomsbury Publishing, 2004, pp. 31 - 50.

对所有者有利，对使用者不利。基于上述认识，无论是作品使用者权的支持者还是反对者均承认，在版权不断扩张的背景下，对作品使用者权的确立，实际上可以成为一种强大的法律工具，更好地保护版权作品的使用者和公众利益。正如迈拉·陶菲克所言："法院承认使用者有权获得某些受保护的材料，这在司法概念上是一种微妙而有意义的发展，它使辩护及其在版权计划中的作用得以体现。从'获取'的角度来说，讨论集中在立法方案中作为使用者的个人参与，即获取权是提供给某人的。从平衡的角度来看，这意味着版权所有者的版权必须与使用者的获取权进行平衡。"① 与此同时，面对学术界以及加拿大最高法院对作品使用者权的推崇，一些学者基于批判法学派的权利话语批判思想，质疑作品使用者权，对此需要进行梳理并给予回应。

鉴于权利技术上的不确定性，有学者指出，作品使用者权的本质在于权衡，即使用者权与版权的平衡，但是这一平衡隐喻掩盖了这样一个事实：我们没有就"共享维度"达成一致——没有统一的衡量标准来权衡我们随意丢弃在版权尺度上的各种异质利益和不可通约的考虑。平衡分析必然要基于对权益相对重要性的价值判断。能否达到平衡，取决于决策者在平衡中赋予利益的相对权重，因此，这种平衡只能是对谁和什么应该占上风的主观评价。② 作者权利或公共利益这一整体观念所包含的多重、多样的价值是什么，衡量作者、使用者、所有者和公众之间相互竞争的权益（进步、效用、公正、平等、民主、自我实现、文化创造力和社会公益等）的标准是什么，均不明确，因此，诉诸权利平衡的自我合理化修辞，只会使目的性

---

① Myra J. Tawfik, "The Supreme Court of Canada and the Fair Dealing Trilogy: Elaborating a Doctrine of User Rights Under Canadian Copyright Law", *Alberta Law Review*, Vol. 51, No. 1, 2013, p. 198.

② Julien Sanchez, "The Trouble with 'Balance' Metaphors", http://www.juliansanchez.com/2011/02/04/the-trouble-with-balance-metaphors/.

立法所必需的分析性探究偏离正轨。①

有学者从权利话语会导致孤立个人与人际疏远这一角度，指出作品使用者权缺乏社会维度，不利于社会公共利益的实现；认为版权制度最终在于服务社会公共利益，在版权的隐喻尺度上增加作品使用者权，存在着个别化的"所有者—使用者"平衡包含甚至取代"作者—公众"平衡的风险。② 利益的个体化伴随着更形式主义的权利修辞，其可能的结果是更广泛的社会利益将变得不那么重要，甚至被从版权平衡的天平上剔除。随着以利益为基础的平衡向以权利为基础的平衡的转变，将出现从以社会为导向到以个人为导向的分析范式的转变，随着这种转变不断加剧，版权制度的公共目的有从人们的视野中消失的危险。有学者因此进一步追问："作品使用者权"是不是限制版权的关键？或者，对"作品使用者权"的依赖是否最终只会加强对版权的过度控制？少量的小胜利和对版权使用者的一些谨慎的让步可能会以强化基于权利话语的版权制度为代价，将版权制度公认的目的转向对个人权利的保护，而不是为了整个社会的利益而鼓励创作。如果基于权利的推理为版权的持续扩张提供了正当的理由，那么在急于维护"作品使用者权"的同时，我们可能会在不知不觉中遭遇更多的类似情况。③ 对权利修辞的依赖可能会使我们围绕版权语境所涉及的公共利益和社会价值展开的论述变得贫乏。相反，在没有潜在的权利要求的情况下，我们可以解放出来，真正把思想转向这样一个问题：为了促进共同的社会目标得以实现，版权保护到底有多大的必要性和正当性？④ 格伦顿亦发出同样的警

① Carys J. Craig, "Globalizing User Rights – Talk: On Copyright Limits and Rhetorical Risks", *American University International Law Review*, Vol. 33, No. 1, 2017, p. 48.

② Laura Murray, "Deal with It", in Coombe R., Wershler D. and Zeilinger M., *Dynamic Fair Dealing*, Toronto: University of Toronto Press, 2018, p. 349.

③ Carys J. Craig, "Globalizing User Rights – Talk: On Copyright Limits and Rhetorical Risks", *American University International Law Review*, Vol. 33, No. 1, 2017, p. 54.

④ Haochen Sun, "Fair Use as a Collective User Right", *North Carolina Law Review*, Vol. 90, No. 1, 2011, p. 164.

告，如果满足于赤裸裸地维护使用者的权利，将其作为达到目的的捷径，那么就有可能将关于版权保护的必要限制的更大的规范性主张，缩小为只提出有关个人权利和义务的主张。[①]

格伦登对权利话语的批判引起了卡里斯·克雷格的共鸣，她指出，在版权辩论中权利修辞的升级，可能会加剧而不是挑战版权所有者对权利的道德或所有权主张。"权利"是一把双刃剑，有可能损害或阻碍公共利益、社会价值和关系，而这些应该会影响数字时代版权的发展。因此，如果公共利益倡导者要避免自我伤害，就应该谨慎使用"作品使用者权"这一修辞工具。[②]

（二）回应：权利制衡——公共利益的实现之道

上述学者基于版权公共利益的考虑对作品使用者权的批判，具有良好的初衷，然而，如果我们要有效限制版权并扩大免费和合法使用版权作品的范围，作品使用者权的修辞既是必要的，也是可取的。版权所有人将他人排除于其作品总是受益于"权利"的标签，当版权所有人的权利与使用者的利益发生冲突时，往往以前者为主导。从功利主义或工具主义的角度看，版权授予的专有权被视为通过激励智力作品的创作来最大限度地实现文化生产和传播的一种手段。保护版权的目的是促进公共利益。对作者授予排他权，同时也对公众授予了一种比排他权更重要的法律利益，这种公共利益在法律位阶上高于作者等知识产权人的利益。在传统的版权理论和规范体系下，公共利益是遏制版权扩张的概括性理由，似乎无所不包，但又缺乏坚实的规则支撑。一方面在于公共利益作为抽象的利益，难以对抗具体的版权；另一方面还因为对版权的有效保护本身也包含在版权制度的公共利益当中。因此，当与具体的版权发生冲突时，

---

① Mary Ann Glendon, *Rights Talk：The Impoverishment of Political Discourse*, New York：Free Press, 1991, p. 172.

② Carys J. Craig, "Globalizing User Rights – Talk：On Copyright Limits and Rhetorical Risks", *American University International Law Review*, Vol. 33, No. 1, 2017, p. 1.

抽象的公共利益往往只能退让，难以实现版权制度的平衡。[1] 当抽象的公共利益概念以作品使用者权的形式得到更为具体的表达时，其在合理使用分析中的命运将变得更好，其在版权天平上的砝码也将更重。正如大卫·瓦弗教授所言，如果版权法要平衡所有者和使用者的利益，它必须平衡类似的实体。平衡权利与"例外"的关系，如果不是虚伪的，就是无法实现的。[2] "作品使用者权"一词之所以重要，主要是因为它创造了所有者和使用者在平等基础上进行对抗的可能性，并为那些通常被描述为机会主义者、搭便车者或无赖的使用者的需求提供了合法性。对"作品使用者权"的承认，通过权利制衡权利，有可能从根本上纠正当前版权法中存在的不平衡。

版权制度的终极目的在于促进社会公共利益，然而，抽象的公共利益需要通过具体的制度得以落实，在传统的版权安全阀难以遏制数字环境下版权的不断扩张和异化的背景下，罔顾作者的强烈权利主张而放弃"作品使用者权"的修辞和语言转换，只会使版权制度现存的不平等永久化，并进一步妨碍其实现公共目的。更何况，版权从来都不意味着对作品的绝对控制，在法定的、有限的版权范围之外，原本就是公众和作品使用者可以自由行为的领域，换句话说，属于作品使用者权的权利对象。在版权环境下维护作品使用者权——挑战意义、颠覆符号、改造作品、发表言论和被倾听的自由——与版权制度所造成的持续不平等的现实（特别是利用一些声音的从属地位来实现其他声音的价值化和放大化）之间存在着真实而不仅仅是修辞上的联系。[3] 作品使用者权的承认与制度回应具有现实的必要性和紧迫性。

---

[1]　刘银良：《著作权法中的公众使用权》，《中国社会科学》2020 年第 10 期。

[2]　David Vaver, "Copyright and the Internet: From Owner Rights and User Duties to User Rights and Owner Duties", *Case Western Reserve Law Review*, Vol. 57, No. 4, 2007, pp. 731 – 750.

[3]　Greene K. J., "Intellectual Property At the Intersection of Race and Gender: Lady Sings the Blues", *Journal of Gender, Social Policy & the Law*, Vol. 16, No. 3, 2008, p. 372.

第四节　其他争论及评述

一　作品使用者权已过时

有学者认为，对所谓的版权自由的兴趣，是后现代文学批评的新产物，源于消费者对新数码产品的痴迷。他们敦促人们要谨慎修改长期存在的版权法规范，以应对可能只是昙花一现的东西。① 然而，正如版权法的历史所展示的那样，对读者利益的关注与版权本身一样古老。②

对版权自由主张的另一种攻击认为，对读者的关注是过时的交换思想的产物，这种思想是 19 世纪版权案件的特征。美国国会（和法院）可能曾经一度认为有必要保护公众利益不受版权所有者的侵犯，但美国是从这种幼稚的幻想中成长起来的，当我们 1988 年加入《伯尔尼公约》并修订法律以适应其要求时，它否定了我们的旧观念。美国国会选择通过《数字千年版权法》来维护版权所有人的权利，以及最高法院对 Eldred v. Ashcroft 一案的裁决，都体现了这种不断演进的理解。③ 强有力的版权保护是文化创新和经济繁荣的引擎，美国国会明智地决定将传播和执行的选择权交给了版权人。④

上述观点值得商榷，美国国会可能会出于复杂多样的原因做出

---

① Jane C. Ginsburg, "Authors and Users in Copyright", *Journal of the Copyright Society of the USA*, Vol. 45, No. 1, 1997, p. 15.

② Litman J., "Readers' Copyright", *Journal of the Copyright Society of the USA*, Vol. 58, No. 2, 2011, p. 346.

③ Shira Perlmutter, "Participation in the International Copyright System as a Means to Promote the Progress of Science and Useful Arts", *Loyola of Los Angeles Law Review*, Vol. 36, No. 1, 2002, pp. 326 – 331.

④ See IP Myths v. Facts, http://www. the globalipcenter. com/pages/ip – myths – v – facts.

各种选择，但没有任何证据证明，美国国会认为读者、听众和观众的版权利益不再需要明确的保护。事实上，美国国会继续非常认真地对待个人读者、听众和观众的权利。在加入《伯尔尼公约》四年后，美国通过了《家庭录音法》，该法规定了一项豁免条款。① 美国国会认为该豁免条款将赋予"消费者对数字和模拟音乐录音的所有非商业性复制"的特权。② 在《数字千年版权法》出台前夕，美国国会议员曾寻求并得到反复的保证，即该法案的条款不会给个人的私人阅读活动或他们对图书馆的使用带来负担，也不会减少合理使用的机会。③ 2005 年，美国国会增加了一项新的版权豁免条款，以确保家庭可以使用技术来删减商业 DVD 的播放。④ 因此，至少就美国而言，认为立法者不再关心个人版权自由，只是一厢情愿的想法。更何况，立法本身受到多重因素和利益关系尤其是组织良好、资金充足的强势版权集团游说的影响，而代表社会公众的力量由于缺乏组织以及利益的异质性，其声音并未得到立法者的有效回应。因此，即便立法忽视了对作品使用者权和个人版权自由的保护，也并不必然表明其具有正当性，更不构成对后续立法修改的理论性障碍。

二　作品使用者权会不当限制作者的权利

有作家指责称，那些认为读者拥有权利的人是盗版和盗版同情者的阴谋成员。⑤ 另一些人则认为："合理使用权利"的捍卫者是

---

① Audio Home Recording Act of 1992, Pub. L. 102 – 563, 106 Stat. 4237, Codified at 17 U. S. C. § § 1001 – 1010〔2006〕.

② See H. R. Rep. No. 102 – 873 24〔1992〕.

③ See, e. g. , WIPO Copyright Treaties Implementation Act: Hearings Before the Subcomm. on Telecomm. , Trade & Consumer Protection of the House Comm. on Commerce, 105th Cong. 76, 80, 102 – 104〔1998〕.

④ Family Entertainment and Copyright Act of 2005, Pub. L. 109 – 9, 119 Stat. 218, Codified at 17 U. S. C. 110（11）〔2006〕.

⑤ Mark Helprin, *Digital Barbarism: A Writer's Manifesto*, New York: Harp Collins, 2009, p. 33.

"版权的敌人"。① 其他反对作品使用者权的人士则担心承认作品使用者权会不公平地限制作者的权利。正如简·金斯伯格所言，尽管用户权利很重要，但它应该是次要的。没有作者，就没有作品可用。② 作者和所有者比使用者更值得拥有，因为使用者并不能增加多少价值。使用者如此之多，即使给每个人喂一点馅饼，也不会有任何剩余。③ 我国也不乏类似的声音，在全面加强知识产权保护的时代背景下，出于激励社会创新的考虑，不少人甚至认为，应当将知识产权的触角延伸到社会生活的每一个角落，版权自由和作品使用者权的观念似乎显得格格不入。

我们能理解这种反对意见背后的恐惧，但这种担忧在现实世界中并没有多少确切的证据，相反，已有的实证研究得出了相反的结论。此外，读者、听众和使用者不会为版权作品增加显著价值的观点也很难得到支持。我们习惯于将版权视为作者和所有者的权利，忽视了读者、听众和观众对版权生态系统的巨大贡献，但这并不意味着他们的贡献不真实。尤其值得注意的是，作品使用者权并非为侵权辩护，主张作品使用者权与加强版权保护并不冲突，二者可以在不同的维度共存，作品使用者权只是要求将原本属于社会公众的自由权利化，从而排除版权人的不当限制，以便更好地激励社会整体创新。将作品使用自由或作品使用者权视为偷盗本身就是一种观念上的偏见和误读。从这个意义上说，主张作品使用者权与强化版权保护在激励创新的终极目标上是一致的，应当得到支持而不是排斥。

---

① Fred I. Koenigsberg, "Humpty Dumpty in Copyrightland: The Fifth Annual Christopher A. Meyer Memorial Lecture", *Journal of the Copyright Society of the USA*, Vol. 51, No. 2, 2004, pp. 680 – 681.

② Jane C. Ginsburg, "Putting Cars on the 'Information Super Highway': Authors, Exploiters and Copyright in Cyberspace", *Columbia Law Review*, Vol. 95, No. 1, 1995, p. 1468.

③ Jane C. Ginsburg, "Authors and Users in Copyright", *Journal of the Copyright Society of the USA*, Vol. 45, No. 1, 1997, p. 3.

三　应当由版权人决定是否授予作品使用者权

一些反对给予读者明确的版权保护的人承认重要的读者自由是有用的，但他们认为赋予版权所有者授予或拒绝授予这种自由的权力仍然是有意义的。如果自由是重要的，版权所有者会选择提供它；如果以后变得不方便，他们有权力把它拿走。[1] 按照这一观点，版权限制和例外不具有强制性，不属于作品使用者权，限制甚至消除合理使用的版权技术措施和标准格式合同并无效力瑕疵。

这种观点显然低估了版权自由对版权生态系统的重要性。版权所有者在选择允许或禁止方面并不总是明智的，他们当前的目标可能与社会的首要目标一致，也可能不一致。读者应该得到保护，他们的自由不应受制于版权所有者的心血来潮。此外，必须澄清的是，版权作为一项法定的权利，其权利范围限于法律的授予，换句话说，在其权利范围之外，均属于社会公众可以自由行为的空间。作品使用者权是对版权限制和例外的地位上升或权利化，其原本就不在版权人的权利范围之内，因此，对作品使用者权的承认与保护，不会造成版权的减损，也不应该受制于版权人的意愿。

健康的版权制度的核心目标之一是鼓励阅读、倾听和观看，对读者利益的认可度下降可能削弱版权的合法性。当读者和其他观众被赶出"画框"时，版权就不再具有推动科学进步的说服机制。除非版权能够同时保护读者的利益以及作者和所有者的权利，否则很难让公众相信版权值得他们尊重和购买。为作品使用者重新制定版权法，承认作品使用者权，可能为重建公众对版权制度的信心提供一个机会。[2]

---

① Jane C. Ginsburg, "Authors and Users in Copyright", *Journal of the Copyright Society of the USA*, Vol. 45, No. 1, 1997, p. 15.

② Litman J., "Readers' Copyright", *Journal of the Copyright Society of the USA*, Vol. 58, No. 2, 2011, p. 353.

四 作品使用者权的替代方案

还有一种批评集中于作品使用者权范式的潜在替代方案。其论点是，还有其他可供选择的方法，它们不像作品使用者权范式那样自命不凡和复杂。潜在的替代方案包括责任规则、构建文化公地的策略如知识共享运动，以及版权法作为一种规范版权所有者权利、限制和义务的形式，足以容纳作为作品使用者权基础的目标和价值。① 按照这种观点，版权法不仅涉及排斥，也涉及包容；不仅涉及版权所有人的权利，也涉及他们的义务。因此，传统版权法的框架是无处不在的，即使没有将版权的限制和例外重新配置为具有排他性的作品使用者权，也可以包含作品使用者利益的目标和价值，没有理由将版权的限制和例外彻底重新配置为排他性的作品使用者权。当代版权制度的积累，加上结构性许可安排，足以在作品使用者和版权所有人的利益之间取得平衡。②

上述观点值得商榷，所述替代方案本身存在不足，难以取代作品使用者权范式，重塑版权平衡的目标和价值。责任规则强调版权作品的某些用途应该被允许，而不需要从版权所有人那里获得事先授权，在这种情况下，应采用事后的货币补偿，而不是完全控制。将版权法的某些方面转向责任规则可能是合理的，它可以克服市场失灵如交易成本高昂，解除版权所有人的非法私人审查，并解决财产规则不能在各种竞争利益之间达到社会理想平衡的问题。然而，责任规则并不能解决作品使用者权范式所要解决的所有问题。就其本身而言，它并没有为版权所有者和其他第三方针对版权限制和例外施加的单方面限制提供解决方案。另外，将版权所有者的某些权

---

① Sookman and Barry，"Copyright Reform for Canada：What Should We Do? Copyright Consultations Submission"，*Osgoode Hall Review of Law & Policy*，Vol. 2，No. 2，2009，pp. 73 - 107.

② Pessach Guy，"Reverse Exclusion in Copyright Law - Reconfiguring Users' Rights"，(April 17，2011)，https：//ssrn. com/abstract = 1813082.

利置于责任规则之下，只是为用户提供某些方面"随玩随付"（pay as you play）的特权，并非完全的责任豁免。作品使用者权的范式则可以弥补这个漏洞。

文化共享运动旨在利用大规模和多方参与的契约和习惯机制，使文化材料更容易被创作者和公众获取和使用。这一策略以版权法为基础，通过合同重建获得和使用文化材料的特权。共享策略确实可以保障更多的版权内容供二次使用，扩大社会公众的呼吸空间。与版权法的默认规则相比，构建作品的共享空间，也可能是帕累托最优的。① 然而，与作品使用者权的法定范式相反，共享策略以版权人的同意和授权为前提，不可能涵盖现有内容的全部范围，因此无法取代作品使用者权的价值。有时候创造性的共享许可还可能以禁止和加重使用者负担的方式发挥作用。例如，某些共享许可禁止二次使用，可能会极大地限制具有重要社会和文化价值的转换性使用。

总之，作品使用者权范式提供了某些独特的元素和属性，而这是其他旨在支持作品使用者的方案和机制无法完全实现的。

本章小结

在传统版权范式的深远影响之下，人们难免会质疑作品使用者权。作品使用者权观念仅仅主张将"版权限制和例外"的地位提升为"使用者权"，作为一种排除版权人和其他主体不当限制和干涉的消极权利，与一般的民事权利的基本特征不尽相同。因此，形式逻辑的批判不能否定作品使用者权的正当性和可行性，不能以一般民事权利的特征审视具有独特性的作品使用者权，不能以实然法律规

---

① Molly Shaffer Van Houweling, "Distributive Values in Copyright", *Texas Law Review*, Vol. 83, No. 6, 2005, pp. 1535 – 1569.

范取代应然的学理分析和未来展望。救济缺失不足以否定作品使用者权，部分国家立法中也已为一些强制性版权例外设立了救济途径，尽管范围有限，但事实上赋予了这些例外以作品使用者权的地位，也为其他国家的立法提供了参照；此外，获得司法正义的演进历史也启示我们，从实体法上保障作品使用者的权利比诉诸司法救济更为重要。权利话语固然有其缺陷，然而，在版权不断扩张异化的背景下，以具体的作品使用者权取代抽象的公共利益诉求，有利于扭转作品使用者所处的弱势地位，通过权利制约权利，更好地实现版权制度的利益平衡。作品使用者权位于法定的版权范围之外，原本就处于公众可以自由行动的空间，其与版权之间并无冲突，二者可以和平共处，作品使用者权的独特价值也无法被其他支持作品使用者的替代措施所涵盖。

第四章　作品使用者权的比较法考察

尽管作品使用者权在国际版权条约和各国版权立法中均无明确规定，这也成为反对者质疑作品使用者权的理由之一。然而，考察现行国际版权相关条约，不难发现，条约往往秉持着利益平衡的原则，其规定具有相当的灵活性，为作品使用者权的观念形塑与制度因应留足了空间，个别国际条约暗含了对作品使用者权的承认。部分国家的最高司法机关在判例中明确宣告包括合理使用在内的版权限制和例外属于作品使用者权，与版权同属于版权制度的重要组成部分。少数国家的版权法关于部分版权限制和例外强制性地位和救济措施的规定事实上承认了其作品使用者权的地位。当然，也正因如此，导致"版权限制和例外属于作品使用者权"这一判断具有很大的不确定性，尚需立法的进一步明确以及配套措施的保障。通过相关的比较法考察，可以进一步证明"将版权限制和例外视为作品使用者权"具有很大的必要性和现实可行性，也为国际和各国今后对于版权相关立法的修改完善提供了方向和思路。

第一节　主要国际条约的相关规定

在经济全球化背景下，知识产权国际公约对于各成员国具有规范层面和事实上的约束力，各成员国的国内立法应当遵循知识产权国际公约的内在要求和最低保护标准。一般认为，在欧美发达国家主导下订立的诸多知识产权国际公约对于强化版权的全球化保护、扩张版权范围起到了重要作用，也成为在各国国内立法中支持作品使用者权的现实障碍。很多学者因此认为，在知识产权国际公约的框架下，作品使用者权没有生存的空间。然而通过对相关国际公约的考察可以发现，国际版权法律体系并没有强制或限定国内立法的特定形式，也不要求立法的国际协调统一，国内立法者在解释和执行国际版权义务时享有很大的自由裁量权。此外，知识产权国际公约对待版权作品使用者的态度十分宽容，其中各个条约都承认公共利益优先于版权，贯穿于这些国际公约的一根主线是这样一种考虑：如果没有合适的保障，表达自由、信息的传播以及通过教学科研来发展知识的行为都会受到减损。① 尤其是 2013 年出台的《马拉喀什条约》相关条款更是在国际层面事实上确立了特定群体的作品使用者权，为作品使用者权在更广的范围内得到国际公约、条约和协议的承认奠定了基础。

一 《伯尔尼公约》与《罗马公约》

（一）《伯尔尼公约》

《伯尔尼公约》是版权的基础性国际公约，讨论国际版权法都应从《伯尔尼公约》谈起。《伯尔尼公约》最后一次修订是 1971 年的巴黎文本，在建立国际版权框架中发挥着非常重要的作用，一方面在于其确立了自身的权利体系，另一方面还因为其基本准则已被《与贸易有关的知识产权协定》（以下简称《Trips 协定》）所吸收，对于世界贸易组织成员方均具有约束力。

《伯尔尼公约》在为版权设定最低保护标准的同时，也为版权作

---

① ［加］迈拉·陶菲克：《国际版权法：使用者权的消减》，载［加］迈克尔·盖斯特主编《为了公共利益——加拿大版权法的未来》，李静译，知识产权出版社 2008 年版，第 44 页。

品的允许使用设定了范围。例如，按其规定，某些种类的作品如法律文本、时事新闻等可以不受版权保护。条约还规定了一系列灵活的版权例外，允许在一定条件下不受限制地获得和使用版权作品。其中第 2 条第（2）款允许成员国创设公共传播权的例外，方便了旨在提供信息的媒体报道、广播、讲座、演讲以及类似的作品传播。第 10 条第（2）款和第（3）款均允许出于教学目的通过出版物、广播或录音录像而使用文学艺术作品，只要是在为达到目的的正当需要范围之内，并注明出处。《伯尔尼公约》还在第 10 条第（1）款规定了一种非自由裁量的方式，即引用已发表作品的小段内容并注明出处，只要符合合理的事实，在为达到目的的正当需要范围内，就属于合法。该条款并未给予成员国自由裁量的空间，其强制性强调了作品使用者利用已有知识进行自我表达的重要性。《伯尔尼公约》还允许在某些特定情形下实行强制许可，允许未经许可使用作品，但须付费，广播或公共传播作品以及将音乐作品制作成录音制品的版权例外。

此外，《伯尔尼公约》还包括了众所周知的三步检验法条款，为判断一切限制版权人复制权之行为的合法性设定了十分重要的公式，并为之后的贸易和版权公约所采纳。该公约第 9 条第（2）款规定：本公约成员国法律得允许在某些特殊情况下复制上述作品，只要这种复制不损害作品的正常使用，也不致无故侵害作者的合法权益。

（二）罗马公约

《保护表演者、音像制品制作者和广播组织罗马公约》于 1961 年 10 月 26 日由国际劳工组织与世界知识产权组织及联合国教科文组织共同发起，在罗马缔结了该公约，简称《罗马公约》。1964 年 5 月 18 日，该公约生效。我国目前尚未加入该公约，但根据 Trips 协定，我国需承担该公约的实体性义务。《罗马公约》是保护邻接权的国际公约，其不仅规定了表演者、录音制品制作者和广播者的权利，还基于与《伯尔尼公约》同样的公共政策目标设定了对这些权利的限制和例外。《罗马公约》第15条第（1）款允许成员国规定因个人学习、新闻报道、教学和研究而限制邻接权。第15条第（2）款更是普遍地将版权的限制和例外同样加于邻接权。而且对于这些限制和例外的形式没有任何规定，只是规定强制许可的形式要以条约本身确定的形式为准。

可见，作为保护版权的基础性国际公约，《伯尔尼公约》和《罗马公约》没有局限于为版权设定通常标准，相反，也承认有必要以可行的限制和例外形式保障使用者获取版权作品，赋予了国内决策者较大的自主空间来实施版权法，以满足特定国家利益的需要。作为限制与平衡版权的作品使用者权，在该两个公约中存在生存的空间。

二 《Trips 协定》

《Trips 协定》是在美国和欧盟主要成员国的主导下制定的，主要反映了这些国家的意志和利益。在《Trips 协定》之下，《伯尔尼公约》和《罗马公约》设定的版权标准具有完全的执行力，无论某一个国家是否为《伯尔尼公约》和《罗马公约》的成员国，因为《伯尔尼公约》和《罗马公约》的相关内容已经被并入《Trips 协定》。正因如此，很多学者批评《Trips 协定》是欧美发达国家向全球强力推行其高知识产权保护标准的手段，目的在于保护其国内产业利益，该协定具有不平等性，知识产权在世界范围内进行无情扩张损害了市场竞争，对自由构成了威胁。①

毫无疑问，该协定的执行力对于成员国国内版权制度的构建具有显著的影响。国际贸易体系预设的前提也是知识产权保护越强，经济回报越大。作品使用者权作为限制版权的一个概念在这一预设

---

① ［澳］彼得·达沃豪斯：《知识的全球化管理》，邵科、张南译，知识产权出版社2013年版，第13页。

前提和背景下就存在是否与《Trips 协定》的要求相一致的问题。然而，正如帕梅拉·萨缪尔森教授所言，《Trips 协定》真正的使命并非如某些权利人所希望的那样不断加大对知识产权的保护力度，而是鼓励各成员国采用有利于本国利益的知识产权政策，从而在国际层面促进自由贸易和可持续创新。①

事实上，协定明确表示有必要减轻版权保护最大化可能造成的危害。其序言写道："国内体制的基本公共政策目标……显然包括发展目标和技术目标。"第 7 条指出，知识产权应当有助于促进技术创新，有助于科技的转让和发布，有助于科技知识制造者和使用者的利益；要有利于社会和经济福祉，有助于权利和义务的平衡。第 8 条进一步强调，需要采取适当措施防止权利人滥用知识产权。这些条款显示出国际版权法并不只是服务于版权人的，还要考虑版权各主体之间的利益平衡。

《Trips 协定》第 13 条扩充了《伯尔尼公约》确立的三步检验法，规定了在对侵犯版权行为提出抗辩时必须适用的标准，要求成员国"将排他性权利的限制或例外限制在某些特殊情况下，这些情况不与对作品的正常利用相冲突，也不无理损害权利人的合法利益"。第 13 条没有局限于对复制权的限制，《伯尔尼公约》和《Trips 协定》确定的版权均在其限制范围之内，因此被解读为一种统括性的规范标准。尽管关于三步检验法的架构还存在不确定性，也为部分国家限制"版权限制和例外"提供了借口，但至少有一点是明确的：三步检验法并没有减损各国立法者在规定限制和例外时所享有的自由裁量权，只要与《伯尔尼公约》相一致，与三步检验法所要实现的目标相吻合即可。更具体一点，三步检验法并不禁止各国规定"自由使用"之类的限制和例外，也不要求对已有的允许

————————

① Samuelson P., "Challenges for the World Intellectual Property Organization and the Trade – Related Aspects of Intellectual Property Rights Council in Regulating Intellectual Property Rights in the Information Age", *European Intellectual Property Review*, Vol. 21, No. 2, 1999, pp. 578 – 591.

使用形式施加更多限制。由此可见，作品使用者权在《Trips 协定》之下存在生存的空间。

另外需要注意的是，尽管《Trips 协定》中并没有关于作品使用者权的直接规定，但其中的专利侵权抗辩条款明确承认了重视使用者权利（利益）的重要性。根据该协定第30条，成员国可以对专利授予的专有权规定有限的例外，但这种例外不得不合理地与专利的正常实施相冲突，也不得不合理地损害专利权人的合法利益，同时应考虑到第三方的合法利益。如何解释第13条和第30条之间的区别？为什么使用者的权利（利益）在专利法领域比在版权法领域受到更大的重视？这可能与对版权和专利作为不同种类的知识产权的传统理解有关。传统上认为专利由一系列专有权构成，这些专有权比版权所有人所享有的权利具有"更高的位阶"，因此，作为一项健全的公共政策，专利制度应受到类似的"更高位阶"的制衡。平衡使用者的权利与专利权人的权利将成为保护专利权人的一整套法律权利的重要平衡力量。这种对专利权和版权区别对待的前提是存在谬误的。在工业经济中，专利权从短期看可能对经济的发展具有更大的作用，但版权不仅关乎版权产业的发展，更是促进社会文明、进步与繁荣的重要机制，从这个意义上说，版权的意义丝毫不亚于专利权，甚至可能高于专利权。对专利权的限制旨在促进社会经济发展和技术进步，保障公众的生命健康权等人权，对版权的限制则关乎公众获取知识、接受教育、参与文化、提升自我的价值取向，二者至少应当等同视之。[①] 即便不考虑上述辨析，如果版权法继续沿着目前不断扩张的轨道发展，使版权人所享有的权利逐步增加，也许就有更充分的理由对措辞狭窄的第13条进行审查，纳入作品使用者权的概念。

[①] Burton Ong, "Fissures in the Facade of Fair – Dealing: Users' Rights in Works Protected by Copyright", *Singapore Journal of Legal Studies*, Vol. 14, No. 1, 2004, pp. 150 – 172.

三 *WCT*、*WPPT*

随着互联网在全球的兴起，网络传播作为一种新型的作品传播方式对传统版权制度造成了巨大的冲击。《伯尔尼公约》和《罗马公约》的不足逐步显现，《Trips 协定》也并未解决新技术带来的具体法律问题。在欧美发达国家的推动下，世界知识产权组织开展了一系列研究。1996 年 12 月，世界知识产权组织在瑞士日内瓦召开了有多个国家代表参加的"关于版权与邻接权若干问题的外交会议"，通过了主要为解决数字技术和电子环境下所引起的版权与邻接权保护问题的《世界知识产权组织版权条约》（*WCT*）和《世界知识产权组织表演和录音制品条约》（*WPPT*），合称网络条约。网络条约是《伯尔尼公约》的特别协定，用于回应数字技术对版权人的影响。

网络条约的焦点在于加强版权所有人的权利，其扩大了传统复制权的内涵，调整了关于发行权的规定，进一步延伸了传播权，并且要求成员国采取适当的法律保护和有效的救济办法，以制止规避技术措施的行为。但网络条约并没有忽视作品使用者，相反，与其他条约一样暗含了保护作品使用者的规定。网络条约的序言比《Trips 协定》更加强调保持版权体系平衡的必要性：承认有必要维持作者权利和更广泛的公共利益，特别是教育、研究和获取信息之间的平衡，正如《伯尔尼公约》所反映的一样。① 在起草《世界知识产权组织版权条约》的 1996 年世界知识产权组织外交会议准备文本中，有这样的论断："当我们建议高水平保护时，有理由实现这种保护与社会其他重要价值之间的平衡。"② 这些价值包括教育、研究

---

① *WIPO Copyright Treaty*, 20 December 1996, 36 I. L. M65；*WIPO Performance and Phonograms Treaty*, 20 I. L. M76.

② WIPO, Diplomatic Conference on Certain Copyright and Neighboring Rights Questions: Basic Proposal for the Substantive Provisions of the Treaty on Certain Questions Concerning the Protection of Literary and Artistic Works to be Considered by the Diplomatic Conference（held 2 – 20 December 1996），WIPO Doc. CRNR/DC/4〔1996〕.

的利益，普通大众从图书馆获取信息的需要，由于身体残疾无法正常使用信息资源的人的利益等。正因如此，*WCT* 和 *WPPT* 在保护版权技术措施的同时，也规定了这些技术措施必须在所有者的专有权范围内实施。由于所有者的专有权受到特定的限制和例外，版权技术措施仅在符合版权限制和例外的范围内受到这些条约的保护。最后，网络条约都有对三步检验法的规定。例如，*WCT* 第 10 条的议定声明指出：不言而喻，第 10 条的规定允许缔约各方将其国内法中依照《伯尔尼公约》被认为可接受的限制与例外继续适用并适当延伸到数字环境中。同样，这些规定应被理解为允许缔约方制定适用于数字网络环境的新的例外与限制。另外，第 10 条第（2）款既不缩小也不扩大由《伯尔尼公约》所允许的限制与例外的可适用范围。

可见，尽管网络条约强化了对版权的保护，一些国家甚至在条约规定的国际义务之外进一步提高了网络版权保护尤其是技术措施保护的标准，为版权人提供了"超版权"保护，对社会公众接触以及合理使用版权作品的自由造成了重大冲击。然而，就条约本身的规定而言，其具有很大的灵活性，也明确强调要确保网络环境下版权限制和例外制度的实施与落实，为作品使用者权留足了空间。

在"以作者为中心"的法国，曾经发生的斯特凡娜（Stéphane）案①表明，网络条约并未忽视作品使用者的权利。上诉法院在该案的判决中认为，在家庭范围内因为允许使用的目的复制录音制品不构成侵权。私人制作一份复制件的权利可以理解为用家用录像系统复制合法购买的 DVD 电影，以便同未与自己同住的母亲共同欣赏。在法院看来，这样的私人复制没有妨碍作品的正常商业运作，也没有不合理损害版权所有人的利益。因此，防止个人行使私人复制权的反规避技术措施是非法的。也正是因为这个判决，随后一群法国律

---

① Cour d' appel, Paris, 22 Avril 2005, 4éme Chambre 04/14933.

师对主要 DVD 发行商提起了集团诉讼，声称版权技术措施侵犯了消费者私人复制自己 DVD 的权利。尽管诉讼以失败而告终，但至少表明在网络条约之下，作品使用者权的主张具有现实的可能性而绝非理论上的想象。

四 《马拉喀什条约》

阅读是人类接受教育、提升自我和参与社会文化的重要方式。[①] 为了保证处于弱势地位的视力障碍者能够以较为低廉的价格获得版权作品、接受和传递信息和思想，2013 年 6 月 27 日，世界知识产权组织（WIPO）外交会议在摩洛哥的马拉喀什召开。会议通过了《关于为盲人、视力障碍者或其他印刷品阅读障碍者获得已出版作品提供便利的马拉喀什条约》（简称《马拉喀什条约》），该条约于 2016 年 9 月生效。截至 2019 年 3 月，已经签署条约的 80 多个国家中已有 53 个国家和地区批准通过了《马拉喀什条约》。《马拉喀什条约》从最初倡议到最终通过历经了长达八年的时间。2005 年，在智利政府的建议下，世界知识产权组织版权和相关权利常设委员会（SCCR）将教育、图书馆和残疾人的版权限制和例外等六项版权例外列入议程。随后，在 2009 年，巴西、厄瓜多尔和巴拉圭与世界盲人联盟（WBU）一起，向 SCCR 提交了一份促进视障人士获得版权作品的条约提案，经过漫长的谈判，最终通过了《马拉喀什条约》。[②] 该条约旨在通过协调版权例外情况增加盲人和视障人士获得版权作品的机会，以扭转被称为"图书饥荒"的局面。

《马拉喀什条约》并不是第一个包含版权例外的国际条约，然而，《马拉喀什条约》是第一个为了某一特殊群体的利益而只关注版权的强制性限制和例外，而不为版权所有人引入任何新权利

[①] 凌美秀、曹春晖：《论阅读的价值：哲学诠释学的视角》，《图书馆》2015 年第 6 期。
[②] 李静怡：《无障碍阅读权利研究——以〈马拉喀什条约〉为研究视角》，博士学位论文，山东大学，2019 年。

的国际条约。《马拉喀什条约》利用《伯尔尼公约》和《Trips协定》中三步检验法承认的灵活性，要求缔约方采取措施，使版权作品的复制、发行和为禁止印刷的出版物提供可访问格式成为可能。①

有学者认为，通过该条约并无必要，因为它只是重复了国际版权法律制度中已经存在的有关灵活性的条款。② 然而，更多政府官员、民间人士和学者认为，该条约的通过对视障群体和整个人权来说都是一项成功。③《马拉喀什条约》是知识产权与人权复杂关系中的一个分水岭，因为该条约涉及重新考虑版权所有者权利和作品使用者权之间的平衡，甚至是知识产权与人权的平衡。条约有两个主要特点：使用人权语言和规定强制性版权例外。引入强制性限制和例外以平衡使用者和版权人的权利是一个重要贡献。正如有学者所言，例外的法律约束力是一种创造性的做法，旨在恢复长期以来公认的保护作者利益与保障公众人权之间的和谐。④

《马拉喀什条约》通过对版权限制和例外的协调，为盲人、视力障碍者和其他印刷品阅读障碍者获得和使用作品提供了便利。条约改变了以往版权法过分强调私人利益而忽视公共利益的传统，将关注点从权利人转向受益人，这是国际知识产权立法史上一个里程碑式的突破，该条约也成为世界上迄今为止第一部也是唯一一部版权

---

① "Marrakesh Treaty to Facilitate Access to Public Works For Persons Who are Blind, Visually Impaired, or Otherwise Print Disabled, adopted June 27, 2013", WIPO Doc. VIP/DC/8 Rev. , www. wipo. int/treaties/en/ip/marrakesh.

② Jingyi Li and Selvadurai N. , "Reconciling the Enforcement of Copyright with the Upholding of Human Rights: A Consideration of the Marrakesh Treaty to Facilitate Access to Published Works for the Blind, Visually Impaired and Print Disabled", *European Intellectual Property Review*, Vol. 36, No. 10, 2014, pp. 653 – 664.

③ Kouletakis J. , "No Man is An Island: A Critical Analysis of the UK's Implementation of the Marrakesh Treaty", *A Journal of Law, Technology & Society*, Vol. 17, No. 1, 2020, pp. 54 – 82.

④ Bannerman D. S. , *International Copyright and Access to Knowledge*, New York: Cambridge University Press, 2016, p. 120.

领域的人权条约。尤其是条约第 7 条关于技术措施的义务之规定：
"缔约各方应当在必要时采取适当措施，确保在其为制止规避有效技术措施规定适当的法律保护和有效的法律救济时，这种法律保护不妨碍受益人享受本条约规定的限制与例外。""应当""确保"等措辞的采用，确立了成员国及其版权人在保证作品使用者享受版权限制和例外方面的义务，根据成员国如何履行这一义务，它可以为那些被禁止使用条约所允许的版权作品的使用者（受益人）提供索赔依据。该条款首次在知识产权国际公约中明确技术措施不得限制视障者依法享有的限制和例外，从而将限制和例外置于优先于技术措施保护的地位。正因如此，《马拉喀什条约》被视为背离了网络条约以版权人为中心的做法，是第一份旨在促进特定使用者权的国际版权文书。①

　　国际版权相关条约的开放性为作品使用者权观念的确立留下了空间。在国际层面对作品使用者权的承诺既可以验证，也可以要求各国重新调整版权平衡，以造福于作品使用者和社会公众。目前，这些努力必须经受与三步检验法和国际义务相违背的指责，而在国际版权制度中，版权所有人权利的稳步扩大不存在这样的障碍。正如玛格丽特·安·威尔金森所言："对加拿大人来说……鉴于涉及版权所有人权利的国际事态发展，似乎非常重要的是确保作品使用者权在国际上也得到明确的保护。"② 如果在国际制度中没有关于作品使用者权的一些正式文本，未来各国政府在追求与贸易有关的外部目标时可能会受到压力，使其偏离对作品使用者的既定国内保护。国际上对"作品使用者权"的明确承认可能会为使用者提供一个更加可靠的屏障，使他们免受版权人和第三方的侵犯。

---

①　Pascale Chapdelaine, *Copyright User Rights: Contracts and the Erosion of Property*, Oxford: Oxford University Press, 2017, p. 42.

②　Margaret Ann Wilkinson, "Copyright Users' Rights in International Law", *Feliciter*, Vol. 60, No. 3, 2014, p. 10.

第二节　加拿大的立法与司法实践

加拿大最高法院在 2004 年的 CCH 案中明确宣告包括合理使用在内的版权限制和例外宣告属于作品使用者权，并据此超越合理使用相关条款的既有规定，作出了有利于作品使用者的判决，在世界范围内开了先河。而在此之前，加拿大版权合理使用条款具有相当的限制性，既涉及法律上有资格进行合理使用的有限情形，也涉及加拿大法院对该条款的狭隘解释方式，作品使用者的自由相当有限，更遑论对作品使用者权的认可。在此之后的立法修正尝试中，也充斥着立法者和不同利益群体的激烈争论，难以达成一致。2012 年 7 月 12 日，加拿大最高法院史无前例地同时发布五个版权判例，又称"版权五部曲"，其中两个案件重申"版权限制和例外属于作品使用者权"，加拿大因此成为世界作品使用者权的领导者。然而，2012 年 6 月 29 日通过的 C–11 法案继续维持了合理使用相对封闭的立法模式，只是新增了几个例外，对技术措施的保护更是为合理使用的实施蒙上了阴影，加拿大作品使用者权仍然前途未卜。加拿大版权立法和司法实践的演变，清晰地反映了其在作品使用者权问题上的徘徊态度，也是世界作品使用者权现状的一个缩影，值得着重考察。

一　以作者为中心的版权传统

出于历史渊源，加拿大 1921 年《版权法》以英国 1911 年《版权法》案为蓝本，并遵循《伯尔尼公约》的要求。长期以来，加拿大《版权法》以版权所有者为中心，注重对版权的严格保护。也正因如此，加拿大《版权法》中的合理使用规定与英国的规定极为相似，而与邻国美国相去甚远。合理使用条款限于以研究和个人学习、批评或评论、新闻报道为目的对版权作品的使用，没有为那些可以被认为是合理的使用提供普遍、开放式的法律依据；某一使用行为只有满足特定目的之一时，才属于合理使用范畴。1970 年加拿大版权法再现了类似的合理使用模式，如果被告要主张合理使用必须跨越三个障碍：第一，目的必须是法案中列出的目的之一；第二，使用必须合理；第三，满足法律的充分知悉要求。① 该三重标准与美国开放式的合理使用的要求完全相反，根据美国法律，相关条款中列举的目的不是穷尽式的，并不要求必须知悉作品的来源，法院首要考虑的是如何认定合理。

1984 年联邦政府出版《版权白皮书》，1985 年文化共享组织常设委员会发表了"创作者权利宪章"小组委员会修订版权的报告。《版权白皮书》对合理使用的现有模式进行了重点分析，建议新的《版权法》中应当规定合理使用的定义，同时确定衡量某一使用作品的行为是否合理的优先考虑因素，该建议明显借鉴了美国 1976 年《版权法》中的合理使用条款。然而加拿大众议院修改《版权法》的分委员会提出了相反的观点，认为加拿大现行立法是成功的，证据是实践中因合理使用引发的诉讼很少。这个论证并不充分，因为至少还有一种可能就是人们对英国式合理使用制度的无奈。② 在此之后，加拿大《版权法》尝试进行了多次修订，经过 1988 年和 1997 年《版权法》的两次改革，版权内容不断扩大，版权保护方式呈现出多样化特征，但也增加了新的版权例外，这些变化显示出社会公众对于公共利益的日益重视，加拿大版权保护与作品使用者利益平衡制度初见雏形。③

尽管如此，鉴于加拿大合理使用抗辩"立法十分严格，不容作

① 11–12 Geo. V. c. 24，s. 17（2），任何出于私人学习、研究、批评、评论或新闻研究目的的合理使用都是合法的。

② ［加］卡里斯·克雷格：《加拿大版权法中合理使用制度的变迁：为立法改革建言》，载［加］迈克尔·盖斯特主编《为了公共利益——加拿大版权的未来》，李静译，知识产权出版社 2008 年版，第 316 页。

③ 肖蕾：《加拿大版权保护与用户利益平衡制度研究》，硕士学位论文，华中师范大学，2013 年。

调整性的、灵活的解释"，在司法实践中，加拿大法院通行的做法是，设置明确的机械化的规则，并以案件事实为基础排除合理使用。通过对合理使用的限制性规定可以自动排除许多特定的使用行为，法院无须再平衡各方利益或者考虑版权制度的目的。在 Bishop v. Stevens 案①中，法官麦克拉克林认为，由于《版权法》是基于英国法律制定的，所以它的通过只有一个目的，即维护所有作者的利益，无论是文学作品、戏剧作品还是音乐作品。在 Zamacois v. Douville 案②中，合理使用抗辩被否决，因为"评论家不能不经作者同意完全复制他要批评的作品"。在 Queen v. James 案③中，被告节选政府报告的内容也不属于合理使用，因为该抗辩要求"对作品进行加工而不仅仅是将作品压缩成摘要版本"。在 B. W. v. Thomson 案中，法院认为出版被泄密的作品不属于合理使用。其他法院也使用了类似的明线规则来排除出于狭隘目的的使用，从而使"合理"变得毫无意义。④ 在 Hager v. ECW 案中，一本传记被认为不是一部"研究"作品，因为"私人学习和研究的预期用途并不包括把复制的作品传播给公众"。⑤ 在 Boudreau v. Lin 案中，一所大学复印和出售课程材料被认为不是出于"私人学习"的目的，因为这些材料被分发给一个班的所有成员。⑥

但是，对列举的目的进行限制性解释的最著名的例子是 1997 年的 Michelin v. C. A. W 一案，该案涉及汽车工人联合会在劳资纠纷期间散发印有必比登（Bibendum）（即米其林轮胎人）标志的传单，针对原告的侵权指控，联合会辩称，使用这个标志是一种戏仿，因此在合理使用例外情况下被视为批评。联邦法院驳回了这一论点，

---

① 〔1990〕2 S. C. R. 467 at 478－479.

② 〔1943〕2 C. P. R. 270 at 302, 2 D. L. R. 257.

③ 〔1984〕1 F. C. 1065, 77 C. P. R. （2d） 262.

④ 〔1996〕137 D. L. R. （4th） 398, 68 C. P. R. （3d） 289.

⑤ 〔1998〕85 C. P. R. （3d） 289, at para. 55, 312, 2 F. C. 287.

⑥ 〔1997〕150 D. L. R. （4th） 324, 75 C. P. R. （3d） 1.

强调必须严格解释合理使用（Fair Dealing）条款，同时认为，戏仿不是版权法中列举的例外，而且也不是批评的同义词。① 由于这种对合理使用目的的严格限制，在加拿大，对戏仿者最好的保护就是避免与原作有太多的相似之处。然而，戏仿的转换性价值以及它作为一种社会批判手段的力量，为将其纳入合理使用抗辩范畴提供了强有力的理由。加拿大《版权法》中戏仿的不稳定状况，尤其是与美国版权制度中对此类用途的宽容相比，证明了"封闭式列举"合理使用模式（Fair Dealing）的缺陷，也凸显了加拿大当时合理使用抗辩在促进版权公共利益方面的普遍不足。②

二　2002 年 Théberge 案：变化的迹象

随着 1996 年《世界知识产权组织版权条约》和《世界知识产权组织表演和录音制品条约》的通过，世界各地的版权制度进行了重大改革，以满足新的条约要求。2001 年，加拿大政府发布了一系列提案，表明尽管它致力于建立一些新的保护制度，但在数字环境对版权的全面影响仍不确定的情况下，将谨慎行事。这些提案涉及四个关键问题：新的互联网提供权、对版权技术措施的法律保护、权利管理信息以及互联网服务提供商对侵犯版权行为的责任。③

咨询会吸引了大量的参与者，其中绝大多数来自个人和面向用户的团体。例如，一些计算机科学家响应政府的意见征集，表示担心在版权问题上追随美国，可能导致研究人员因害怕遭到由行业发起的诉讼而避免公开发表他们的研究成果。教育界认为，新的技术措施规定可能导致学生和教师的合理使用权利减少。此外，他们认为，使用互联网上的内容可能需要一个特定的教育使用豁免，以

---

① ［1997］71 C. P. R.（3d）348，2 F. C. 306.

② ［加］卡里斯·克雷格：《加拿大版权法中合理使用制度的变迁：为立法改革建言》，载［加］迈克尔·盖斯特主编《为了公共利益——加拿大版权法的未来》，李静译，知识产权出版社 2008 年版，第 319 页。

③ Industry Canada, Consultation Paper on Digital Copyright Issues, June 22, 2001.

确保有价值的材料可以在学校使用。① 加拿大图书馆协会声称，在《版权法》中引入对规避版权技术措施的制裁，可能为版权所有者提供一种不受挑战的手段，使其超越对法定权利的所有限制，并拒绝公众获得版权作品的合法权利。② 与此同时，一些档案组织指出了历史材料的重要性，并担心法律的改变可能削弱加拿大人查阅自己历史的能力。③

　　然而，政府对这些观点基本上仍然漠不关心，对版权的看法也几乎没有变化的迹象。2002 年，加拿大最高法院在 Théberge 案中的判决开始改变对这一问题的看法。该案判决明确支持版权平衡，并适当考虑了版权对创新的影响，标志着版权从单一目的向兼顾创作者和作品使用者利益的双重目的转变。④ 此案涉及魁北克一位享有国际声誉的画家克劳德·泰贝热（Claude Théberge）对一家画廊提起的诉讼。这家画廊购买了泰贝热作品的海报，并着手将这些图像从纸上转移到画布上。画廊采用了一种先进的工艺，把海报上的墨水取下并转移到画布上。画廊实际上没有创造任何新的图像或作品的复制品，因为在这个过程完成后，海报是空白的。尽管如此，泰贝热还是义愤填膺，认为自己卖的是纸质海报，而不是用帆布制作的复制品。他随后向魁北克法院提起诉讼，要求法院颁布禁令，并没收现有的帆布背景图片。虽然魁北克法院的裁决赞成扣押，但最高法院推翻了这一决定，认为这些图像只是从一种媒介转移到另一种媒介。伊恩·宾尼（Ian Binnie）法官代表最

---

　　① Michael Geist, "The Canadian Copyright Story: How Canada Improbably Became the World Leader on Users' Rights in Copyright Law", in Ruth L. Okediji, *Copyright Law in An Age of Limitations and Exceptions*, New York: Cambridge University Press, 2017, p. 175.

　　② Canadian Library Association Response to the Consultation Paper on Digital Copyright Issues (Sept. 14, 2001), www. ic. gc. ca/eic/site/crp – prda. nsf/eng/rp00347. html.

　　③ Michael Geist, "The Canadian Copyright Story: How Canada Improbably Became the World Leader on Users' Rights in Copyright Law", in Ruth L. Okediji, *Copyright Law in an Age of Limitations and Exceptions*, New York: Cambridge University Press, 2017, p. 175.

　　④ 〔2002〕2 S. C. R. 336, 210 D. L. R. (4th) 385.

高法院发表声明："版权法常常被视为鼓励在文学艺术作品传播中促进公共利益，同时赋予创作者合理的回报。适当的平衡不仅在于承认创造者的权利，而且要对这些权利施加必要的限制。从经济角度看，过分补偿艺术家和作者是没有效率的，就如同没有适当补偿激励他们一样。作品的授权复制品一旦出售给公众，通常是由购买者而不是作者来决定它会发生什么。"① 宾尼法官还强调了《版权法》的危险，即过于偏向版权创造者，以牺牲公众和创新过程为代价。他指出，对版权和其他形式的知识产权的过度控制，可能会过度限制公有领域在促进整个社会长期创新方面的能力，或对正确利用版权作品造成障碍。②

三 2004 年 CCH 案：作品使用者权的司法承认

2005 年 6 月下旬，加拿大政府公布了 C－60 版权法案③，法案规定了灵活的反规避规则和一些以使用者为中心的条款（特别是针对网络服务提供商的"通知与通知"条款），但没有扩大合理使用的范围。C－60法案规定了新的教育和图书馆例外，但也有烦琐的限制。例如，该法案旨在通过允许学校通过电信传播有版权材料的课程来促进基于互联网的学习。然而，该法案同时要求学校在课程结束后 30 天内销毁课程并保留三年的记录，限制了这一新的权利。图书馆的规定更加严格，法案允许图书馆和档案馆提供版权材料的数字副本，但是要求图书馆和档案馆限制数字文件的进一步复制和传播，并确保这些文件的使用时间不超过 7 天。C－60 法案遭到了使用者团体的不满，也引起了相当多的学术评论，例如，亚伯拉罕·德拉西诺韦尔认为作品使用者权是作者身份的一个附带条件，因此

① 〔2002〕2 S. C. R. 336，210 D. L. R.（4th）385.

② 〔2002〕2 S. C. R. 336，210 D. L. R.（4th）385.

③ Bill C－60, *An Act to Amend the Copyright Act*, 1st Sess, 38th Parl, 2005, www. parl. gc. ca/About/Parliament/LegislativeSummaries/Bills_ ls. asp? ls =C60&Parl =38&Ses =1.

不能仅仅是例外。① 特雷莎·斯卡萨认为任何利益平衡的实现都应关注相关利益的实质问题，而不仅仅是修辞。② C - 60 法案随后被否决。

2004 年 3 月，加拿大最高法院一致通过了具有深远影响的CCH 案③，强烈支持对《版权法》采取平衡的做法，为合理使用注入了新的活力。这起案件涉及加拿大律师协会和法律出版商CCH 公司之间的纠纷。律师协会拥有多伦多领先的法律图书馆（Great Library），为律师行业提供了两种复制案卷和其他法律资料的方法。首先，它提供一项服务，律师可以要求提供一份特定案卷或文章的副本。其次，它还保留了几台独立的影印机，可以供图书馆用户使用。CCH 公司反对律师协会的复制行为，并起诉其侵犯版权。他们坚持认为，被复制的材料有权受到版权保护，律师协会正在授权他人侵犯其版权。被告辩称，其影印服务是为研究或私人学习而提供的。原告出版商回应称，只有使用作品的人（图书馆工作人员）的目的而非最终获得作品副本的研究人员的目的才是相关的。起初，吉布森法官同意并支持了原告的观点："被告的复制并非出于合理使用范围内的目的，尽管影印文件的最终使用者本身可能属于合理使用范围内……我相信合理使用例外应得到严格解释。"④ 这一判决的特点是合理使用抗辩的范围狭窄，反映了加拿大版权传统对保护作者权利的首要关切，与最高法院在1990 年毕晓普诉史蒂文斯案（Bishop v. Stevens）的判决中坚持的观点一致，即版权法的"单一目标"是"所有作者的利益"。值得注意的是，法院在该案件也同样坚持对使用者所能遇到的法定例外情

---

① ［加］亚伯拉罕·德拉西诺韦尔：《认真对待使用者权》，载［加］迈克尔·盖斯特主编《为了公共利益——加拿大版权法的未来》，李静译，知识产权出版社 2008 年版，第 343 页。

② ［加］特雷莎·斯卡萨：《利益平衡》，载［加］迈克尔·盖斯特主编《为了公共利益——加拿大版权法的未来》，李静译，知识产权出版社 2008 年版，第 39 页。

③ ［2004］1 S. C. R. 339，2004 S. C. C. 13.

④ CCH Canadian v. Law Soc'y of Upper Can.，1 S. C. R. at 388.

况进行狭隘的解读。

在初审法院对 CCH 案作出裁决后不久，最高法院就 Théberge 案作出判决，该案判决以公共利益为中心的立场和利益平衡思想对于 CCH 案的最终判决产生了极为重要的影响。在 Théberge 案之后，联邦上诉法院对 CCH 案做出裁决，称需要保持平衡，并拒绝让合理使用条款受制于加拿大法院传统上占主导地位的狭隘解释。[①] 林登法官解释说，版权例外不仅仅是版权法的漏洞，合理使用不是对版权法规范的有限减损，而应该得到公平和平衡的解读。大多数人反对吉布森法官的立场，即"仅仅促进研究本身并不是研究"，法院在裁决中详细讨论了合理使用例外，认为应给该例外以宽泛和自由的解释。案件上诉到最高法院，首席大法官麦克劳克林（McLaughlin）代表法庭，对"作品使用者权不仅仅是漏洞"的说法表示赞同并进一步指出："从程序上讲，被告必须证明他对作品的使用是合理的，然而，合理使用例外可能应更恰当地理解为《版权法》的一个组成部分，而不仅仅是抗辩。任何属于合理使用例外的行为都不属于侵犯版权，与《版权法》中的其他例外一样，合理使用是作品使用者的权利。为了在版权人的权利和使用者的利益之间保持适当的平衡，不得对其进行限制性解释。"[②]

CCH 案的判决引起了不同的反应。创作者和出版者团体认为，承认"作品使用者权"这个词会极大地限制版权所有者的权利，并允许代表他人进行大量复制，因此必须将其理解为表达使用者利益重要性的隐喻。[③] Access 版权公司的第一反应是：这项裁决并没有改变这样一个事实，即大多数受版权保护的作品的复制不属于合理使用的范畴。最高法院已明确指出，原创作品中确实存在版权，这就

---

① CCH Canadian v. Law Soc'y of Upper Can. , 1 S. C. R. at 384.

② 〔2004〕1 S. C. R. 339, 2004 S. C. C. 13, Available on CanLII.

③ Canadian Publishers' Council, "The Association of Canadian Publishers, and The Canadian Educational Resources Council, Memorandum of Argument", https：//www. scribd. com/document/73790862/CPC – SCC – Interveners – Memorandum. at para 25.

是使用者必须签署版权许可证，否则将面临侵权风险的原因。① 相比之下，公有领域的拥护者则纷纷撰文表达了支持。②

四 2012 年：版权现代化法案通过及作品使用者权的司法重申

（一）版权现代化法案（C-11）通过

在 C-60 及其后的 C-61、C-32 法案相继被否决之后，版权修正草案 C-11 法案于 2012 年 6 月 18 日在议会三读通过，并于同年 6 月 29 日获得批准，又称《加拿大版权现代化法案》。C-11 几乎涉及加拿大版权法的所有领域，其中版权侵权的例外、技术保护措施和网络版权侵权"通知—通知"规则这三个方面的条款对于加拿大版权保护和用户利益平衡的影响最为深远。

关于侵犯版权的例外增加了非商业用户生成内容、为私人目的复制、时间转换和格式转换、备份副本四种情况，扩大了社会公众对版权作品的使用自由，尤其是"非商业用户生成内容"侵权例外更是开了先河，被认为是对数字版权生态系统的有效回应。但合理使用仍然维持了封闭的立法模式。C-11 法案还通过将破解或"规避"获取控制技术措施规定为侵犯版权行为，给予版权技术措施法律保护。审视相关条款可以看出，加拿大反规避条款具有以下特点：确立了禁止破解技术措施的一般原则；灵活执行网络条约，将反规避与版权侵权相结合；没有立法禁止反破解设备。这些特点为版权合理使用留下了较大的空间。针对网络服务提供商（ISP）的有限责任，"通知—移除"规则是美欧国家的主流做法，而加拿大政府对 ISP 的责任界定采取了独特的"通知—通知"制度，即当版权人向

---

① "Supreme Court Rules Copyright Existed in Works Copied by Law Society of Upper Canada, But Copyright Was Not Violated", Access Copyright (Mar. 4, 2004), http://web. archive. org/web/20040407013109/.

② Drassinower Abraham, "Taking User Rights Seriously", in Michael Geist, *In the Public Interest*: *The Future of Canadian Copyright Law*, Toronto: *Irwin Law*, 2005, p. 462.

ISP 发出侵权警告通知后，ISP 应当将该通知发送给涉嫌侵权的网络用户，该项制度将 ISP 视为网络关系的中介商，这一模式承认网络用户在法律范围内的表达自由，没有证据就不能确认为违法，也有效保护了用户的隐私和身份。

C－11 的上述修改充分体现了新技术背景下加拿大版权法平衡版权所有人权利与作品使用者权的努力和倾向。

（二）作品使用者权的司法重申

C－11 法案通过两周后，加拿大最高法院在 2012 年 7 月 12 日发布了五项版权裁决，其中的两项判决重申了"包括合理使用在内的版权限制和例外属于作品使用者权"，令全球瞩目，确立了加拿大"世界作品使用者权领导者"的地位。

1. 加拿大作曲家、作家和音乐出版商协会诉贝尔案（SOCAN v. Bell）

加拿大作曲家、作家和音乐出版商协会（SOCAN）代表作曲家、作家和音乐出版商并管理他们的表演和传播权利。贝尔加拿大公司（Bell）等经营在线音乐服务，销售音乐作品的数字副本。这些服务提供数字音乐文件的目录，用户可以通过标题、专辑、音乐人和艺术家来识别音乐作品，服务提供商还为消费者提供了免费预览服务以帮助其作出购买决定。SOCAN 要求上述公司在为音乐下载或 CD 支付的通常费用之外，对提供这些预览服务进行补偿。版权委员会驳回了这一请求，并将预览版本的使用定位为符合合理使用原则的"消费者的研究"。联邦上诉法院维持了委员会的决定。

该协会并未气馁，向最高法院上诉。最高法院一致支持先前的判决，认为合理使用的一个重要目标是允许用户使用受版权保护的作品，以帮助他们从事自己的创作和创新行为，但这并不意味着只有基于创造性目的才可以进行研究，因为这样会忽视"传播作品也是法案的目的之一"的事实，传播无论是否具有创造性，都是为了公众利益；也会忽视与创造力没有内在联系的私人学习，研究和私人学习都符合合理使用的目的，不应该比"私人学习"更严格地解释"研究"这个术语。①

原告在法庭上辩称，将合理使用定义为"作品使用者权"是错误的，曲解了其在版权制度下的抗辩性质。Abella 法官再一次坚定地支持合理使用。在援引 CCH 案和亚伯拉罕的《认真对待使用者权》一文重申合理使用是作品使用者权之后，Abella 主张放宽合理使用的"研究"范畴：将"研究"限于创造性目的违反了"研究"的一般意义，其中包括许多不需要建立新的事实或结论的活动。它可以是零碎的、非正式的、探索性的或确定的。事实上，除了个人利益外，它可以没有任何目的。"研究"的目的可以是得出新的结论，但这应该被视为目的之一，而不是"研究"的主要目的。②

SOCAN 援引美国判例法，主张在使用被视为合理之前应关注"转换性"目的的要求，敦促法院将"研究"的定义缩小为旨在创造新的东西。加拿大最高法院承认美国判例重视转换性，但认为转换并非必不可少的：尽管合理使用的因素之一包括使用是否具有转换性，但对于发现合理使用而言，转换性是否"绝对必要"却并不清楚。法院支持先前对使用合理性的评估，并继续指示所考虑的当事人是最终用户：在 CCH 案中，大图书馆是提供复印服务的机构，它为要求复印法律资料的律师提供复印服务，法院并没有把调查重点放在图书馆而是放在最终用户即律师的行为上，他们的目的是进行法律研究。同样，在考虑预览是否出于"研究"目的时，委员会

---

① Society of Composers, Authors and Music Publishers of Canada v Bell Canada et al., 2012 SCC 36 at para 27, 〔2012〕2 SCR 326, Available at：http：//canlii. ca/en/ca/scc/doc/2012/2012scc36/2012scc36. html.

② Society of Composers, Authors and Music Publishers of Canada v Bell Canada et al., 2012 SCC 36 at para 27, 〔2012〕2 SCR 326, Available at：http：//canlii. ca/en/ca/scc/doc/2012/2012scc36/2012scc36. html.

从使用者或消费者的目的的角度做出了适当的考虑。从这个角度来看，消费者使用预览的目的是进行研究，以确定购买哪一种音乐，这种购买会引发音乐作品的传播和对创作者的补偿，这两者都是该法案所鼓励的结果。① 最终，最高法院维持了上诉法院的裁决，驳回了 SOCAN 的诉讼请求。

2. 阿尔伯塔（教育）诉加拿大版权许可机构 ［Alberta（Education）v. Canadian Copyright Licensing Agency］

该案件涉及加拿大各地学校复制版权材料的做法。2004 年，一个教育权利协会（Access Copyright）根据加拿大各地学校复制版权材料的数量和内容申请增加版税。由于在数据收集方法上存在争议，协会向版权委员会提交了一份关税草案。其中有争议的是复制的一个特殊类别，即使用版权作品的补充材料（简短摘录），由教师复印，并用于加强对课堂教学的理解。虽然在 Bell 案中，委员会把重点放在了最终用户即消费者身上，但本案中版权委员会把重点放在了中间分销商即教师身上，并认为他们的行为并不合理。联邦上诉法院支持了委员会的决定。教育机构向最高法院上诉，并获得了支持合理使用的多数意见。

Access Copyright 努力把焦点集中在教师的行为上，并声称复制的目的是教育，因此超出了合理使用的学习目的。法院重申了被告的主张基于权利的性质："正如 SOCAN v. Bell 案所指出的那样，合理使用是作品使用者的权利，在考虑使用是否出于允许的目的时应当从使用者的角度分析。"② 法院据此推定从事学习和研究的学生（使用者）与教师（复印人员）具有"共生目的"，因此教师（复印人员）可以从合理使用抗辩中获益。合理使用作为作品

---

① Society of Composers, Authors and Music Publishers of Canada v Bell Canada et al. , 2012 SCC 36 at para 27, ［2012］2 SCR 326, Available at: http://canlii. ca/en/ca/scc/doc/2012/2012scc36/2012scc36. html.

② Alberta（Education）v. Canadian Copyright Licensing Agency, 2012 S. C. C. 37, para. 22.

使用者权的性质要求对法定辩护进行"大量和宽松"的解读。因此，版权委员会对合理使用范围的限制是不合理的，原告要求获得报酬的许多副本是在使用者有权合理使用供研究和私人学习的作品的范围内。①

而原告早先将"机构教育"重塑为"非私人学习"的努力也遭到了最高法院的坚决反对："关于这一点，我也不接受委员会作出并经联邦上诉法院认可的观点，即'由于这些复印件是学生在课堂上集体使用而非私人使用，因此教师所作的复印件是出于不合理的目的而非私人学习'。私人学习中的'私人'一词不应理解为要求使用者在完全隔离的情况下阅读版权作品。研究和学习本质上是个人的努力，无论是与他人交往还是独处。通过关注课堂教学的地理位置而不是学习的概念，委员会人为地将教师的教学与学生的学习分开，并不妥当。"②

由于教师复制的目的是基于合理使用的庇护，于是法庭开始对合理进行分析。法官们回避了审查复制总量的建议，认为更正确的考虑方式是将复制的作品与该作品进行比较。③ 对于"学校应购买所有补充材料的足够副本"的提议，法院的回应是，给每个学生购买相关书籍并不是一个现实的选择，因为老师只是抄写简短的选段来补充学生的课本。首先，学校已经购买了保存在教室或图书馆的原件，教师可以从中复印。教师只是向有需要的学生提供文本的复印件，方便学生更广泛地获取有限数量的文本。此外，购买更多的原版教科书分发给学生是不合理的，因为教师只复印简短的摘录来补充现有的教科书，为每个学生购买足够的作品副本是不切实际的。因此，为了达到学生研究和私人学习的最终目

---

① Alberta（Education）v. Canadian Copyright Licensing Agency，2012 S. C. C. 37, para. 22.

② Alberta, 2 S. C. R. at paras 26－27.

③ Alberta, 2 S. C. R. at paras 29.

的，复制简短的摘录是合理必要的。① 最后，对于 Access Copyright 坚持认为"这种复制行为导致了教科书市场的衰退"，法院认为没有证实且缺乏逻辑：没有证据表明这种下降与教师复印有关，还有其他几个因素可能导致教科书销售下降，如采用学期教学、注册人数减少、教科书寿命延长、互联网和其他电子工具的使用增加等。② 最高法院据此支持了上诉人即 Alberta 的上诉请求，作品使用者获得了胜利。

CCH 案、Bell 案和 Alberta 案中加拿大最高法院对于作品使用者权的承认以及 2012 年的版权现代化法案的相关条款给予了版权消费者和其他作品使用者前所未有的利益，但其性质和范围仍不确定。2012 年修正案增加了对 TPMs 的法律保护，情况同样如此。法案关于合理使用的立法模式仍然维持了相对封闭的状态，在四个新增的用户条款中，有三个（非商业用户生成内容除外）可以被 TPMs 明显覆盖，这极大地降低了它们的强制性，损害了它们作为权利的地位。至于侵犯版权的其他例外，其强制性和作为权利的性质和范围也是有争议的。这些现状为加拿大作品使用者权的未来蒙上了一层阴影。正如有学者指出的："加拿大作品使用者权仍然依附于合理使用条款，在合理使用范围并未显著扩张的情况下，作品使用者权前途未卜，未来还有很长的一段路要走。"③ 但不管如何，加拿大相关判例对作品使用者权的承认，表明作品使用者权不仅仅是一个理念或者隐喻，而可以上升到具体的制度和操作层面，也为其他国家的立法和司法实践提供了重要的参照。加拿大在《版权法》修改过程中充分重视相关利益群体的参与和协商，听取各方意见，平衡利益关系，能够更好地保证《版权法》得以顺利实施，也值得各国学习与借鉴。

---

① Alberta, 2 S. C. R. at paras 32.

② Alberta, 2 S. C. R. at paras 33.

③ Chapdelaine P. , "The Ambivalent Nature of Copyright Users' Rights", *Intellectual Property Journal*, Vol. 26, No. 1, 2013, pp. 1 – 46.

第三节　欧盟及其成员国的立法与司法实践

一　欧盟版权立法与司法实践

欧洲版权立法中"作品使用者"长期缺席，一方面源于"作者中心主义"观念的根深蒂固，另一方面也与公认的版权概念有关，即传统版权立法对不具有商业性质的个人使用并不关心，作品的单纯使用是自由的。长期以来，人们普遍认为他们可以自由地将受版权法保护的作品用于非商业目的。由于控制私人用户对版权作品的接触和使用是不现实的，版权所有者主要关注于控制具有商业性质的复制和对公众的传播。然而，数字时代改变了这种模式，现在权利人可以控制私人用户对版权作品的接触和使用。有形副本的非物质化和消失是数字环境的一个显著特征，在模拟环境中获取作品有形副本的需要在当前已经被获取作品本身所部分取代。因此，信息的内在价值更多地在于使用而不是获取或拥有。在此背景下，传统用户的自由受到了围攻，因为对数字内容的日益依赖，加上更强有力的版权保护，导致了使用自由的缩小。"保护作品使用者的利益或权利是必要的"这一命题的提出，是对"版权所有者广泛控制版权作品与作品使用者自由范围不明确之间日益不对称"的一种有效的回应和必要的平衡。在此背景下，版权作品的"使用"和"使用者"等概念通过合法使用、合法使用者和合法获取等概念，在欧洲版权立法和判例法中获得了自主地位。①

---

① Tatiana Eleni Synodinou, "Lawfulness for Users in European Copyright Law: Acquis and Perspectives", *Journal of Intellectual Property*, *Information Technology & Electronic Commerce Law*, Vol. 10, No. 1, 2019, p. 21.

（一）欧洲版权立法中合法使用者、合法使用、合法获取概念的
演进

1. 合法使用者

"合法使用者"（Lawful User）的概念首次出现在 1991 年的《计算机程序保护指令》（91/250/EEC）中。[①] 但它没有给出一个明确的定义，也没有使用一个固定的术语来界定有权享受版权例外的人，而是使用"程序的合法获得者""有权使用计算机程序的人"和"有权使用计算机程序副本的人"等描述性定义来指称可以合法援引版权例外的人。五年后，相同的表达在《数据库法律保护指令》（96/9/EC）中再次出现。[②] 可以要求适用该指令规定的例外情况的人被定义为"数据库的合法使用者"（Lawful User of a Database）。

从版权政策的角度来看，在这两项指令中引入"合法使用者"的概念，构成了对版权垄断界限的新认识，具有范式转变的意义。这是有史以来第一次承认版权作品的使用者是一个自主主体，有权以强制性版权例外的形式行使某些法律特权。"合法使用者"这一概念的引入具有很大的象征意义，但如果合法使用者使用版权作品的权利和能力得不到保障，那么这一概念的引入将仍然是一个纯粹的理论进步而无现实的意义。[③] 在版权立法中实现利益平衡的有效途径是采用承认使用者利益的机制，如确立可以在法庭上强制执行的使用者权，来兼顾一般利益。[④] 在此方面，这两项指令的另

---

① Council Directive 91/250/EEC of 14 May 1991 on the Legal Protection of Computer Programs, OJ L 122, 17.5.1991, pp. 42 – 46.

② Directive 96/9/EC of the European Parliament and of the Council of 11 March 1996 on the Legal Protection of Databases, OJ L 77, 27.3.1996, pp. 20 – 28.

③ Tatiana Eleni Synodinou, "Lawfulness for Users in European Copyright Law: Acquis and Perspectives", *Journal of Intellectual Property*, *Information Technology & Electronic Commerce Law*, Vol. 10, No. 1, 2019, p. 22.

④ Geiger C., "Copyright as An Access Right, Securing Cultural Participation Through the Protection of Creators' Interests", in Giblin R., Weatherall K., *What If We Could Reimagine Copyright*? Canberra: Australian National University Press, 2017, p. 73.

一个特点是，它们将一些有利于合法使用者的版权例外规定为强制性的，即成员国应规定这些例外，更重要的是，这些例外规定不能被合同条款推翻。具体而言，《计算机程序保护指令》第9条规定：任何限制或废除创建计算机程序备份、观察、研究和测试程序以及反编译程序以实现互操作性的权利的合同条款均应被视为无效。《数据库法律保护指令》第15条也规定了一些例外的约束性：任何违反该指令第1部分和第8部分第6条的合同条款均应被视为无效。赋予版权例外或限制以强制性，为版权例外注入了新的视角，可视为间接承认"作品使用者权"这一范畴，是对版权保护的基本制衡。亦即除了"合法使用者"的概念外，还出现了一种新的"法律权利"类别——合法使用者的权利。

2. 合法使用

2001年，"合法使用"的概念出现在《信息社会版权指令》（Directive 2001/29/EC）中。①《信息社会指令》序言第33条对"合法使用"做出了宽泛的定义，即由权利人授权或不受法律限制的任何使用。在评估基于版权例外情况的合法使用方面，它在很大程度上取决于通过版权技术措施和合同消除版权例外情形的可能性。关于TPMs下例外的可执行性，指令2001/29在第6条第（4）款作出回应，该条给予成员国很大的自由，以采取适当措施保障版权例外情况，而如果作品是按约定的合同条款通过按需服务提供的，则该条款不适用。具体来说，欧盟的版权立法在这个问题上态度暧昧。关于例外情况和合同条款之间的紧张关系这一棘手问题，指令2001/29没有提供明确的答复。序言第45条指出：第5条第（2）、（3）和（4）款所述的例外和限制不应妨碍为确保在国家法律允许的范围内公平补偿权利人而设计的合同关系。这导致了一些相互矛盾的解

① Directive 2001/29/EC of the European Parliament and of the Council of 22 May 2001 on the Harmonisation of Certain Aspects of Copyright and Related Rights in the Information Society, OfficialJournal L 167, 22/06/2001 P. 0010 - 0019.

释。有些学者认为，第5条第（2）款至第5条第（4）款的限制可以被合同协议所推翻；而另一些学者则认为，不需要作者授权就可以进行合法使用的能力是一个可以在有关的合同中加以考虑的因素。① 因此，在《信息社会版权指令》第6条第（4）款所规定的模棱两可的情况下，成员国版权法可能会保障某些例外情况不受技术措施的影响，但版权例外是否普遍适用于合同，主要由成员国自行决定。在 VG Wort 案中，出现了一种倾向于版权例外普遍高于合同条款的做法，CJEU 似乎支持这样一种观点，即成员国通常可以选择是否允许例外情况被合同条款推翻、限制或以其他方式依赖于合同条款。但是，如果国内版权法未明确允许合同条款限制例外的范围，则默认的立场是例外优先于权利人的授权。②

因此，基于版权限制和例外的使用是合法的，只要这种限制或例外没有被合同禁止；除非欧盟或成员国版权法明确或含蓄地规定（不明确允许合同限制例外情况的范围），否则这种例外情况将对合同协议产生抵触，例外情况由此具有了权利的属性。

3. 合法获取

"合法性"的概念也出现在最近通过的《数字单一市场版权指令》（DSM Directive）中。具体来说，"合法获取"作品或其他受保护的材料是享受文本和数据挖掘例外的先决条件。③ 但是该指令的文本并没有定义什么是"合法获取"，也没有任何迹象表明，是纯粹客观地评估获取的合法性，还是也要考虑到其他因素，例如用户的假定心理状态与作品来源的合法性之间的关系。因此，一个关键的问题是确定"合法使用"和"合法获取"之间的关系，对此可能有两种方法：其一，这两个概念可以按时间顺序进行区分，即合法获取

① Guibault L. , "Relationship Between Copyright and Contract law", in Derclaye, Estelle ed, *Research Handbook on the Future of EU Copyright*, Cheltenham: Edward Elgar, 2009, p. 529.

② Cases C – 457/11 to C – 460/11, ECLI: EU: C: 2013: 426.

③ Articles 3 and 4, DSM Directive.

仅指通过合法来源对作品的初始获取，对作品的"合法获取"是后续用户行为合法性的第一个检测点。其基本思想是，没有对作品或数据库的最初合法获取，就不可能合法地使用它们。然而，指令对"合法获取"是否应该被解释为只有在作者或其他权利人同意的情况下才能访问作品，或者是否存在其他合法获取作品的法律理由保持沉默。其二，也可以认为，合法获取和合法使用应当被视为伴随整个使用行为的必要补充步骤。从这个意义上说，"合法使用"既包括对作品的获取，也包括对作品的所有使用，无论是同时获取还是随后获取。这一观点提倡综合全面地评判用户行为的合法性，这可以使其具有更大的灵活性，也为用户行为与版权作品之间的冲突注入了一种责任因素。两种方法各有优劣，但最好赋予合法使用一个宽泛的意义，在文本和数据挖掘例外的情况下，这意味着可以使用作品或数据库的每个人都可以享受例外，无论是基于合同还是许可证，也包括法律不禁止使用的情况。

该指令第 3 条中基于科学研究目的的文本和数据挖掘例外是强制性的，任何违反该例外的合同规定都将无法执行。此外，第 5 条"在数字和跨境教育活动中使用作品或其他客体"例外和第 6 条"文化遗产的保存"例外也具有强制性，不能根据合同条款取消。例外的强制性无疑提高了使用者的地位，可以将例外视为一种加强了的法律特权，或者说"作品使用者权"。但是第 4 条关于一般文本和数据挖掘的例外或限制的规定，允许权利人以适当的方式（例如针对网上公开提供的内容采取机器可读的方式）明确保留，版权例外服从于私人秩序，增加了该项例外和限制的不确定性，也表明欧盟关于版权例外和限制的"作品使用者权"性质并不明确。此外，由于只有"合法用户"可以享有版权例外，它可能使例外服从私人命令。例如，一个拒绝给予作品"合法获取权"或只在有条件的基础上给予这种访问权的权利人，可以有效地拒绝某些使用者的例外情况。因此，如果"合法获取"的条件被解释为总是取决于合同条款，那么这个概念就会受到限制。这也是必须将"合法获取"和"合法使用"合并成一个单一的自主法律概念（即"合法使用"）并灵活定义它的原因。

2018 年 4 月生效的《便携性规定》中引入了另一个强制性版权例外。① 其中第 3 条第（1）款规定，在线服务提供商有义务使用户能够在其他成员国临时获取和使用在线内容服务。此外，第 5 条规定，任何合同条款，包括存在于版权及相关权利的所有者之间，与在线内容服务中使用内容有关的任何其他权利的所有者与服务提供者之间，以及服务提供者与订阅者之间的合同条款，与第 3 条第（1）款及第 4 条相抵触的，将不可执行。尽管未明确将其归类为"合法使用者的权利"，但该条例规定的便携性义务以有利于用户（消费者）的个人权利的形式存在。便携性特权体现了合法使用者权的两个基本特征：首先，它的设立并不普遍地有利于公众，而是有利于一个具体而明确的法律主体，即网上内容服务的用户根据与提供者签订的提供网上内容服务的合同，可以在其居住国合法地获取和使用该服务。其次，与软件和数据库的合法使用者权利以及第 3 条的文本和数据挖掘例外一样，便携性不受相反合同条款的影响，不能被合同所推翻。尽管如此，与《信息社会版权指令》中的"合法使用"概念不同，在《便携性规定》中，可以主张便携性权利的"合法使用者"被狭义地限定为在线内容服务的订购客户。因此，便携性特权的唯一受益人是被合同授予使用服务权利的人。这一点在《便携性规定》的序言第 15 条中也有解释："本规定应适用于在线内容服务，提供商在从特定地区的权利持有人处获得相关权利后，根据合同，通过包括流媒体、下载、应用程序或任何其他允许使用该内容的技术向其订购客户提供内容。"

① Regulation（EU）2017/1128 of the European Parliament and of the Council of 14 June 2017 on Cross – Border Portability of Online Content Services in the Internal Market OJ L 168, 30. 6. 2017, pp. 1 – 11.

（二）欧盟法院与作品使用者权相关的判例

长期以来，欧盟法院（CJEU）的判例几乎始终如一地将例外解释为对版权法所确立的一般原则的"减损"，因此需要严格解释。① 然而，将版权例外视为可执行权利的想法似乎已经在欧盟法院的最近实践中找到了出路。在关于私人复制例外的 Padawan 案中，法院认为，私人用户付费购买媒体设备后，即被推定为可以充分利用这些设备的所有功能，包括制作副本。② 虽然没有明确支持使用者的权利主张，但法院的推理可以被视为承认有偿私人复制例外近似于一项成熟的权利，即制作私人副本的权利实际上属于购买者。③ 在 Painer 案和 Deckmyn 案的判决中，法院均强调需要在作者的权利与受保护标的物的使用者的权利之间达成平衡。因此，法院将引用和戏仿视为使用者的"权利"，而不仅仅是使用者的"利益"。④ 在 UPC Telekabel 案中，法院明确采用了"作品使用者权"的语言，作为对广泛过度执行版权的制衡。⑤ 法院责成国家有关当局（尽管是在有限的情况下）利用程序上的机会，在法庭上质疑版权执法措施，并接受这样一种观点，即基本权利（在本案中为言论自由）不仅可以作为辩护而援引，还可以作为诉讼所依据的权利。2014 年 9 月，"作品使用者权"概念在 Ulmer 案中再次出现，该案涉及用户对公共图书馆藏书中的作品进行数字化的附属权利。欧盟法院认为，公共图书馆等机构享有的作品传播权源

---

① Infopaq International A/S v. Danske Dagblades Forening, Case C – 5/08 〔2009〕, para. 56; ACI Adam v. Stichting de Thuiskopie, Case C – 435/12 〔2014〕, para. 22.

② Padawan SL v. Sociedad General de Autores y Editores de Espana（SGAE）, Case C – 467/08 〔2010〕, para. 55

③ Karapapa S, "Padawan v. SGAE: A Right to Private Copy?", *European Intellectual Property Review*, Vol. 33, No. 4, 2011, pp. 244 – 251.

④ CJEU, 1 December 2011, case C – 145/10, Painer, para. 132; CJEU, 3 September 2014, case C – 201/13, Deckmyn, para. 26.

⑤ UPC Telekabel（C – 314/12）〔2014〕（CJEU, Judgment of the Court（Fourth Chamber）of 27 March 2014）.

于《信息社会版权指令》第 5 条第（3）款第（n）项中为研究和私人学习目的而规定的例外情况。① 随后，Funke Medien 案和 Spiegel Online 案使用完全相同的语言支持并澄清了这一措辞，法院指出："尽管第 2001/29 号指令第 5 条明确规定了例外和限制，但应指出的是，这些例外或限制本身确实赋予了作品或其他客体使用者权利。此外，该条特别旨在确保版权人的权利和作品或其他客体使用者的权利之间的合理平衡。"②

鉴于欧盟法院最近的这些判例对作品使用者权的承认与支持，可以认为，法院正在努力将人权理解为欧洲版权秩序的一个组成部分，充分承认版权法的社会功能及其基本人权理论。

二　欧盟成员国的实践

根据欧盟《信息社会版权指令》，其成员国有义务要求版权所有人向某些版权例外的受益人提供从这些例外中获益的手段。在欧盟版权法的指引下，部分欧盟成员国在其国内立法中也规定了强制性版权例外，并且进一步赋予了作品使用者在版权例外被限制时获得救济的途径，间接承认了版权限制和例外的作品使用者权地位。尽管如此，由于并无法律的明确确认，在司法实践中，关于版权限制和例外的法律性质，仍然存在不小的争议和反复。

（一）法国

在法国，负责监督版权技术措施（TPMs）应用的监管机构是 HADOPI（Haute Autorité pour la Difusion des Oeuvres et la Protection des droits sur Internet），法国知识产权法下的任何相关方就 TPMs 干涉特定的版权例外情况或版权作品的互操作性问题，可以向 HADOPI

---

① Ulmer，（C - 117/13）〔2014〕（CJEU, Judgment of the Court（Fourth Chamber）of 11 September 2014）.

② Funke Medien v. Bundesrepublik Deutschland, Case C - 469/17〔2019〕, para. 70, and Spiegel Online v. Volker Beck, Case C - 516/17〔2019〕, para. 54.

投诉。HADOPI 的任务包括促进双方之间的调解，如果调解不成，它将作出驳回申诉的决定，或发布禁令，以确保版权相关例外的利益。HADOPI 还可以发布意见和提出建议，并拥有监管权。① HADO-PI 已经发布了关于国家图书馆为参考和保存而合法保存作品、设备的互操作性（在广播的情况下为私人复制例外）以及蓝光原盘的互操作性而删除 TPMs 的意见。

尽管如此，在法国的司法实践中，作品使用者权的概念并没有得到完全认同。法国华纳音乐公司案（Warner Music Illustrates）说明了权利与单纯的侵犯版权抗辩之间的区别所带来的不同后果。② 初审法庭应原告请求判令撤销数码音乐 CD 销售合同，理由是该光碟含有 TPMs，声明它可以在大多数 CD 播放机和计算机上读取，导致不能用于特定种类的笔记本电脑。法庭认为，这种与某些计算机的不兼容构成了《法国民法典》的潜在缺陷。法庭还命令华纳法国音乐公司从其发行的 CD 中删除 TPMs，因为 TPMs 禁止用户制作数字音乐的私人副本。法庭认为，这实际上取消了立法者对作者的排他性权利所规定的限制，即允许个人进行私人复制。这一判决事实上承认了私人复制例外的使用者权性质。然而，上诉法院推翻了上述判决，第一个理由是关于潜在缺陷存在的证据不足；第二个理由是私人复制例外不是一项权利，而是一种抗辩，因此，它不能成为提出索赔的基础。在穆赫兰道（Mullholland）案中，法院同样认为版权例外不是权利而是侵权抗辩。③ 鉴于随后法

① France CPI art L 331 – 336.

② Christophe R., UFC Que Choisir/Warner Music France, Fnac, Trib. gr. inst. 5e Paris, 10 January 2006, 〔2006〕 JurisData: 2006 – 292685; on appeal CA Paris, 20 June 2007, Fnac Paris/UFC Que Choisir et autres 〔2007〕 Juris Data 2007 – 337236 Confirmed by the Cour de cassation: Cass civ 1re, 27 November 2008, UFC Que Choisir/Fnac, Warner Music France 〔2008〕 JurisData 2008 – 046005. ［Warner Music］.

③ Studio Canal et al v. S Perquin and Union fédérale des consommateurs Que choisir, CA, Paris, 4 April 2007, Gaz Pal 18/07/2007 No 199, 23; confirmed by the Cour de Cassation: Cass civ 1re, 19 June 2008 〔2008〕 Bull civ I No 177 ［Mullholland Drive］.

国法律为版权例外受 TPMs 限制的作品使用者提供了救济途径，将侵犯版权的例外情况定性为无法构成索赔依据的抗辩的结论值得商榷。①

（二）比利时

比利时的版权受 1994 年 6 月 30 日《版权法》的管制，1998 年 8 月 31 日颁布的《实施〈数据库保护指令〉的法律》和 2005 年 5 月 22 日颁布的《实施〈信息社会版权指令〉的法律》对该法进行了修改。一些与版权相关的消费者权利还可以受到 1991 年 7 月 14 日的《消费者法》或 1999 年 7 月 1 日的《竞争法》的保护。

针对版权人过度使用数字版权管理系统（DRM），比利时《版权法》第 79 条第（2）款第（2）项规定：版权人有义务在合理的时间范围内采取充分的自愿措施，让使用者从某些版权例外情况中获益；第 79 条第（2）款第（4）项还规定，技术保护措施不能阻止合法用户按照其目的使用该作品；第 87 条第（2）款规定，在一审法院院长或商事法院院长席前提起的法律诉讼（针对限制版权例外的技术措施），可由利害关系人或其认可的社团进行。

此外，比利时《版权法》明确宣布专有权的例外是强制性的，不能通过合同来推翻。《实施〈数据库保护指令〉的法律》第 23 条第（2）款规定：第 21 条、第 22 条、第 22 条第（2）款以及第 23 条第（1）款和第（3）款的规定是必要的。换句话说，不允许减损，任何相反的条款都被视为无效。比利时立法机构选择宣布所有例外都是必要的，而不区分基本权利和市场失灵，由于这种选择，这些规定意味着对作品使用者"权利"的承认，虽然它们没有规定作品使用者的"接触权"。然而，2005 年 5 月 22 日颁布的《实施〈信息社会版权指令〉的法律》在第 23 条之二以及第

① Giuseppe Mazziotti, *EU Digital Copyright and the End – User*, Berlin：Springer – Verlag, 2008, p. 205.

47 条之二关于相邻权利的规定中增加了另一小段，使《比利时版权法》与该指令第 6 条第（4）款保持一致。由于《信息社会版权指令》第 6 条第（4）款将必须遵守技术措施的网络服务排除于版权例外的列表，因此，在比利时，在线获取的版权产品也可能受到合同法规定的使用限制。杜斯利耶对上述规范表示了困惑和不满。首先，她表示失望，因为这些例外规定的必要性只涉及合同，而没有涉及技术保护措施。她认为，技术保护措施的情况更应该如此。第二，她坚持认为，将按需获取的版权作品排除于第 23 条之二的范围，表明对于在物理载体（例如 CD 或 DVD）上商业化的数字版权作品，版权例外是强制性的，在相同的数码产品通过在线下载时则是可选的。这就造成了一个不合理的双层体系。① 在此背景下，比利时的例外情况呈现出一种强制性和选择性并存的混合性质，具体取决于作品的传播方式。比利时现有的判例也没有澄清这一问题。在关于数字网络环境中版权例外的最著名的案例 Test Achats v. EMI 案中，消费者协会要求允许使用者对装有妨碍复制的 TPMs 的音乐 CD 进行私人复制。法官宣布，私人复制的例外情况只是针对侵权的"法律豁免权"，而不是一项权利。② 这项裁决使得其他版权例外（例如以基本权利为基础的例外）的性质问题，以及通过合同和数字版权管理是否可以推翻版权例外的问题都没有定论。

（三）英国

2014 年英国顺应国际版权改革趋势，针对现行法律中有关版权例外制度的过于严苛的规定进行了立法修改，扩大了合理使用的适

---

① Severine Dusollier, "La ContractuaRsaion de L'udlisation des A'uvres et Fexpirience Be-ge des Exceptions Inpiratives", *Propriates Intellectuelles*, Vol. 25, No. 2, 2007, p. 451.

② L'ASBL Association Belge des Consommateurs TestAchats v. SE EMI Recorded Music Bel-gium, Tribunal de premiere instance ［Civ.］［Tribunal of First Instance］Bruxelles, Jugement du May 25, 2004, N. 2004/46/A du r6le des referes.

用范围，明确规定"任何意图阻止或限制实施合理使用行为的合同条款都不具有可执行力"①。此外，《英国版权、设计和专利法》提供了一种机制，允许使用者在未能与版权所有人就技术措施阻止符合版权例外情况的使用达成协议时提出投诉。国务卿在考虑各种因素后作出一项决定，其中包括指示版权人向投诉人提供使用有关版权作品的手段。② 这从一定意义上意味着赋予了社会公众合理使用版权作品的权利。然而，这一程序不包括某些版权作品，也不适用于"按约定的合同条款向公众提供的受版权保护的作品，以便公众可以在他们个人选择的地点和时间访问这些作品"③。从这个意义上说，即便认为英国已经事实上承认了作品使用者权，但其适用范围也有很大的限制。

第四节　其他国家和地区的立法与司法实践

一　美国

一般认为，美国的合理使用原则是处理版权例外情况最开放、最广泛的方法。由于合理使用抗辩没有关于使用的可能目的的法定限制，其在适用上是灵活的，适用范围是广泛的。因此，在美国，作品使用者权观念更容易被接受。美国合理使用（Fair Use）源于英国的公平删节判例，但它并没有遭遇 1911 年后英国合理使用（Fair Dealing）的命运，司法演变一直持续到 1976 年的法典制定。鉴于美国宪法明确规定版权的目的是"促进科学和实用艺术的进步"，在权衡各种因素以评估使用是否合理时，法院通常会考虑作者或版权人的权利和利益，但也会考虑使用者和一般公众的权利和利益，比如

---

① 胡开忠、赵加兵：《英国版权例外制度的最新修订及启示》，《知识产权》2014 年第 8 期。

② UKCDPA, s 296ZE (3).

③ UKCDPA, s 296ZE (2)、(9).

促进言论自由、后续创作和学习的权利等。① 因此，某种使用在多大程度上改变了受保护的作品、增添了新的意义或目的，已成为决定一种使用是否合法的关键因素。正如尼尔·内塔内尔所指出的那样："自 2005 年以来，'转换性使用'方法已开始主导美国的判例法，这种范式认为，合理使用是版权法促进创造性表达广泛传播的组成部分，而不是版权所有者排他性权利的不受欢迎的例外。"② 因此，合理使用与用户的言论自由权利紧密相连，通过充当"内置的言论自由安全阀"来确保版权作为"表达自由引擎"的功能。当美国法院和学者将"合理使用"上升为一项权利时，它通常会将宪法规定的言论自由权或新闻自由权纳入考虑范围。③

虽然合理使用具有潜在的广泛性，但美国法院并不总是或一贯地给予其广泛的解释。事实上，它的适用是出了名的不可预测，法院在考虑相关因素时，经常受到潜在的规范性承诺即版权是作者（所有人）的一项精神权利或经济权利的指导④；也容易受到基于结果的推理、意识形态偏见和主观臆断等典型司法弊病的影响⑤。多年来，坚持"以市场为中心"的合理使用方法导致法院将其视为"版权所有人专有权的一个反常的例外，只适用于不可补救的市场失灵的情况"⑥。在这种情况下，由于过分强调使用的商业目的或对原告作品市场的影响，合理使用的效果往往会因此受到损害。即使坚持

---

① Pamela Samuelson, "Possible Futures of Fair Use", *Washington Law Review*, Vol. 90, No. 2, 2015, p. 857.

② Neil Weinstock Netane, "Making Sense of Fair Use", *Lewis & Clark Law Review*, Vol. 15, No. 3, 2011, p. 736.

③ See, e. g., Malla Pollack, "A Listener's Free Speech, A Reader's Copyright", *Hofstra Law Review*, Vol. 35, No. 3, 2007, p. 1460.

④ See, e. g., Harper & Row Publishers, Inc. v. Nation Enters., 471 U. S. 539, 558〔1985〕; Worldwide Church of God v. Phila. Church of God, 227 F. 3d 1110, 1115（9th Cir. 2000）.

⑤ Bartow A., "Fair Use and the Fairer Sex: Gender, Feminism, and Copyright Law", *Journal of Gender*, Social Policy & Law, Vol. 14, No. 3, 2006, pp. 566-568.

⑥ Neil Weinstock Netanel, "Making Sense of Fair Use", *Lewis & Clark Law Review*, Vol. 15, No. 3, 2011, p. 734.

版权法的工具正当性，经济激励也很容易滑向经济回报，这样保护所有者的权利实际上就变成了目的本身。时至今日，合理使用在美国法院仍然受到其被归类为肯定性抗辩的限制，这样，合理使用的证明责任就落在了被告身上（而不是由原告来承担证明初步侵权和合理使用不成立的责任）。①

在奈德·斯诺看来，合理使用最初是从英国法院继承下来的，因此很容易被认为是一种权利问题，与英国法院一样，美国法院将合理使用原则视为对侵权问题的定义，合理使用原则决定版权人的权利范围，意味着在没有其他说明的情况下，使用者对受版权保护的表达拥有推定的使用权。② 乔治·提克诺·柯蒂斯在其 1847 年的权威著作中，将版权法的执行方式描述为"法理学中最伟大的任务之一"，这种方式不限制"任何（后续）作者对之前作者所记录的所有内容的合理使用的权利"。③ 根据斯诺的观点，随着美国法院将举证责任从原告（证明被告的使用不合理）转移到被告（证明使用的合理），合理使用作为一种权利的观念在 20 世纪逐渐淡化。因为这个错误，合理使用就从"一种言论权利变成了侵权的抗辩"。④ 举证责任的转移本身是一种更为根本的范式转变的结果，在这种转变中，合理使用从一种超出所有者权利范围的非侵权使用演变为一种仅在例外情况下才可原谅的侵权。⑤

---

① Lydia Pallas Loren, "Fair Use: An Affirmative Defense?", *Washington Law Review*, Vol. 90, No. 2, 2015, pp. 688 – 691.

② Ned Snow, "The Forgotten Right of Fair Use", *Case Western Reserve Law Review*, Vol. 62, No. 1, 2012, p. 144.

③ George Ticknow Curtis, *A Treatise on the Law of Copyright in Books, Dramatic and Musical Compositions, Letters and Other Manuscripts, Engravings and Sculpture, as Enacted and Administered in England and America; with Some Notices of the History of Literary Property*, London: CC Little and J. Brown, 1847, p. 237.

④ Ned Snow, "The Forgotten Right of Fair Use", *Case Western Reserve Law Review*, Vol. 62, No. 1, 2012, p. 155.

⑤ Oren Bracha, "The Ideology of Authorship Revisited: Authors, Markets, and Liberal Values in Early American Copyright", *The Yale Law Journal*, Vol. 118, No. 2, 2008, p. 229.

然而，在某些美国学者和法官看来，合理使用即使是肯定性辩护也可能是一个权利问题。美国联邦最高法院在 1984 年 Sony 案中曾指出：任何得到版权人许可使用作品或者合理使用作品之人，都不能被视为侵权人。[①] 暗含了合理使用属于作品使用者权的意思。在 *Bateman v. Mnemonics* 一案中，伯奇法官指出："虽然传统的做法是将'合理使用'视为一种肯定的辩护，但本人认为最好将其视为 1976 年《版权法》授予的一种权利。最初，作为一种没有任何法律依据的司法学说，合理使用是一种可以原谅的侵权行为，这大概就是它被视为一种抗辩的原因。然而，作为一项法定原则，合理使用并不构成侵权。因此，自 1976 年法案通过以来，合理使用不应再被认为是可以原谅的侵权行为，相反，将合理使用视为一种权利是合乎逻辑的。"[②] 后来，伯奇法官在 *Sun Trust Bank v. Houghton Mifflin Co.* 案中重申了这一观点，并补充说，美国最高法院要求合理使用必须从程序上作为积极辩护，但这并不减损它为第一修正案的目的而使用的宪法意义。[③] 第九巡回上诉法院对 Lenz v. Universal Music Corp 案的判决也体现了对作品使用者权的承认，该案中，法院处理了版权所有者是否应该在发出删除通知之前考虑合理使用的问题。Lenz 上传了一段 29 秒的家庭视频到 YouTube 上，视频中可以看到她的两个孩子跟着 Prince 的 *Let's Go Crazy* 在家中的厨房跳舞。代表 Prince 版权的 Universal Music Corp 在发给 YouTube 的通知中要求删除这段视频。收到删除请求后，YouTube 删除了这段视频，并通知了 Lenz。在发出两份反通知后，YouTube 最终恢复了这段视频。Lenz 提起诉讼，称 Universal Music Corp 应根据《数字千年版权法》第 512 条第（f）款的规定承担失实陈述的责任。本案所涉及的问题是，法律是否要求版权持有人在发出通知前，考虑可能侵犯版权的资料是否构成合

① Sony Corp. of America v. Universal City Studios, Inc., 464 U. S. 417, 433〔1984〕.

② 79 F. 3d 1532, 1542 n. 22 (11th Cir. 1996)

③ Sun Trust Bank v. Houghton Mifflin Co., 268 F. 3d 1257 n. 3 (11th Cir. 2001)

理使用。DMCA 要求通知必须包括一份声明，即申诉方"真诚地相信"材料的使用"没有得到版权所有者、其代理人或法律的授权"。第九巡回上诉法院同意伯奇法官对合理使用的描述，在判决书中写道："虽然合理使用被归类为'积极抗辩'，但它在版权法中处于独特的地位，因此与传统的积极抗辩不同。"[1] 法院据此否认了 Universal Music Corp 案认为合理使用是侵权行为的一种积极抗辩的论点，认为合理使用应该被视为一种权利，因为它是"法律授权的"。根据第九巡回上诉法院对 Lenz 案的裁决，可以认为，在未经版权所有人许可的情况下，合理使用作品是一项肯定性权利，是美国版权法的核心。

总体而言，除上述案例外，合理使用属于作品使用者权的观念在美国很少得到司法上的承认。[2] 然而，在美国作品使用者权的概念并不激进，因为 1976 年法案中的图书馆使用例外特别提到了"合理使用权"，第 108 条（专有权的限制：图书馆和档案馆的复制）规定："f. 本条中之任何规定……不得以任何方式影响第 107 条规定的合理使用权，或任何时候当该图书馆或档案馆将获得作品的复制品或录音制品用于收藏时所承担的合同义务。"[3] 这一规定明确将图书馆和档案馆的复制例外定性为合理使用权。此外，就"合理使用"使社会公众的第一修正案利益得以维护的机制而言，也可以认为，就像演讲者拥有第一修正案的言论自由权利一样，他们也应该拥有"合理使用"版权作品的权利，至少在批评性评论方面是如此。Pamela Samuelson 建议美国法院效仿加拿大最高法院的做法，将合理使用视为作品使用者权。[4] Niva Elkin‐Koren 则主张应当更加明确地接

---

[1] 815 F. 3d 1145, 1153 (9th Cir. 2016).

[2] David Vaver, "Copyright Defenses as User Rights", *Journal of the Copyright Society of the USA*, Vol. 60, No. 4, 2013, p. 667.

[3] 117 U. S. C. §108 (f) (4) 〔2012〕.

[4] Pamela Samuelson, "Possible Futures of Fair Use", *Washington Law Review*, Vol. 90, No. 2, 2015, p. 857.

纳作品使用者权本身，即超越合理使用是由使用者的个人言论自由权利所支撑的一般意义。①

二 以色列

2007 年以色列颁布新的《版权法》，取代了自 1948 年以色列国成立以来一直有效的 1911 年英国《版权法》。作为版权法重大改革的一部分，合理使用（Fair Use）条款取代了更为有限的英国公平交易（Fair Dealing）。原先的条款只允许用于法律明确列出的目的，与此相反，合理使用定义了一个开放式的标准，该标准赋予法院广泛的自由裁量权，以决定哪些未经授权使用版权作品的行为仍然可以被认为是允许的。

事实上，将合理使用原则纳入以色列版权法的进程始于 1993 年，当时以色列最高法院在 Geva v. Walt Disney Co 案中作出了具有开创性意义的裁决，法院在该案中处理了在讽刺作品中使用卡通人物唐老鸭的问题。② 根据英国条款，要符合合理使用的条件，允许的使用必须出于法律列举的目的之一，如批评、研究或学习。③ 该案中法院对"批评"的概念作了广泛的解释，包括讽刺以及任何"把一件作品置于一个新的背景下，给它带来意想不到的光芒，揭示隐藏的层次"的行为。④ 然而，并非每一个用于批评的目的都构成合理使用。第二个必须满足的条件是使用的合理性。由于缺乏评估本案合理性的标准，法院根据 1976 年《美国版权法》第 107 条采用了四因素分析法。因此，在英国公平交易条款的框架内适用了美国合理使用原则。继 Geva 案之后，这种公平交易/合理使用的混合原则随着法官制定法律而在下级法院发展，并最终在 2007 年《版权法》中

---

① Niva Elkin – Koren, "The New Frontiers of User Rights", *American University International Law Review*, Vol. 32, No. 1, 2016, p. 36.

② CA 2687/92 Geva v. Walt Disney Inc. 48 (1) PD 251 〔1993〕 (Isr.).

③ Copyright Act 1911, 1 & 2 Geo. 5 c. 46, § 2 (1) (i) (Eng.)

④ CA 2687/92 Geva v. Walt Disney Inc. 48 (1) PD 251 〔1993〕 (Isr.).

被编纂为合理使用。①

然而，以色列在线中介机构的版权执法在规模和数量上都很强大。版权所有人更愿意通过在线执法系统来维护自己的权利，而不是经历一场昂贵而耗时的侵犯版权诉讼。因此，版权执法就变成了算法执行：版权所有者利用相关软件在网上搜索侵权活动，并同时向所有被认定含有侵权材料的平台提交大量自动删除请求。这引起了人们对获取知识的关注。首先，虽然在侵犯版权诉讼中可以援引合理使用，但根据网络服务商实施的执法程序，合理使用的空间很小。其次，调查结果显示，网络服务商除删除了侵权材料外还删除了非侵权材料，包括明显符合合理使用条件的材料。第三，合理使用并没有被以任何方式纳入以色列的"通知—删除"实践。如果将合理使用仅狭义地解释为一种法律抗辩，那么它对获取知识的积极影响可能会在新的版权环境中下降。事实上，合理使用可以提供一个强有力的法律原则，使法院能够调整法律以适应新的技术变化。然而，在由在线中介机构监管，由许可证、使用条款和算法管理的新兴环境中，版权既不是问题，也不是解决方案。② 合理使用作为一种肯定性抗辩，仅仅为在其他情况下侵犯版权的使用行为提供了一个借口。作为一种法律抗辩的合理使用可能在很大程度上与网络执法无关，因此，合理使用的法律抗辩方法不足以平衡这些发展。总而言之，在实际的版权执法实践中，合理使用很少得到适用，若要在数字环境下继续发挥重要作用，一方面要从观念上将合理使用视为作品使用者权，另一方面必须将"合理使用"纳入新技术和程序设计的领域。

以色列2007年《版权法》的修改引发了人们对合理使用是否构成作品使用者权这一问题的关注。在几个涉及合理使用法律地位的

① Copyright Law, 5768 – 2007, SHNo. 2199, 34, § 19〔2007〕(Isr.).

② Niva Elkin – Koren, "The New Frontiers of User Rights", *American University International Law Review*, Vol. 32, No. 1, 2016, p. 35.

案件中，以色列最高法院处理了新《版权法》下的作品使用者权问题。2012 年 Football Ass'n Premier League Ltd. v. Anonymous 案①中，一个免费提供体育比赛流媒体报道的网站毫不避讳地说："嗨！我创建这个网站，作为我的个人目标，能够观看现场足球、篮球比赛等，而不需要支付一分钱！现在你也可以享受了。有了 Live-Footy，你可以免费观看所有有趣的体育赛事。"版权所有人声称侵权，并要求获得网站所有者的身份。地区法院法官援引加拿大CCH 案，认为新的法定合理使用条款确立了"作品使用者权"，代表了在作者权利和作品使用者权之间有利于使用者的新平衡；根据现有的版权语言，流媒体播放不构成侵权；并判定被告的行为构成合理使用。法官在援引《世界人权宣言》的知识财产权的同时，还援引了其中关于获取知识权利的规定，并且强调了通过体育运动产生的社区意识在民主社会中的作用。② 然而，最高法院作为上诉法院，认为流媒体构成对版权的侵犯，合理使用不成立。法院进一步明确了合理使用的法律辩护方法，将合理使用描述为在激励作者和丰富公共领域之间促进版权内部平衡，但明确否认了合理使用是一项权利的观点。法院解释说，作为肯定的辩护，合理使用仍然可以达到这一目的。尽管新法律明确将合理使用定义为"允许使用"，但它没有赋予合理使用与版权等同的"权利"法律地位。法院还提出，即使体育迷的使用是合理的，也不意味着网站所有者的活动是被允许的。③

　　不久之后，最高法院在 Telran Ltd. v. Charlton Communications 一案④中质疑了前述侵权抗辩方法。该案涉及销售解码卡的合法性，

---

　　① CC（TA）1636/08 Football Ass'n Premier League Ltd. v. Anonymous（Sept. 2, 2009）（Isr.）

　　② CC（TA）1636/08 Football Ass'n Premier League Ltd. v. Anonymous（Sept. 2, 2009）（Isr.）

　　③ CA 9183/09 Football Ass'n Premier League Ltd. v. Anonymous〔2012〕（Isr.）.

　　④ CA 5097/11 Telran Commc'n〔1986〕Ltd. v. Charlton Ltd., 45 Int'l Rev. Intell. Prop. & Competition L. 233（Isr. Sept. 2, 2013）.

这种解码卡使以色列用户能够解码世界杯比赛的编码广播。法院认为，仅仅发行解码卡片并不构成侵权，也不构成共同侵权，因为仅仅观看受版权保护的材料并不构成对版权的侵犯。法院指出，合理使用不仅仅是对侵犯版权行为的技术性辩护，而是一种允许的使用。因此，即使这些解码卡的使用者在未经授权的情况下复制作品，仍被认为是正当使用，也没有理由要求被告对促成侵权负责。根据 Zilbertal 法官的说法，行使作品使用者权的用户并没有犯下不可原谅的侵权罪行，而是以法律明确允许的方式行事，因此从一开始就不存在侵权行为。因此，由于最终用户实施了一种被准许的行为，中间商"促成"了一种被准许的行为，而且在任何情况下都没有侵犯版权所有人的任何权利，因此这些权利从一开始就没有被侵犯。

在随后的 Safecom v. Raviv 案[①]中，最高法院重申了这一观点。该案涉及对一项提交给美国专利商标局的专利申请中的电子设备图纸的复制。法院采纳并引用了 Telran 案所坚持的"作品使用者权"，注意到关于这个问题的司法争议，并评论说，扩大司法小组审议这个问题的时机已经成熟。

可见，随着以色列版权法从英国式"Fair Dealing"向美国式"Fair Use"的转变，以及受到加拿大最高法院相关判例的影响，作品使用者权在以色列司法实践中逐渐得到了认可，但由于缺乏立法的明确规定，仍然存在很大的不确定性。

三　印度

由于历史的原因，印度知识产权制度及其框架基本源于英国。20 世纪 40 年代，印度摆脱英国的殖民统治获得独立后，在相当长的一段时期内对知识产权制度所持的态度否定多于肯定。这一思潮也影响到了其后印度知识产权制度包括版权制度的制定。印度

---

① CA 7996/11 Safecom Ltd. v. Raviv（Isr. Nov. 18, 2013）.

现行《版权法》制定于 1957 年，迄今为止已经分别于 1983 年、1984 年、1992 年、1994 年、1999 年和 2012 年进行了六次修订。2012 年《版权法》的修订一方面是为了应对数字网络环境下版权保护面临的新问题，另一方面也是出于与前述网络条约等国际规则接轨的考虑。① 2012 年 5 月，印度议会两院批准的《2012 年版权法修正案》一方面扩大了版权权利范围，注重维护作者利益，以适应新的技术环境；另一方面也进一步扩大了合理使用的范围，强化了对版权的限制，尤其是其中的残疾人版权例外和图书馆使用版权例外制度。《2012 年版权法修正案》第 52 条第 1 款新增第（zb）项，引入残疾人合理使用例外，包括：印度残疾人个人使用、教育和研究合理使用例外，任何人得以无障碍格式版本对任何作品进行改编、复制、发行或向公众传播，以及直接与残疾人分享无障碍格式版本的作品，从而协助残疾人获取无障碍格式版本的作品供其个人使用、教育和研究；以及残疾人非营利性合理使用例外，即当作品的现有形态不能供残疾人使用时，特定类型的组织可为残疾人的利益，以无障碍格式版本对任何作品进行改编、复制、发行或向公众传播。② 与 2016 年生效的《马拉喀什条约》相比，印度《版权法》中残疾人版权合理使用的范围更大，约束更小，极大地保障了印度残疾人获取作品的权利，体现了平衡版权人利益与作品使用者利益的理念。第 2 条下新增第（fa）项，明确了非营利性图书馆拥有向公众出借计算机程序、录音录像制品或电影作品的权利。第 52 条合理使用中新增第（n）款，赋予非商业性公共图书馆数字化保存馆藏作品的版权例外，使非商业性公共图书馆可以合法地将馆藏非数字化版本的作品转换为数字化形式，并储存于任何媒介中。③ 整体而言，印度《版权法》体现了遵守最低国际义务和最大限度利用灵

① 王清：《镜鉴印度版权法：中国应当学习什么》，《电子知识产权》2013 年第 4 期。
② 李静怡：《无障碍阅读权利研究》，博士学位论文，山东大学，2019 年。
③ 魏钢泳：《印度残疾人版权例外制度述评》，《出版科学》2020 年第 1 期。

活性国际标准的特点。

2012 年发生的德里大学（Delhi University）影印案中，高等法院将合理使用描述为"授予某人使用他人作品而不给予任何补偿的权利"[①]。这个判决一方面受到了加拿大相关判例的影响，另一方面也与印度《版权法》追求利益平衡的理念不无关联。印度是一个发展中的人口大国，但其教材价格十分昂贵，家境普通的学生往往难以承受。德里大学经济学院的教授按照惯例将学生需要阅读的书籍、论文和材料整理成一份课程包，并交由拉姆斯瓦里（Rameshwari）影印服务店复制，然后将复制件以高于成本价但低于市场价的价格出售给学生。牛津大学出版社、剑桥大学出版社、泰勒和弗朗西斯等国际出版商及其印度同行作为原告向德里高等法院提起诉讼，指控拉姆斯瓦里影印服务店（第一被告）和德里大学（第二被告）未经许可复制发行了自己的版权作品，构成侵权，要求授予永久禁令。第一被告否认了侵犯版权的指控，表示其行为属于《1957 年版权法》第 52（1）条第（a）、（h）款规定的合理使用例外范围。其还表示，教学大纲是由大学决定的，包括建议阅读不同书籍的某些章节，由于这些书籍的价格非常高昂，学生无法支付。尽管大学图书馆有固定数量的上述书籍可供参考，但这些书籍不能满足所有学生的需要，因此德里大学经济学院准备了这些书籍的副本，然后用于复印。此外，他们也没有在商业上利用权利人的版权作品。第二被告请求依据第 52 条第（1）款第（a）、（h）项[②]准许学生及教师在研究及课堂上使用

---

① The Chancellor, Masters & Scholars of University of Oxford & ORS v. Rameshwari Photo-copy Services & ORS, RFA（OS）81/2016.

② 本案涉及的争议条款为印度版权教育例外条款，具体为第 52 条第（1）款；（a）出于私人或个人使用，包括研究、批评或评论某一作品或者其他任何作品、报道时事，包括报道公开演讲等目的而合理使用非计算机程序的任何作品。（h）在主要由无版权材料所组成的、真正意图在于教学使用、在题名中和出版商或代表出版商发布的任何广告中描述了用于教学用途的汇编之中，将本身并非为教育用途而出版的享有版权的文字或戏剧作品的短小段落出版，只要同一出版商在 5 年内所出版的同一作者作品的该等段落不超过两段。（i）教师或学生在教学过程中或者作为考试问题的组成部分或者在这些问题的答案中复制任何作品。

副本。被告德里大学亦表示，由于书籍价格过高，影印书籍就变得十分重要。原告争辩称，如果被告德里大学从版权组织获得课程包的许可，那么学生不必支付比他们已经支付给第一被告更多的费用。原告还声称，上述课程包只包含原告出版物的材料，没有其他内容，被控不当行为背后的利润动机是无可争辩的，因为第一被告正在与原告进行商业竞争，每页收取40—50派斯，高于现有的每页20—25派斯的市场价格。原告还狭义地解释了第52条第（1）款第（i）项，声称复制不是由教师或学生在教学过程中进行的。原告还认为，2012年《版权法修正案》之前的第52条第（1）款第（g）项，相当于修改后的第52条第（1）款条（h）项，将"教育机构的使用"替换为"教学使用"，缩小了使用的主体，如果第52条第（1）款第（i）项的解释方式允许教师为教学目的复印，则第52条第（1）款第（h）项的规定将形同虚设，而且被告的行为违反了第52条第（1）款第（i）项，本案应单独适用第52条第（1）款第（h）项。

严格来讲，被告的行为并不符合第52条第（1）款中的任何一项要求，教师和复印店的复制出售行为并非个人使用，本案中被告复制了原告版权作品的实质性部分且数量庞大，不符合第52条第（1）款第（h）项的要求，第52条第（1）款第（i）项亦限定于教师或学生在教学过程中的使用，第一被告不符合主体条件。但是在审理过程中，两级法院基于作品使用者权的观念对"教师或学生""教学过程"等均作了扩大化解释，认为法条中的单数"教师"和"学生"同时意味着复数"教师们"和"学生们"，"教师或学生"也应延伸至"教育机构"，教师、学生、教育机构从事本项所调整的行为时，是自己本身所为还是借助第三方（本案的影印店）的帮助而为在所不问；"教学过程"意味着一个学期的教学活动或计划的整个过程，而不仅仅是课堂内的教学过程。根据《版权法》允许影印受版权保护的材料，如果一本书的影印需要保证课程所需，那么该书的影印量不可能有任何上限。据此，法院认为被控行为受到1957年《版权法》第52条第（1）款第（i）项例外的保护，没有可被起诉的侵权行为。

在一篇《为什么学生需要复制权》的文章中，Shamnad Basheer 解释了印度教育使用例外诉讼中所涉及的权利："这些例外反映出议会明确打算将教育的核心方面排除在侵犯版权的领域。在出版商的要求下去除这些例外情况，将触及我们对全民受教育基本权利的宪法保障。事实上，版权学者已经开始把这些例外情况标注为有利于受益人（如学生）的"权利"。加拿大最高法院也在 CCH 案中赞同这种意见，认为合理使用例外和版权法中的其他例外一样，是作品使用者权，不能对其作限制性的解释。"[1] Anupriya Dhonchak 亦认为："拉姆斯瓦里影印案设定的基准承诺有利于公共政策，是一个里程碑式的过渡，可以阻止后来的公司和版权所有人通过标准格式合同凌驾于作品使用者权之上来剥削大众。"[2]

版权限制和例外能否通过合同加以放弃是判断版权限制和例外是否属于作品使用者权的一个重要考虑因素。在 Tekla Corporation & Anr v. Survo Ghosh & Anr 一案中，德里高等法院认为，版权人不能以合同方式限制《版权法》第 52 条或任何其他条款允许的版权作品的合理使用，这样的合同将违反公共政策，因此不可执行。[3] 此外，所得税上诉法庭（孟买）在 Capgemen Business Services（I）v. Assessee 一案中裁定，如果许可协议包含限制合理使用版权法规定的其他软件的条件，则不可执行。因为合理使用是印度公共政策的一部分，通过合同放弃作品使用者权是违反公共政策的。[4] 尽管上述法院均以公共政策作为裁判依据，但事实上暗含了对作品使用者权的承认。

---

① Shamnad Basheer, "Why Students Need the Right to Copy", HiNDU, Available at: http://www.thehindu.com/opinion/op－ed/why－students－need－theright－to－copy/article4654452.ece.

② Dhonchak A, "Can User Rights under Section 52 of the Indian Copyright Act Be Contractually Waived?", *Nalsar Student Law Review*, Vol. 13, No. 1, 2019, pp. 117－128.

③ Tekla Corporation & Anr v. Survo Ghosh & Anr. AIR 2014 Del 184.

④ Capgemeni Business Services（I）v. Assessee［2016］2016（3）TMI 280.

在个案基础上确定合理使用会导致不确定性，并限制使用者出于规避风险的合理使用，从而建立一种许可文化，导致作品使用者权范围缩小，因为越来越多的人会放弃这些权利，或者为他们的权利付费。未经许可或付款的使用将逐渐变得不再常规，直到由于合理使用原则本身的蠕变而根本不被视为"合理使用"。当通过版权标准格式合同放弃这些权利时，单方条款适用于任何想要获取作品的人，其类似于"私人立法"，使用者只有在同意限制合理使用的情况下才能接触材料。因此，有学者提出，在立法上明确版权限制和例外的作品使用者权地位，以及基于公共政策的版权限制和例外不能被合同放弃，可能是印度版权法今后的发展方向。①

四　南非

南非现行《版权法》颁布于 1978 年，系依据英国《版权法》和《伯尔尼公约》1971 年修订版制定而成，最新版本为 2002 年《版权法修正案》。现行《版权法》不仅与南非的本土经济发展水平不相称，难以适应数字时代的发展，而且与宪法中的受教育权、残疾人信息获取权存在冲突。②

2015 年，南非贸易工业部在《政府公报》上公布了《版权法修正案》草案并向公众征求意见，草案确立了版权合理使用的一般条款。琳达·丹尼尔斯认为，修订版的核心目的是扩大南非的此类作品使用者权，包括扩大在教育、图书馆和为残疾人提供版权作品方面的权利。③ 肖恩·弗林认为，南非的法律在许多方面未能提供其他国家存在的典型作品使用者权，他称赞草案为支持扩大和行使"作品使用者

---

① Dhonchak A，"Can User Rights under Section 52 of the Indian Copyright Act Be Contractually Waived?"，*Nalsar Student Law Review*，Vol. 13，No. 1，2019，pp. 117 – 128.

② 王英：《南非图书馆版权例外制度分析及启示》，《图书馆建设》：1 – 12 [2020 – 11 – 19]，http：//kns. cnki. net/kcms/detail/23. 1331. G2. 20200924. 1327. 011. html.

③ Linda Daniels，"Panels Present Importance of Fair Use in South Africa's Draft Copyright Amendment"，online：https：//www. ip – watch. org/2017/01/13/panels – present – importance – fair – use – southafricas – draft – copyright – amendment/.

权"提供了关键机会。① 除了特殊用途的新例外，草案还包括一个开放式（尽管有限制）的合理使用例外，这在很大程度上借鉴了美国《版权法》第 107 条的措辞。目前，南非仍然是一个公平交易（Fair Dealing）的司法管辖区，但其国内学者似乎越来越倾向于支持这样的观点，即合理使用是一种权利，而不仅仅是一种版权侵权抗辩。②

2018 年，南非议会贸易与工业委员会公布了南非《版权法修正案》草案中的若干合理使用条款并向公众征求意见。2019 年 3 月 28 日，南非议会上议院全国省务会通过《版权法修正案》，为总统签署该法案扫清了障碍。与此同时，南非政府收到了来自欧盟委员会的警告，声称南非《版权法修正案》提案在法律上具有很大的不确定性，会对南非的整个创意行业以及外国投资（包括欧洲投资）产生负面影响。2019 年 4 月，代表美国五大贸易协会（电影、音乐、软件、娱乐和出版行业）的伞状组织国际知识产权联盟（IIPA）向美国贸易代表办公室（USTR）投诉，称南非的《版权修正案》不能为美国版权提供充分有效的保护。在此背景下，2020 年 6 月，南非总统西里尔·拉马福萨（Cyril Ramaphosa）将《版权法修正案》退回议会并让议会作进一步考量，部分原因是该法案中关于版权限制与例外的重大修改与《伯尔尼公约》以及《Trips 协定》中的"三步测试"不一致。尽管得到了学术界及其他领域的广泛支持，但南非版权合理使用制度和作品使用者权的前景并不明朗。

本章小结

从比较法的角度看，迄今为止，版权国际公约和各国版权法中均没有明确规定作品使用者权，但是版权国际公约在不断强化版权

---

① Sean Flynn, "Copyright Legal and Practical Reform for the South African Film Industry", *The African Journal of Information and Communication*, Vol. 16, No. 2, 2015, p. 41.

② Van der Walt A. J. and Du Bois M. , "The Importance of the Commons in the Context of Intellectual Property", *Stellenbosch Law Review*, Vol. 24, No. 1, 2013, p. 47.

保护的同时，其相关条款也体现了对版权人和作品使用者利益平衡的高度重视，以此最大限度地维护社会公共利益。版权国际公约在版权的限制与例外制度方面保持了极大的灵活性，为各国版权法承认作品使用者权留下了足够的空间。《马拉喀什条约》将视障者的版权使用例外规定为强制性例外，对版权人施加义务，要求各成员国立法为保障使用者合法使用版权作品提供救济措施，表明在该特定领域对作品使用者权的承认与支持，为版权使用者权在更广泛的领域落实提供了借鉴。受制于以作者为中心的传统版权法观念，各国版权法的变革亦均未明确承认作品使用者权的概念，但在进一步强化版权保护的同时，出于平衡版权利益的考虑，少数国家和地区的版权立法中赋予了部分版权限制和例外的强制性地位，并规定了社会公众在这些版权限制和例外无法实现时获得救济的途径，间接承认了版权限制和例外的权利性质。司法实践表现得更为激进，以加拿大为代表的一些国家和地区的司法机关在判决中明确宣告版权的限制和例外属于作品使用者权，是版权制度不可分割的组成部分，具有范式转变的重大意义。然而，作为一种全新的观念，作品使用者权并未得到充分的承认，各国版权立法也未进行有效的制度安排，相关版权法律规则甚至与作品使用者权的观念相悖。从这个意义上说，作品使用者权从观念认可到制度保障，其前途未卜。

第五章　作品使用者权的制度因应

　　作品使用者权的确立具有正当性、必要性和现实可行性，对作品使用者的关注和重视也映射了版权生态系统的实际运行状态。要调适传统"以作者和传播者为中心"的版权范式，恢复版权制度的应然平衡，在观念上承认版权的限制和例外属于作品使用者权的同时，还要调整版权相关制度，对作品使用者权所蕴含的使用者在版权法上的利益加以保障。本章将基于各国版权立法已经进行的尝试，结合学者的学术观点，就版权理念的调适、作品使用者权的框架厘定和制度因应提出初步的建议。

第一节　版权理念调适与作品使用者权的框架厘定

一　版权理念调适

　　作品使用者权不是一个孤立和逻辑自洽的概念，对版权限制和例外的性质的不同态度源于其背后不同的知识产权观和版权观。关于知识产权的正当性有很多不同的学说，总体而言，可以归纳为两种谱系：自然权利理论和功利主义理论。自然权利理论又包括劳动理论和人格权理论，其中劳动理论具有更为广泛的影响。

　　知识产权劳动理论源于洛克的财产权劳动理论，其主要内容为：

"上帝将整个世界赐予人类，每个人对自己的身体继而对自己的劳动享有所有权，当其将劳动添加于自然物之上时，便获得了对该物的所有权。"① 洛克的劳动学说最初用于论证有形财产所有权的正当性，后来被一些学者扩展适用于知识产权，认为"脑力劳动亦属于劳动"。劳动自然权理论影响下的知识产权法倾向于保护创造者的劳动果实而忽略知识产权对社会经济文化的影响，认为任何可能妨碍知识产权权利人实现经济利益的行为都应被禁止。② 正因如此，有学者指出，劳动价值理论是知识产权扩张的罪魁祸首③，在现实生活中已经沦为国际大资本掠夺世界财富的帮凶④。

功利主义理论源于边沁和休谟，认为设立私有产权的目的在于增进社会福利。⑤ 功利主义理论之下，建立知识产权制度的终极目的在于通过授予创作者独占权激励创作动机，扩大知识成果供给，保证社会公众获得足够的知识产品。⑥ 具体到版权领域，在于通过授予专有版权激励版权作品的创作与传播，从而繁荣社会文化。功利主义默认的规则是不保护而不是保护，或者说，保护是例外，例外是规则，只有在法律有明确规定的情况下，才能获得知识产权。⑦ 从这个意义上说，劳动自然权理论与功利主义财产权理论是两种截然对立的知识产权权利观。也有学者认为，劳动自然权理论是知识产权

---

① ［英］洛克：《政府论》下篇，叶启芳、翟菊农译，商务印书馆 1964 年版，第 18 页。

② ［澳］彼得·德霍斯：《知识财产法哲学》，周林译，商务印书馆 2008 年版，第 230 页。

③ 袁荷刚：《知识产权法定主义和劳动价值理论在司法实务中的交汇与运用》，《郑州大学学报》（哲学社会科学版）2013 年第 2 期。

④ 王烈琦：《知识产权激励论再探讨——从实然命题到应然命题的理论重构》，《知识产权》2016 年第 2 期。

⑤ ［英］吉米·边沁：《立法理论》，李贵方等译，中国人民公安大学出版社 2004 年版，第 138—140 页。

⑥ William F. Patry, *Copyright Law and Practice*, London：Greenwood Press, 1994, p. 136.

⑦ 冯晓青：《知识产权法中专有权与公共领域的平衡机制研究》，《政法论丛》2019 年第 3 期。

的取得依据，功利主义是知识产权的规范依据。劳动自然权理论对于在社会上尤其是在盗版泛滥的数字网络时代树立对知识产权的普遍尊重有着重要意义，也能够更好地解释版权精神权利的存在。① 然而，原本用于论证有体物正当性的劳动理论对知识产权正当性的解释乏力。事实上，即便是洛克本人，也不支持将劳动理论直接移植到知识产权当中。作为版权客体的知识信息不同于一般的有体物，具有非竞争性，可以同时为多人占有和使用，具有明显的公共产品的特征，其保护与否及保护的强弱直接关乎言论自由、接受教育、参与文化等基本人权，也关乎文化的传播与繁荣。劳动自然权理论下的版权以作者为绝对的中心，将版权视为作者无可争议的权利，版权作品及其可能的利益均应归版权人控制，具有极强的排他性和天然的扩张性，使版权领域其他主体的利益遭到漠视，极易偏离版权制度的正常轨道。功利主义理论则更加符合版权制度的历史演进和现实境况，从《安娜女王法》的表述，到美国的版权宪法条款，无不显示出版权制度通过保护版权激励作品创作和传播，从而繁荣社会文化的政策目的。版权的一系列限制和例外制度，更是与劳动自然权理论相去甚远而与功利主义理论更加亲近。

尽管几百年前的判例就粉碎了版权利益集团以劳动自然权理论为基础的"永久版权"企图，表明了版权功利主义的立场；然而，在版权制度的历史演进过程中，劳动自然权理论因其自身强烈的道德感召力，也在不时抬头，尤其是自 20 世纪末至今，版权不断加速扩张，劳动自然权理论是其背后的重要支撑之一（《Trips 协定》明确将知识产权界定为私权，在一定程度上即是如此），也因此造成了公众作品使用自由的不断缩减，社会公有领域日渐式微。作品使用者权观念的重要内容在于，版权和作品使用者权均是版权制度不可或缺的组成部分，二者处于同等重要的地位。版权的保护以法律的明确规定和授权为前提，而不是自然权利，其权利范围不能超越法

---

① 向波：《知识产权正当性理论之批判分析》，《理论界》2011 年第 1 期。

律的授予，版权人并不能够控制对版权作品的全部利益而仅仅为公众留下一点点的例外空间。简言之，作品使用者权观念强调版权的法定性和有限性。因此，重申作品使用者权的一个首要前提是拒绝版权自然权劳动理论而回归版权功利主义，将版权视为公共政策选择的产物而非日常意义上的财产，承认版权作品创作过程的社会性，打破自然法观念中劳动和产权之间的自然联系，去除知识产权制度之上的道德外衣，将获取和利用他人版权作品的行为与盗窃行为区分开来，充分认识版权作品的使用对于实现版权制度政策目的的价值。①

在具体的立法和法律适用过程中，严格奉行版权法定主义，即版权的种类、内容、获得权利的要件、保护期限等关键内容应由法律统一规定，除立法者在法律中特别授权外，任何人不得在法律之外创设版权。关于这个问题，在学术界以及版权法的修订过程中争论颇多，部分学者认为，应当放缓版权法定主义，面对迅猛发展的技术，应当通过制定灵活的版权客体和内容兜底条款来适应不断出现的新情况，避免新型客体得不到有效保护。② 另外有学者认为，版权制度是公共政策选择的产物，并非所有的智力成果均需得到版权法保护，只有当某些智力成果足够普遍，其保护意义足够充分时才需要将其纳入版权法的客体范围，因此，无须灵活的兜底条款而只需要立法的修正就足以解决相关问题。③ 上述分歧充分体现了劳动自然权理论和功利主义理论的重要区别，从作品使用者权的观念出发，应当严守版权法定主义，警惕灵活的兜底条款以及实践中的法官造法。尽管严格的版权法定主义也存在过分依赖立法者理性认识能力、忽视司法过程的能动性和创造性、难以很好地适应社会发展的缺陷；然而，反不正当竞争法可以对竞争性利用他人作品或作品要素的行

---

① 崔国斌：《知识产权法官造法批判》，《中国法学》2006 年第 1 期。

② 易继明：《知识产权法定主义及其缓和——兼对〈民法总则〉第 123 条文的分析》，《知识产权》2017 年第 5 期。

③ 郑胜利：《论知识产权法定主义》，《中国发展》2006 年第 3 期。

为进行有效规则，而不必擅自扩大版权的范围和内容。①

二　作品使用者权的主体、客体及内容

尽管作品使用者权不同于一般的民事权利，其更多的是一种对抗版权扩张的制度工具，然而，明确作品使用者权的主体、客体及范围亦具有现实的必要。

（一）主体与客体

作品使用者权的主体即作品使用者，是指可以获取、享受作品使用者权的人。如前文所述，作品使用者既可以是作为消费者的使用者，也可以是作为后续创作者的使用者，还可以是为终端使用者提供作品信息的信息提供者；既可以是作为自然人的使用者，也可以是作为机构的使用者；既可以是出于非商业目的的使用者，在一定情况下也可以是具有商业目的的使用者。

作品使用者权属于版权法的组成部分，这一概念的提出在很大程度上是为了对抗版权范围的日益扩张，因此，作品使用者权与版权的客体共同指向版权作品，只是它们规范的行为有所不同：版权规范作品的复制、发行、传播和演绎，使用者权规范作品的消费、再创作和提供行为。实践中，由于一些版权人通过技术措施和格式合同将公有领域的作品和其他材料纳入其"权利"范围，或者对社会公众提出虚假的版权主张，这些行为也对社会公众的信息自由造成了侵害，需要给予法律规制和救济，但由于这些作品和信息不享有版权，因此，不属于严格意义上的作品使用者权的权利客体。但是从社会公众自由获取信息、促进文化传播的角度来说，也可以通过一定的制度安排赋予社会公众对这些不享有版权的作品信息的使用者权，从而对抗版权人的不当"权利"主张。

---

① 李扬：《知识产权法定主义的缺陷及其克服——以侵权构成的限定性和非限定性为中心》，《环球法律评论》2009 年第 2 期。

（二）作品使用者权的内容

与主体和客体相比，作品使用者权的内容可能是一个更加复杂的问题，因为作品使用者并不像作者那样创作了一个具体的作品，版权法因此难以像规定版权的具体内容那样规定作品使用者权的具体内容。

作品使用者权与版权法的性质、版权限制制度紧密相连，但不只是将合理使用上升到权利的高度，其中还包含社会公众合理获取文化知识的普遍利益需求。① 从这个意义上说，所有的版权限制和例外均属于作品使用者权的范围。有学者将作品使用者权的范围界定为合理使用权和自由使用权：所谓合理使用权即部分使用行为涉及对版权作品的复制、演绎或传播，甚至可能影响版权作品的市场利益，这些使用行为从形式上看处于版权的控制范围之内，但立法基于特定的利益考量将其规定为不构成侵权的合理使用行为，属于作品使用者权的范围之一。所谓自由使用权则是指某些行为原本就不属于版权的控制范围，如对作品的接触、浏览等，自由使用行为不会实质性影响或替代版权作品的市场利益，因此版权人无权加以限制，而属于作品使用者的权利内容；一旦版权人通过技术或合同限制了使用者的自由使用权，使用者有权加以排除，获得救济。② 这一类型划分对于作品使用者权范围的界定较为周延，也在很大程度上反映了用户的基本利益需求。然而，由于版权的限制和例外较为抽象，不尽明确，为了更好地理解作品使用者权，以及考虑到在作品使用者权观念下推动版权限制和例外制度变革的需求，还应进一步探索哪些用途是促进版权目标所需的，哪些行为应该在没有许可的情况下被允许，而不是局限于现有的限制和例外提炼出总体原则。

---

① 马利：《版权技术措施的反思与完善——以"使用者权"为研究视角》，《郑州大学学报》（哲学社会科学版）2012 年第 2 期。

② 刘银良：《著作权法中的公众使用权》，《中国社会科学》2020 年第 10 期。

这些允许的用途或权利通常涉及为学习目的使用创造性作品以及创造和发展的自由,还可能与一系列广泛的权利如消费自主权、信息自由和言论自由等相关联。下面对其中三个尤为重要的方面进行阐述。

1. 创作

长期以来,版权政策一直强调创造性(转换性)利用现有作品来实现版权目标的重要性。即如果版权的目的是促进作品的创作,就应该鼓励使用已有的材料来创作新的作品。版权法对作为作者的使用者的创造性使用造成了障碍,特别是对于通常由业余人士产生的"用户创作内容"(UGC)来说,其处于版权法推动的商业模式的边缘。① 在每次使用受版权保护的材料之前获得许可将使得个人使用者利用现有作品变得昂贵。使用者通常缺乏法律专业知识和必要的资金来确定哪些许可是必要的、识别不同的版权所有者、协商作品的许可并支付许可费。许可所涉及的高成本通常大于预期的收益,尤其是在业余创作者没有商业开发计划的情况下。

避免侵犯版权是业余创作者面临的主要挑战。事实上,合理使用允许一些未经许可的转换性使用。转换性使用被认为是合理使用的基石,在诸多领域都得到了法院和立法者的认可。然而,合理使用条款具有相当的模糊性和不确定性,造成了很高的责任风险,可能妨碍一些合法的使用。为了鼓励用户创作,应保障用户能有效使用受版权保护的材料创作新的创造性内容,将作品用于新的用途,或使版权内容适应当前的需要。这些权利可能包括为个人使用而改编数字内容,以及为自我表达和非商业目的而重混数字内容。

作品使用者权要求通过增加特定的权利来提高确定性,加拿大版权法引入的非商业用户生成内容例外就是一个例子。② 这一新的

---

① Zimmerman D. L., "Living without Copyright in a Digital World", *Albany Law Review*, Vol. 70, No. 4, 2007, p. 1376.

② Canada Copyright Act, R. S. C. 1985, c. C – 42 CCA, s. 29. 21.

例外明确允许个人用户在未经版权所有人授权的情况下，基于非商业目的使用受版权保护的材料创作新作品。此外，不言自明的是，创作者应当有权排除版权人或其他主体对作品使用的不当限制和干涉。

2. 学习

学习在促进版权目标实现方面的作用突出了教育用途的重要性，包括自我学习、探索、吸收、修改以及与创造性作品互动、将版权材料用于教育和培训等。教育用途要求获得学习材料的费用保持在可承受的范围之内，并且许可费不妨碍学习。版权法为教育使用设置了几个障碍，最明显的一点是出版商被授予了决定价格的垄断权力。此外，为每一特定用途取得许可的困难构成了有效使用的严重障碍，在某些情况下甚至可能完全消除使用。在确定相关的权利人和协商许可方面所需要付出的努力可能令人望而却步。高交易成本可能导致教师或教育机构不向学生提供用于学习的材料，即使这种使用可能促进版权目标的实现。

促进教育的使用需要考虑一些独特的学习特性，这些特性通常涉及那些不以利润为动机的参与者。第一，学习常常需要教师和指导人员的帮助，以方便材料的使用，因此，鼓励学习不仅应针对学生或最终用户，也应针对他们的教师。第二，许多学习活动是通过教育和文化机构进行的，如学校、图书馆，这些机构通常是非营利性的。因此，作品使用者权可以延伸到这些促进学习的文化机构。第三，促进学习的公共利益与个别教师和机构的利益之间往往存在差距，教师和机构提供最佳教育资源的动机可能不是最优的。

使用的另一个障碍是高度的不可预测性，可能会对教育者向学生提供用于教学目的的材料产生强烈的寒蝉效应。通常，不愿承担风险的教育机构可能会事先获得许可，即使这种许可没有根据，因为担心会被法院判定为不合理。不能指望教师对他们的阅读材料中的每个特定项目的合理使用进行复杂的分析，留给教育者的唯一选择是获得一个原本属于合理使用（因此应当是免费的）的使用许可，或者在整个教育过程中不向学生提供任何材料。这就形成了一个恶性循环：越多的使用者为可能是合理的使用寻求许可，其他人就越认为这种使用是不合理的，进而，更多的人寻求许可，而这种许可实际上是不必要的。这一局面导致了一种许可文化，在这种文化中，每次使用都假定需要获得许可。①

因此，基于作品使用者权观念，应优先考虑提高可预测性和降低获得学习所需作品的成本，促进教育使用的确定性，从而鼓励教师和学校促进教育使用。教育用途也可能需要一些空间，以便教师出于教育目的自主地使用受版权保护的材料，及时对问题作出反应。学习通常不只是获得有版权的材料，它还可能涉及与版权作品的互动。因此，教育用途还应包括在向学生提供材料之前，探索、修改、转换和编辑材料的自由。最后，学习和教学也可能需要一些知识隐私的保证。为了保护对学习至关重要的教育体验的亲密性和私密性，学习和教学不受持续监控是必要的。知识产权保护对于维护学术自由也很重要，为了收取版税而普遍监控版权材料的使用可能会损害这种自由。

3. 参与文化

文化具有公共性和共享性，西方学者将文化定义为"被一个集团所普遍享有的，通过学习得来的观念、价值观和行为"②。参与社会文化是公民重要的宪法权利，包括对知识的获取，利用获取的知识进行创造，以及与他人分享、交流自己获取的知识，等等。

知识隐私源于作品使用者作为文化创造的积极参与者角色。③ 数字发行通常包括内置的监视，当音乐或应用程序下载到智能手机上，

---

① James Gibson, "Risk Aversion and Rights Accretion in Intellectual Property Law", *The Yale Law Journal*, Vol. 116, No. 5, 2007, pp. 895 – 898.

② ［美］C. 恩伯、M. 恩伯：《文化的变异——现代文化人类学通论》，杜杉杉译，辽宁人民出版社1988年版，第49页。

③ Richards N. M., "Intellectual Privacy", *Texas Law Review*, Vol. 87, No. 2, 2008, pp. 387 – 445.

或电子书下载到电子阅读器上时，权利人可以收集并保留作品使用者的阅读习惯、智力偏好等信息。这可能会把曾经是私密的阅读体验变成公共知识。① 要让用户自由参与文化讨论，需要在没有监视的情况下访问作品。这不仅是一个简单的隐私问题，也可能影响到使用者积极参与创作过程的能力和独立思考的能力。为了发展创造力，版权法应该鼓励人们在第三方不知情的情况下自由探索文化或其他类型的资源。

另一个问题是永久获得作品的私人副本。作为消费者，作品使用者可以在他们的设备上使用购买的副本，并为自己的个人使用制作副本。然而，越来越多的版权作品被作为一种服务通过订阅、流媒体提供，数字副本不再归使用者所有。此外，即便使用者被认为是某一特定副本的所有者，也不能保证其永久使用权。消费者保护无法确保创意作品的永久使用权，原因是消费者保护法通常只关注消费者的期望。② 因此，如果在原始许可中没有对永久获取版权作品副本的权利作出保证，消费者保护法可能无法采取有效的救济措施。

从作品使用者权的角度看，确保持续获得知识资源的权利对于使用者参与文化过程至关重要。因为文化作品往往包含了使用者的身份和参与，获得阅读过的书籍和其他作品的使用者权利是保护个人自主权的必要条件。这样的作品往往成为一个人身份的一部分，并成为定义一个人的品位和偏好的依据。随着云计算的发展，使用者失去了对储存在远程设施中的数据和应用程序的控制，并且受制于在线提供商的合同条款。云计算和流媒体服务的发展让使用者处于不利地位，其完全依赖于作品提供者，对作品的接触也可能随时

---

① Niva Elkin – Koren，"Copyright in a Digital Ecosystem：A User – Rights Approach"，in Ruth L. Okediji，*Copyright Law in An Age of Limitations and Exceptions*，New York：Cambridge University Press，2017，p. 154.

② Niva Elkin – Koren，"Making Room for Consumers Under the DMCA"，*Berkeley Technology Law Journal*，Vol. 22，No. 3，2007，pp. 1119 – 1156.

被终止。[1] 在这种情况下，承认永久使用权变得越来越重要，这并不一定意味着使用者应该拥有作品副本，然而，必须为其提供一些永久访问原始作品的最低限度的保证。此外，使用者还需要可以自由地将创造性作品与其他作品结合使用。

三 作品使用者权的条件及限制

如前文所述，对于作品使用者权这一个概念，很多学者表示出了疑惑。我国著作学者王迁教授就曾撰文指出：如果将合理使用视为作品使用者权，意味着使用者可以请求权利人提供作品供其"合理使用"，权利人则负有满足其请求的义务。假设某人就其作品进行了公开演讲，有记者希望复制作品片段用于新闻报道，但因未记录演讲内容而向作者索要，此时作者是否有义务提供演讲稿，以帮助记者实现"合理使用权"呢？[2] 在王迁教授看来，答案是否定的，因此合理使用不属于作品使用者的权利，而仅仅是侵犯版权的抗辩事由。王迁教授所举的例子中，其前提并无问题，无论是从法律上讲还是从生活常识来看，该记者均无权要求演讲者提供演讲稿供其合理使用，否则就可能出现一旦作品创作完成或发表，作者将向不计其数的使用者承担提供作品供其合理使用的义务这一荒谬情况。但由此得出合理使用不属于使用者权的结论则值得商榷。这里事实上涉及使用人对他人作品享有作品使用者权的前提条件的问题。享有作品使用者权应以使用者合法获取作品为前提，既包括通过合法交易的方式获得版权作品副本，也包括通过其他方式如版权人的版权服务或者在公共空间合法获得版权内容。相反，如果社会公众并未获得版权作品，其一般不能主张作品使用者权。

考虑到对版权人正常市场利益的尊重，一般来说，作品使用者

---

① Nathenson I. S. , "Civil Procedures for a World of Shared and User – Generated Content", *University of Louisville Law Review*, Vol. 48, No. 4, 2010, p. 938.

② 王迁：《技术措施保护与合理使用的冲突及法律对策》，《法学》2017 年第 11 期。

权以非商业性使用版权作品为前提，对作品的商业性使用和开发属于版权人的权利范围，为版权人所专享，未经版权人许可商业性使用版权作品的行为往往构成侵犯版权，自然不属于社会公众使用的权利和自由。当某一使用行为是否构成合理使用并不明确时，是否具有商业目的对法院的最终判断具有重要影响。从这个意义上说，作品使用者权概念的提出及法律保护并不会损害版权人依据版权法享有的合法权利，也不会与版权制度的规则相冲突。当然，商业性目的并非绝对排除合理使用，如果某些用途是为了促进重要的社会价值，即便使用的目的和性质是面向商业的，也可以认为是公平的。在现代社会，大多数促进社会价值的活动都离不开经济动机。禁止受保护作品的任何商业用途，将会阻碍社会希望鼓励的活动。[1] 因此，非竞争性商业使用可以确定为作品使用者权的获取条件。

另外，需要重申的是，作品使用者权不同于版权，一般情况下，其并非一种主动出击获取利益的权利，而更多的是一种观念，然后在此观念下进行版权相关制度的调适与完善。在模拟技术环境下，作品使用者权基本上不会扮演积极权利的角色，因为使用者可以不受版权人控制而使用自己合法获取的版权作品，所以传统环境下，很少有人提出作品使用者权的概念。数字网络技术环境下，版权人借助受法律保护的技术管理措施和数字版权格式合同可以完美控制版权信息，社会公众无法接触版权作品，更遑论对作品进行合理使用，版权进一步急剧扩张，版权制度加速失衡。正是在此背景下，作品使用者权的概念应运而生，以作品使用者权而非"事后的、个案的、被动的"版权限制和例外对抗不断扩张的版权，限制版权技术措施、版权数字许可合同以及版权在线执法，成为重新平衡版权制度、回归版权制度政策宗旨的必然要求。[2] 可见，作品使用者权的

---

① Haochen Sun，"Copyright Law as an Engine of Public Interest Protection"，*Northwestern Journal of Technology and Intellectual Property*，Vol. 16，No. 3，2019，p. 128.

② 梅术文：《论技术措施版权保护中的使用者权》，《知识产权》2015 年第 1 期。

意义更多地在于一种观念的转变以及在此基础上的制度调适，而非如一般权利那样以积极主张权利为特征，也不会推翻现行的版权制度框架。当然，由于实践中作品使用者权往往因为版权人或其他主体的行为受到限制，应当通过立法为使用者提供救济，否则作品使用者权难以获得最终保障。

第二节　合理使用制度的调适

合理使用是版权法最为重要的限制和例外制度，其制度运行直接决定了作品使用者的权利范围。正因如此，在目前国内外关于作品使用者权的研究文献中，多数学者均是从合理使用是否属于作品使用者权这一角度进行研究的。支持作品使用者权的学者和法官往往主张合理使用属于作品使用者权而非侵权的抗辩事由，应当进行宽泛解释。然而，合理使用是使用者权利这一命题本身并不要求扩大合理使用的范围，如果一个用户的行为不符合合理使用抗辩的事由，那么使用者就没有使用的权利。[1] 不倾向于承认作品使用者权的法院只需要认定使用不符合合理使用条款规定的限制性条件，作品使用者权的整个概念就将没有意义，使用者只有在法律的现有范围内才有权合理使用。[2] 合理使用的定义将决定作品使用者是在行使权利还是在侵犯权利。限制特定目的和受其他限制的合理使用定义将会损害作品使用者权的精神。因此，我们不能简单地依靠作品使用者权的语言来增进社会公众的利益，如果想要实现实质性的改变，应在接受作品使用者权观念的基础上，根据它所反映的公共利益重

---

[1]　[加] 卡里斯·克雷格：《加拿大版权法中合理使用制度的变迁：为立法改革建言》，载 [加] 迈克尔·盖斯特主编《为了公共利益——加拿大版权法的未来》，李静译，知识产权出版社2008年版，第327—329页。

[2]　Daniel J. Gervais, "Canadian Copyright Law Post - CCH", *Intellectual Property Journal*, Vol. 18, No. 2, 2004, p. 156.

新考虑合理使用定义的范围。要保证作品使用者合法使用版权作品的权利得到真正落实，在进行相应的制度安排时，首先要重新审视合理使用制度，让其符合作品使用者权的理念和精神。

一 建立灵活的合理使用制度模式

(一) 合理使用的模式比较

合理使用源于英国的判例法。目前，已经确立版权制度的国家在其版权法中大多设置有合理使用的规定，但立法模式和立法内容各不相同。① 关于合理使用主要有规则主义和因素主义两种立法模式。当然，也有部分国家和地区的版权立法综合了规则主义和因素主义的特点，但总体而言也在这两种立法模式的框架之内。

规则主义模式又称为"fair dealing"模式、封闭列举模式，常见于英联邦国家，如英国、加拿大和澳大利亚等，德国也属于这种模式。规则主义模式只规定合理使用的具体情形，并无合理使用的一般性规定，在判断某一作品使用行为是否构成合理使用时，完全看其是否符合某一具体的情形。例如，英国的合理使用（又称公平交易）规定将研究、私人学习、批评、评论和报道时事作为列举的目的。② 澳大利亚合理使用条款中列举的目的是研究、私人学习、批评、戏仿、讽刺、新闻报道，或由执业律师、注册专利律师或注册商标律师提供专业建议。③ 该模式具有可预测性的优点，便于法官审理案件，尤其是在成文法国家。然而，由于立法具有滞后性，立法者很难对所有合理使用情形进行一一列举，随着社会和技术的发展，

---

① 丁丽瑛：《"规则主义"下使用作品的"合理性"判断》，《厦门大学学报》（哲学社会科学版）2008 年第 6 期。

② "Copyrights, Designs and Patents Act 1988 (UK)", c 48, chapter 3, online: http://www.legislation.gov.uk/ukpga/1988/48/part/I/chapter/III.

③ "Copyright Act 1968 (Cth) (as amended)", Part III, online: http://www.austlii.edu.au/cgi - bin/download.cgi/cgi - bin/download.cgi/download/au/legis/cth/consol _ act/ca1968133.txt.

不断会有新的情形涌现，封闭式的立法模式必然会导致一些本质上属于合理使用的情形不被认可，进而被法院判定为侵权，损害社会公众的利益。

因素主义模式又称"fair use"模式、抽象规定模式，即在立法中规定合理使用判定的一般原则条款，其最大的特点是具有灵活性和开放性。美国是因素主义模式最典型的代表国家，其版权法中规定了合理使用的四要素，符合四要素即可认定为合理使用。尽管美国版权法也列举了一些具体的情形，但这些情形并非对合理使用的具体限定。因此，在审判中判断合理使用时，司法机关拥有广泛的自由裁量权，保证美国立法拥有足够的弹性，能够应对不断出现的新情形。美国国会曾指出，在一个技术发生重大变化的时代，不可能预见和解释版权作品的所有可能用途，这是美国版权法制定合理使用的一个理由。[①] 转换性使用规则的广泛适用就得益于美国灵活的合理使用制度。在近些年的司法实践中，美国法院摒弃了合理使用的明线规则，不再以是否具备某一个具体的因素而判定是否符合合理使用，而是从整体上判断某一个行为是否对作者的市场利益造成了明显的不利影响，为公众自由使用版权作品留下了足够的空间。[②]

针对灵活的合理使用模式，有学者认为尽管它适应了社会生活中作品使用的复杂情形，但也带来了法律适用上的严重不确定性。[③]相比较封闭的立法模式，灵活的合理使用在稳定性和可预测性方面确实存在一定的劣势。然而，在灵活的立法模式下，有一些稳定的判断因素，司法实践中也形成了相应的规则。事实上，相关国家在合理使用的判断方面，并没有表现出不适。更为重要的是，如果版权法的目的是鼓励未来的创新和创造力，那么合理使用在适用目的

---

① H. R. Rep. No. 94 - 1476, at 66 〔1976〕.

② Pamela Samuelson, "Possible Futures of Fair Use", *Washington Law Review*, Vol. 90, No. 2, 2015, p. 843.

③ Gideon Parchomovsky and Kevin A. Goldman, "Fair Use Harbors", *Virginia Law Review*, Vol. 93, No. 6, 2007, pp. 1485 - 1486.

方面必须是灵活和无限制的，否则这个目的就会受到损害。规则制定者无法预见未来有哪些类型的使用例外是正当的，而且不可避免的是，一个完全依赖于事先被禁止的规则的系统将被调整为只允许有足够政治影响力的用户群体通过游说获得例外方面的利益。① 然而，真正的技术创新或文化表达上的创新，那些还不存在甚至可能没有被想到的创新，却无人倡导。② 如果不能依靠灵活的合理使用标准，法律可能会阻止这些创新的产生。虽然灵活的合理使用并不能保证所有有益于社会的用途都被允许，但至少它允许新的用途，那些甚至没有想到的用途，或者那些在立法过程中没有人为其游说的用途。③ 诚然，并非所有这些用途或表达都是合理的，但如果有一条规则明确将其排除在合理使用的范围之外，则意味着这些用途或表达方式需要获得版权所有人或立法机关的事先许可，这一结果就算不构成对言论自由的限制，至少也是非常接近的。

给诉讼当事人和法院留出空间，让他们将立法机关没有预见到的情况确定为合理使用，是一种更加有效、更加民主、更有原则的版权改革方式，因为它使决策基于证据和论据，而这些证据和论据在立法过程中并没有发言权。④ 这是合理使用的一个特性，而不是一个缺陷。最为关键的是，从版权制度的公共利益角度看，其并非为作者授予无限的权利而仅仅为公众留下有限的例外，相反，是为作者授予有限的权利，从而培育足够丰富的公有领域。从这个意义上说，灵活的合理使用更加契合版权制度的立法宗旨。

目前，其他一些国家如菲律宾、以色列、新加坡、韩国等也移

---

① Peter Di Cola, Matthew Sag, "An Information – Gathering Approach to Copyright Policy", *Cardozo Law Review*, Vol. 34, No. 2, 2012, p. 188.

② Nachbar T. B., "Monopoly, Mercantilism, and the Politics of Regulation", *Virginia Law Review*, Vol. 91, No. 6, 2005, p. 1375.

③ Little Sisters Book and Art Emporium v Canada (Minister of Justice), 2000 SCC 69 at para 236, [2000] 2 SCR 1120.

④ Peter Di Cola and Matthew Sag, "An Information – Gathering Approach to Copyright Policy", *Cardozo Law Review*, Vol. 34, No. 2, 2012, p. 241.

植了美国的立法模式。澳大利亚的决策者也已经提议采用美国的合理使用条款。① 此外，欧洲也日益认识到，灵活的版权限制和例外制度是必要的。欧洲知名学者就曾表示，在这个高速变化和不可预测的信息社会，版权法需要更加开放几乎是不言而喻的。② 欧盟委员会（European Commission）的咨询文件也曾提出这样一个问题：欧洲是否需要一个美国式的合理使用条款或其他机制，以在成员国版权法中提供更大的灵活性？③

（二）作品使用者权观念下开放式合理使用模式的选择

承认作品使用者权，意味着版权并不代表作者和权利人对作品的绝对控制，而仅仅是法律授予他们的特定权利。版权法授予作者的是对版权的控制，而非对作品的控制。在法律授予的权利之外，属于公众的自由使用范围。封闭式的合理使用模式与这一精神相悖。封闭式的合理使用其言外之意是，在列举的合理使用情形之外，均属于作者的控制范围，合理使用仅仅是对侵权的豁免，从这个意义上说，在封闭式的合理使用模式之下，合理使用充其量只能属于侵犯版权的免责事由，而非公众可以自由使用的权利。

因此，要真正落实作品使用者权，契合作品使用者权的精神，应当确定灵活的合理使用制度，在作者有限的法定专有权范围之外，为社会公众合法使用作品的权利留下足够的空间。当然，从制度运行的角度考虑，为了便于司法审判，也便于公众更好地识别和行使自身权利，在借鉴三步检验法确立合理使用的一般性条款的同时，尽可能将符合合理使用的情形进行详细的列举，保证合理使用制度

---

① Australian Law Reform Commission, Copyright and the Digital Economy: Final Report 13〔2013〕, available at: www. alrc. gov. au/sites/default/files/pdfs/publications/final_ report_ alrc_ 122_ 2nd_ december_ 2013_ . pdf.

② "Hugenholtz P. B., Senftleben M. Fair Use in Europe: In Search of Flexibilities", available at: www. ivir. nl/publications/hugenholtz/Fair％20Use％20Report％20PUB. pdf.

③ "Public Consultation on the Review of the EU Copyright Rules（EC）", available at: http：//ec. europa. eu/internal_ market/consultations/2013/copyright – rules/index_ en. htm.

的可预测性，可能是一个更优的选择。

二 放松对个人使用的管制

个人使用是指自然人基于非商业性目的对作品实施的复制行为以及翻译、改编等演绎行为。[①] 个人使用并不属于严格意义上的版权法范畴，多数国家的版权法都是在版权的限制或合理使用中规定个人使用的情形。因此，此处所言的个人使用是一个宽泛的概念。只是考虑到包括我国在内的部分国家在合理使用制度中规定了个人使用，本书将其放在合理使用这一部分加以阐述，但应当在版权的限制和例外这一大的制度框架下进行理解。

作者创作作品，除去极少数情况下留作自我欣赏之外，其余大都是为了让他人使用，处于终端的则是自然人使用者。如果鼓励学习、促进文化繁荣发展是版权法的根本目的，那么个人使用则是实现这一政策目标最为重要的方面。[②] 在此过程中，作品使用者不仅是作品的被动消费者，更是文化互动过程的参与者和实施者，体现了使用者参与公共文化的"市民品格"。[③] 如果版权法禁止个人使用，版权控制将从信息市场延伸至图书馆、家庭、研究室等科学文化交互空间，版权法鼓励学习的政策目的将无从实现。[④] 个人使用直接涉及个人获取信息、发表言论、接受教育以及参与社会文化的基本权利，正因如此，很多国际公约和国家立法在版权的限制和例外中规定了个人使用，我国《著作权法》则将个人使用放在合理使用情形的首位，足以显示其重要地位。从作品使用者权在的角度看，个人

---

① 李杨：《著作权法意义上的"个人使用"界定》，《电子知识产权》2010 年第 7 期。

② 李杨：《著作财产权体系中的个人使用问题研究》，博士学位论文，西南政法大学，2012 年。

③ Niva Elkin – Koren, "It's All about Control: Rethinking Copyright in the New Information Landscape", in Niva Elkin – Koren and NeilWeinstock Netanel, *The Commodification of Information*, Hague: Kluwer Law International, 2002, pp. 103 – 104.

④ Patterson R. and Thomas. C. , "Personal Use in Copyright Law: An Unrecognized Constitutional Right", *Journal of the Copyright Society of the USA*, Vol. 50, No. 3, 2003, p. 485.

使用权是其中最为重要的内容，或者说主张作品使用者权在很大程度上是为了促进个人使用作品的自由和权利。对版权个人使用管制的严格程度，直接决定了一国版权公有领域的繁荣和活跃程度。如果将版权视为作者的绝对权利，单纯地将版权制度的目的视为保护作者的利益，自然是管制得越严格越好；相反，如果考虑到版权制度鼓励学习、繁荣文化的政策目的和公共利益，则应当在通过授予专有版权给予作者必要激励的基础上尽可能放松对个人使用的管制。

在印刷版权时代，受限于落后的复制技术和高昂的传播成本，个人使用对版权的影响微乎其微，其对权利人来说是无足轻重的事，而如果法律介入却需要耗费巨大的成本，因此，无论是权利人还是法律都选择了放任。模拟技术时期，随着复制和传播技术的发展，私人对作品进行大量复制不再困难，个人使用例外的合理性也开始遭到怀疑，各国版权法随即开始了对个人使用行为的管制。数字网络环境下，版权人感受到巨大的威胁，他们通过数字权利管理系统和版权格式合同限制公众对作品的使用，加之立法对技术措施的认可与保护，个人使用作品的自由理念受到严峻挑战。个人使用如何应对技术进步带来的困境，成为学者和立法机构考虑的重要问题。

按照作品使用者权的理念，个人使用不是版权的例外，而是社会公众可以自由使用作品的权利，个人使用原则上不在版权的控制范围之内，因此，除了对数字权利管理系统进行规制之外，还应放松对个人使用的管制。

首先，关于使用的主体，不仅自然人个人可以自由使用作品，其在有限的家庭和社交范围内与亲友分享作品也应当被允许。因为作品的使用不是一个孤立的行为，与他人尤其是亲友分享和交流知识信息是公民形成亲密交往从而塑造自我归属感和身份认同感的重要方式，也是推动文化传播的重要途径。[①] 如果版权法限制私人领域

---

① 李杨、任蓉：《著作权法"个人使用"的价值考察》，《湖北社会科学》2013 年第 1 期。

内的知识和经验的自由传播，将严重抑制人们思想和知识的进步。从各国立法情况来看，一般都允许使用者把作品分享给家庭成员、亲属或朋友，也允许在私域内对作品进行表演等。①

其次，关于使用的目的，各国的立法不尽相同，有些国家如越南将个人使用限定为出于学习、研究的目的使用他人版权作品；有些国家如德国《著作权法》第53条笼统地规定了私人目的或其他私用目的并作了包含兜底条款的列举。我国《著作权法》规定出于学习、研究和欣赏的目的使用他人版权作品构成合理使用。对于我国的立法，有学者主张，欣赏作品与创新并无直接关系，多数是为了满足个人的兴趣或娱乐需求，将以欣赏为目的个人使用规定为合理使用，不符合相关国际公约的要求。② 有学者认为，在个人使用作品非常便利的数字时代，允许个人为欣赏而合理使用作品会严重损害作者的经济利益。③ 还有学者认为，欣赏是一种纯私人的利益，与公共利益无涉，欣赏目的的合理使用不能满足"不与作品的正常使用相冲突"以及"不合理地损害版权人的合法利益"，出于欣赏的目的使用作品应当获得许可并支付费用，而不能免费进行。④ 由此可见，出于学习、研究目的的个人使用，一般并无争议，而出于欣赏目的的个人使用能否构成合理使用则存在争议。笔者认为，欣赏和学习、研究本身难以区分，而且发生在私人领域的个人使用其目的也难以查实，更何况欣赏作品并不是一个纯粹的消费过程，也是创造性的实践，包含了意义的互动交流，能够产生意义，有益于公共利益。正如 Julie Cohen 所言，创造性实践是分散的、交互的、相关的，并且由用户通过使用作品来执行。⑤ 在这种创造模式中，每个人

① ［德］M. 雷炳德：《著作权法》，张恩民译，法律出版社 2005 年版，第 300 页。

② 吴汉东：《著作权合理使用制度研究》，中国政法大学出版社 2005 年版，第 330 页。

③ 黄玉烨：《著作权合理使用具体情形立法完善之探讨》，《法商研究》2012 年第 4 期。

④ 彭红霞：《著作权法中的个人使用研究——基于〈著作权法〉修订草案送审稿第 43 条第 1 款的分析》，硕士学位论文，湘潭大学，2017 年。

⑤ Cohen J. E., *Configuring the Networked Self: Law, Code, and the Play of Everyday Practic*, New Haven: Yale University Press, 2012, pp. 69 – 70.

首先是使用者，其次才是创造者。阅读的行为（或观看电影的行为）使读者与文本对话，这是一种产生新意义的相互有益的经验。这些意义生成的过程是一个连续体的一部分，不仅由作者完成，而且通过文化作品的使用来完成。作者与那些听、读或表演他们作品的使用者有一个共同的目的。因此，对于个人使用的目的应当作开放性的理解。

再次，关于使用的方法，一些国家立法将个人使用限定于复制，如《法国知识产权法典》规定个人使用仅包括私人表演和私人复制，德国《关于规范信息社会著作权的法律》第 53 条、《日本著作权法》第 30 条均将个人使用作为复制权的限制情形进行列举。WIPO 于 1976 年起草的面向广大发展中国家的《突尼斯著作权示范法》中，个人使用的"使用"被解释成"复制、翻译、改编以及其他转换性使用"。① 我国《著作权法》最初采用的是"使用"这个抽象的概念；2012 年修正案草案（第一稿）将"使用"修改为"复制"，排除了其他的使用方式；2020 年通过的修正案则改回了原先的"使用"。单纯的复制显然无法满足个人使用的实际需要，事实上，使用者个人对作品进行翻译、改编等演绎行为，是个人学习、研究和再创作的重要方式，对作者的利益也并无实际影响，应当在允许的范围之内，将个人使用限定于复制行为显然过于狭隘。

关于使用的数量，修正案草案第一稿将复制数量控制在一份，草案第二稿修改为"复制他人已经发表的文字作品的片段"，不仅有复制的数量限制，也有作品形式即文字作品的要求，2014 年送审稿将其调整为复制"他人已经发表的作品的片段"。上述曲折的过程显现出立法起草者对个人使用的高度警惕。很显然，草案和送审稿对个人使用的过度限制不利于使用者基本权利的行使，与作品使用者权的精神相违背。况且，个人使用在使用者的私人控制之下，版权

---

① UNESCO&WIPO, *Tunis Model Law On Copyright for Developing Countries*（1976），Section 7,（i）,（a）.

人也很难了解其中的使用情况。正因如此，在学界的反对之下，最终通过的《著作权法修正案》维持了原先的立法，即"为了个人学习、研究和欣赏，使用他人已经发表的作品"，取消了对作品形式和使用数量的硬性限制，在处理个案时适用"三步检验法"进行评判。

在网络环境下，著作权保护和限制的基本原理和规则仍然适用。从本质上讲，它不过是改变了作品存在、传播和使用的方式，基于技术中立原则，在合法获取作品的基础上，个人使用作品的权利即便是在网络环境下也不应受到过多的限制。当然，个人使用也要以不合理损害版权人的专有权利和市场利益为前提。

三　宽泛解释合理使用目的

狭义视野下的合理使用作为一种侵权抗辩事由，是以版权的保护范围为前提，以合理使用作为例外的。它假定合理使用只能为某些特定情况下的行为开脱，否则就是侵权行为。对作者的主要关注可能会允许某种程度的未经许可的使用，只是为了让未来的作者能够在他人作品的基础上进行创作。[①] 因此，侵权抗辩方法倾向于将合理使用限制在可以容忍无偿使用，并且不会消除版权法为创造提供的经济激励的情况下。根据这一方法，每一次未经授权的使用都有潜在的危害，因为它损害了版权人的潜在利益，这些利益可以被认为是版权人合法期望的一部分。

侵权抗辩方法会对合理使用目的进行严格解释，从作品使用者权出发的法律解释则更加突出作品使用者在版权法中的利益。"作品使用者权"方法传递了可能影响法律解释的信号，它将版权法的重心从作者权利的范围扩展到更加广泛的创作领域，包括作者和使用者。例如，考虑到使用者的利益，加拿大最高法院在 CCH 案中认为，图书馆为了执业律师的研究目的而复制作品，不承担侵犯版权的责任。法院的理由是，合理使用不是一种例外，而是作品使用者

---

① See, e. g. , Cambridge University Press v. Becker (11th Cir. Oct. 17, 2014).

权，因此不应对使用目的做限制性的解释。① 在 Alberta 案中，法院对合理使用下的私人学习作了广义的解释，包括教师的复制，并解释说教师与从事私人学习的学生有着共同的目的。② 在 SOCAN 案中，加拿大最高法院将研究广义地解释为包括在线购买音乐的消费者出于研究目的的取样，并认为研究的目的可以是得出新的结论，但这只能被看作一个方面，而不是定义框架的主要组成部分。③ 包括前文提到的其他承认作品使用者权的判例，基本上都遵循了宽泛解释的原则。可见，基于作品使用者权的合理使用法律适用过程中，应当也需要对合理使用的目的做宽泛解释，否则将与作品使用者权的精神和理念相违背。

四　附条件豁免帮助作品使用者权实现的行为

受到自身条件的限制，很多情况下作品使用者尤其是个人很难仅仅依靠自己使用版权作品，而需要求助于他人。实践中，第三方为作品使用者使用作品提供服务的情形非常普遍，比如，教育机构为学生复制资料；复印店为学生复印学术论文；远程扫描客户的电脑，复制文件，并将其存储供客户个人使用；将客户收集的音乐光碟制作成数码副本供客户使用；扫描客户书籍的印刷版，并将电子版提供给客户；此外还有用于管理资料的 Web 应用程序，它允许用户在云端存储网页、期刊文章和其他受版权保护的材料的副本，等等。

当作品使用者的行为构成侵权时，该提供协助的第三方一般亦构成侵权，当然网络服务商基于避风港规则的免责除外；当作品使用者的行为属于合理使用或者其他版权限制和例外的情形时，作品使用人不构成侵权，而该第三方的协助服务行为是否构成侵权则存

---

① CCH Canadian Ltd. v. Law Society of Upper Canada,〔2004〕1 S. C. R. 339, 2004 S. C. C. 13.

② Alberta（Education）v. Canadian Copyright Licensing Agency, 2012 S. C. C. 37.

③ SOCAN v. Bell,〔2012〕2 S. C. R. 326, 2012 S. C. C. 36.

在争议。因为法律规定的版权限制和例外或赋予某些主体使用作品的权利或自由，受到其主体身份的限制，提供协助和服务的第三方并不属于该主体范围，尤其是该第三方往往具有营利性质时，其在服务中使用作品的行为如复印店为学生复制学术论文，就存在侵权的可能。事实上，不同国家基于对版权限制和例外的性质的不同认识，以及具体的案件情况，对第三方服务行为侵权与否的判定也各不相同。

将版权限制和例外视为作品使用者权的一个可能结果是支持使用者的利益，允许第三方协助他们获得法律允许的版权材料。在加拿大 CCH 案中，最高法院将合理使用视为一种积极的权利，在此基础上，法院认为第三方在法律上有权代表作品使用者行使这项权利，从而豁免了帮助律师进行合理使用的律师协会的侵权法律责任。[①] 其核心结论是，一个人不能仅仅因为授权使用可能被用来侵犯版权的设备而构成侵权。2012 年印度德里大学（Delhi University）影印案中，印度高等法院将其对合理使用条款的解释描述为"授予某人使用他人作品而不给予任何补偿的权利"，并据此最终豁免了为学生提供学习资料复制服务的复印店的侵权责任。[②]

在上述案例中，"作品使用者权"方法将法律分析集中在版权法寻求促进的许可使用的目的上。对使用者的关注进一步导致法院优先考虑被告所服务的最终用户的目的和需要，而不是将分析的重点放在促进使用的组织上（有时用于商业目的）。而在例外话语占主导地位的国家比如澳大利亚，合理使用不被视为作品使用者的权利，因此很难得出类似的结论。在德加里斯诉内维尔（De Garis v. Nevil）一案中，澳大利亚联邦法院得出了与后来加拿大最高法院相反的结论，认为根据澳大利亚法律，重点是复制者（第三方）而非最终使

---

① CCH Canadian Ltd. v. Law Society of Upper Canada, 〔2004〕1 S. C. R. 339, 2004 S. C. C. 13.

② The Chancellor, Masters & Scholars of University of Oxford & ORS v. Rameshwari Photocopy Services & ORS, RFA（OS）81/2016.

用者的目的，一个人在代表他人复印文件时不能依赖"研究和学习"的例外，所涉新闻剪辑服务的商业性质意味着它本身并不从事研究，最终认定提供服务的第三方构成侵权，从事研究的终端使用者无法轻易获得这些材料。① 在 Singtel Optus Pty Ltd v. National Rugby League Investments Pty Ltd 案中，Optus 提供了一种基于云的服务，使用户能够在远程服务器上免费录制广播，以便日后空闲时访问。联邦法院认为，Optus 本身也是这些复制品的制作者，因此，不能依赖其用户本可以获得的版权例外。② 在 VCAST 案中，法院裁定，远程视频记录服务提供商不能利用其客户的私人复制例外进行复制。法院的理由是，实际制作副本的是公司，而不是客户，因此，私人复制一开始就不存在。③

上述案例反映了权利和例外之间的显著区别。在 CCH 案的原则下，使用者有参与研究和学习的积极权利，这足以使法院得出这样的结论：（非营利）图书馆可以代表使用者进行复制，仍然属于例外。澳大利亚的理论则禁止这种分析，特别是对营利性企业，在上述 De Garis 和 Optus TV Now 案中，中介的主要目的被解释为盈利，而不是帮助用户行使权利。在对澳大利亚版权法进行审查后，澳大利亚法律改革委员会（ALRC）得出结论：第三方必须有更大的能力协助使用者享受版权例外的利益，但没有明确认可第三方使用作为排除责任的理想基础。④

将版权限制和例外视为作品使用者权可以使版权所有者和使用者在利益冲突中恢复某种平衡。然而，正如一项权利如果不能强制执行就毫无价值一样，如果权利不能行使就没有什么实质性意义。因此，为了更好地实现作品使用者权，应当给予第三方实施的旨在

---

① 〔1990〕37 FCR 99.

② 〔2012〕201 FCR 147.

③ VCAST Limited v. RTI SpA, Case C–265/16〔2017〕.

④ ALRC, Copyright and the Digital Economy：Final Report, Report No 122.〔2013〕. at178〔7.40〕–〔7.42〕.

帮助作品使用者合法行使权利的行为以豁免，从而鼓励更多旨在帮助使用者获取版权材料的服务投资与创新。即便该第三方的行为具有商业性质，只要其使用目的与原始用途不同，其通过服务本身而非利用作品获利，就不会损害版权人的市场份额。此时，第三方的作品使用行为通常不具有独立性，而是合法终端用户使用行为的组成部分，不需要承担侵权责任。

五　实行有限的举证责任倒置

将合理使用视为版权的例外，将只赋予使用者在诉讼过程中对权利人侵犯版权的主张提出抗辩的权利。目前绝大多数国家的司法实践中，在涉及合理使用的侵犯版权案件中，当版权所有人提交了侵犯版权的初步证据后，证明合理使用的责任就落在了使用者身上，即如果使用者不能证明自己的行为属于合理使用，就要承担侵犯版权的法律后果。[1] 即便是权利人不能证明自己的实际损失，也可以通过已经在很多国家版权立法中确立的法定赔偿制度获得赔偿。这一程序性规则从多方面损害了公共利益，简单地将合理使用降低为聘请律师的权利。这一规则也让用户越来越难以捍卫自己的利益，因为它增加了诉讼成本，并滋生了内容所有者咄咄逼人的版权主张，从而对公众产生了寒蝉效应，以致不敢实施原本属于合理使用的作品使用行为，公众合法使用作品的自由被大大压缩。[2] 可见，即便是将合理使用视为使用者的权利，如果相应的程序规则维持现状，合理使用权仍然难以得到落实。认识到该问题，Samuelson 曾撰文指出："鉴于合理使用在调解版权法与第一修正案和其他宪法价值之间的紧张关系方面所起的重要作用，将证明使用不合理的责任分配给

---

① Haochen Sun, "Fair Use as a Collective User Right", *North Carolina Law Review*, Vol. 90, No. 1, 2011, p. 147.

② Lemley K. M., "I'll Make Him an Offer He Can't Refuse: A Proposed Model for Alternative Dispute Resolution in Intellectual Property Disputes", *Akron Law Review*, Vol. 37, No. 2, 2004, p. 311.

版权人是适当的。在决定是否将使用作为侵权行为提起诉讼时，权利人通常预计，合理使用将在本案中引起争议，他们通常比被告更能就与合理使用有关的关键问题提供证据，例如损害市场的可能性。"[1] 我国亦有学者提出"合理使用作为一种肯定性抗辩是否当然由被告承担举证责任"的疑问，并主张在程序上由被告证明其使用行为的目的性质如是否具有营利性、转换性等，其他的判断要素的证明责任则由原告承担。[2]

将合理使用视为使用者的权利，意味着其原本就属于使用者可以自由行动的领域，不在版权人的权利范围之内，不应受到版权人的不当干涉。但是作品使用者权并非对版权的否认，作为版权制度基石的版权人的利益也应得到有效的维护。因此，上述 Samuelson 的主张似乎有过激之嫌，在合理使用案件中实行有限的举证责任倒置可能更加妥当。具体而言，如果使用者的使用是出于非商业目的，应减轻使用者的举证责任。在这种背景下，举证责任应该由版权人承担。因此，新的一般规则将要求版权人确定是否存在侵犯版权的初步证据，以及如果使用是出于非商业目的则不构成合理使用。如果版权人能够证明使用者将其版权作品用于商业目的，则合理使用的举证责任将转移给使用者。

举证责任的有限倒置是基于公众享有的合理使用权。作为一项权利，合理使用具有重要的意义，其不仅需要保护个人合理使用者的利益，而且需要保护其他可能使用版权作品的潜在的合理使用者的利益。[3] 从这个角度看，合理使用权的优先保护是为了维护公共利益。波斯纳法官在有关判例中说明了优先考虑公众利益的重要性："如果说在版权方面存在不对称，那么实际上有利于被告。对版权的

---

① Samuelson P., Baumgarten J. A. and Carroll M. W., "The Copyright Principles Project: Directions for Reform", *Berkeley Technology Law Journal*, Vol. 25, No. 3, 2010, p. 1210.

② 刘昂：《守成与补正：版权侵权举证责任转移规则构建》，《中国出版》2021 年第 14 期。

③ Sega Enters. Ltd. v. Accolade, Inc., 977 F. 2d 1510, 1525 (9th Cir. 1992)

成功主张证实了原告拥有一项排他性的、有时是非常有价值的权利，从而激励原告在诉讼上投入大量资金。相比之下，成功地对版权索赔进行抗辩，将版权作品扔进公有领域时，会使公有领域的所有用户受益，而不仅仅是被告；被告没有获得专有权，他在抗辩上进行投入的积极性降低，他可能被迫陷入不利的境地。"①

上述结论表明，在合理使用案例中，举证责任有限倒置将保护那些可能对促进公共利益有贡献的使用者，减轻他们从事公益性活动的额外负担。这一程序性规则将为法院参与更广泛的公共利益审查铺平道路，而这些公共利益是它们在合理使用案件中应该促进和保护的。此外，举证责任的有限倒置将大大降低使用者的诉讼成本，这将鼓励公众更加积极和自发地维护自己的权利，而不是简单地屈从于版权人的许可要求。首先，它将让使用者能够支付较低的律师费，并在诉讼中花费更少的时间收集、处理和提交证据。有学者指出，法院可以利用举证责任规则，为纠纷当事人之一减少甚至最小化诉讼成本。这是因为"举证责任通过赋予一方当事人举证的义务，在一定程度上减轻了对方的举证责任，从而节省了对方可能面临的开支"②。其次，举证责任的有限倒置将要求版权人在涉及作品非商业用途的案件中提交证据，这将为版权人在此类合理使用案例中过度主张权利设置障碍。③它还将阻止版权人采取积极的诉讼策略，起诉合理使用版权作品的无辜者。④举证责任有限倒置的这些功能将确保合理使用者的作品使用行为不会因极为复杂的问题而面临冗长而昂贵的诉讼程序，受到不适当的阻碍。

事实上，举证责任有限倒置的做法在美国的法院中就有过先例。

---

① Eagle Servs. Corp. v. H20 Indus. Servs. , Inc. , 532 F. 3d 620, 625 (7th Cir. 2008)

② Hay B. L. , "Spier K. E. Burdens of Proof in Civil Litigation: An Economic Perspective", *Journal of Legal Studies*, Vol. 26, No. 2, 1997, p. 413.

③ Samuelson P. , Baumgarten J. A. and Carroll M. W. , "The Copyright Principles Project: Directions for Reform", *Berkeley Technology Law Journal*, Vol. 25, No. 3, 2010, p. 1210.

④ Pierre N. , "Leval Toward a Fair Use Standard", *Harvard Law Review*, Vol. 103, No. 5, 1990, pp. 1106 – 1107.

在 Simms v. Stanton 案中，法院裁决被告胜诉，理由是"证明非商业性使用会对其市场造成损害的举证责任在原告身上，而原告未能证明被告使用有关的版权材料是不合理的"①。美国最高法院在 Sony 案的判决中暗示，至少在涉及非商业用途的情况下，被告可以享有这样的推定，即使用不会损害原始作品的市场。② 做出这种假设是因为非商业性使用不太可能减少版权人创造和传播新作品的经济激励，也不太可能导致版权人的作品在市场上被取代。因此，非商业性用户不需要承担证明其使用不会对作品的市场价值造成损害的责任。③在这种情况下，举证责任应由版权所有人承担。根据最高法院对 Sony 案的判决，版权人对版权作品的非商业使用提出的异议需要证明特定的使用是有害的，或者如果它变得广泛，它会对版权作品的潜在市场产生不利影响。④ 然而，美国法院后来逐步放弃了这种有限的举证责任倒置规则，因为法院逐渐将合理使用定性为肯定性抗辩。⑤将合理使用视为作品使用者的权利，重新确立有限的举证责任倒置规则，是处理合理使用案件的一个实际可行和理论上可行的选择。

第三节 数字版权管理系统的规制

数字版权管理（Digital Right Management，DRM）一般是指在数字内容交易过程中对知识产权进行保护的技术、工具和处理过程。⑥

---

① Simms v. Stanton，75 F. 6，13（N. D. Cal. 1896）.

② Sony Corp. of Am. v. Universal City Studios，464 U. S. 417，451〔1984〕.

③ Christina Bohannan，"Copyright Harm，Foreseeability，and Fair Use"，*Washington University Law Review*，Vol. 85，No. 5，2007，p. 974.

④ Sony Corp. of Am v. Universal City Studios，464 U. S. 417，451〔1984〕.

⑤ Sony BMG Music Entm't v. Tenenbaum，672 F. Supp. 2d 217，226 – 27（D. Mass. 2009）.

⑥ 常江：《数字版权管理与合理使用权利冲突的解决路径》，《出版广角》2016 年第 16 期。

数字版权管理不是一项新的技术，而是由一系列版权管理和保护的技术、合同和法律等要素组成的综合性系统。① 版权技术措施（TPMs）如数字水印、数字指纹、数字加密等是最常见的数字版权管理手段，此外，经常与版权技术措施互相配合的数字版权格式合同也是数字版权管理的重要内容。从广义上讲，避风港规则下的"通知—删除"规则以及版权内容过滤也属于数字版权管理的范畴。数字版权管理系统的基本原理是技术保护能够重新确立数字版权产品的排他性，并使数字出版更加安全和经济上可行。② 数字网络为用户参与创意过程创造了新的潜力，用户在创意环境中扮演着越来越重要的角色，但这种环境也使在线用户的权利受到了极大的威胁。对数字内容日益增长的依赖，加上更强有力的版权保护制度，总体上导致了作品使用者自由的缩小，数字版权管理的全面运用及其法律保护是罪魁祸首。也正是在这一背景下，作品使用者权这一概念被从尘封的历史中提出，并承载了重新平衡版权的使命。正如有学者所言，作品使用者权制度保障的一个重要内容即在于对数字版权管理系统尤其是版权技术措施和数字版权格式合同的规制。③

一 版权技术措施法律保护的重构

（一）版权技术措施概述

传统模拟技术环境下，作品的复制和传播成本高昂，版权人通过掌握专业化复制和传播技术的中间人控制作品的复制和传播途径

---

① 王东君：《数字版权管理的法律限制问题研究》，博士学位论文，武汉大学，2011 年。

② Giuseppe Mazziotti, *EU Digital Copyright Law and the End - User*, Florence: European University Institute, 2007, p. 217.

③ Elkin - koren N, "Copyright in A Digital Ecosystem: A User - Rights Approach", in Ruth L. Okediji, *Copyright Law in An Age of Limitations and Exceptions*, New York: Cambridge University Press, 2017, p. 167.

就能很好地控制对作品的使用。数字网络环境下，复制的成本趋近于零，作品的利用从拥有复制件转变为直接体验作品的内容，"中间人"控制版权保护和公众使用作品之间的平衡这一经典版权保护模式无法继续发挥作用。① 接触和体验成为版权的核心内容，版权人开始创制各种技术保护措施，并结合合同法，将传统版权法的"中间人"控制模式转变为一种终端控制模式。"技术措施"作为版权人在数字环境中维护自身利益的技术手段，其本质上属于版权人为应对大规模网络盗版而预先采取的一种私力救济手段。②

　　技术措施的采用有效地保护了版权人的利益，然而规避技术措施的工具、设备和服务也与技术措施相伴而生。为了让技术措施更好地起到维护版权人合法权益的作用，需要对技术措施给予法律保护。在出版商利益集团的推动下，1996 年出台《世界知识产权组织版权条约》（WCT）和《世界知识产权组织表演和录音制品条约》（WPPT）要求缔约方为特定技术措施提供法律保护。WCT 第 11 条规定：缔约双方应提供充分的法律保护和有效的法律救济措施，防止规避作者为行使其在本条约或《伯尔尼公约》项下的权利而采取的有效技术措施和限制未经作者授权或者法律允许的使用作品的行为。③ 虽然 TPMs 原则上可以控制对版权作品的接触和使用，但第 11 条明确规定，接触和使用必须在版权法规定的法定权利范围内进行。这表明，尽管在该条约中没有为 TPMs 设置明确的限制，但适用的版权例外必须限制技术措施的范围。WCT 第 11 条进一步指出，这些措施在行使专有权的范围内，可以限制作者未授权或法律不允许的行为。据此，可以认为，获得法律准许（例如，由于版权例外）或版

---

　　① 姚鹤徽、王太平：《著作权技术保护措施之批判、反思与正确定位》，《知识产权》2009 年第 6 期。

　　② 罗明东：《〈著作权法修订草案（送审稿）〉的技术措施条款之评述》，《知识产权》2016 年第 3 期。

　　③ 参见世界知识产权组织《世界知识产权组织版权条例（WCT）》，online：http：//www. wipo. int/wipolex/en/treaties/text. jsp? file_ id = 295438#P140_ 3200.

权人许可的作品使用行为，必须被视为合法。该条文并没有明确规定，如果 TPMs 超出了作者的专有权，是否可以绕过 TPMs 获得访问权限，但也没有排除这一点。WPPT 第 18 条以相似的措辞要求缔约方对用于表演和录音制品的技术措施加以保护。总之，WCT 和 WPPT 保护了控制数字版权作品的接触和使用的技术措施，但它们也规定了这些技术措施必须在所有者的专有权范围内实施。由于所有者的专有权受到特定的限制和例外，TPMs 仅在符合版权限制和例外的范围内受条约的保护。

为履行公约义务，1998 年美国率先在 DMCA 中引入了版权技术措施的保护规定，开了技术措施保护国家立法的先河，随后其他国家和地区也相继在版权法中规定了对技术措施的保护。对版权技术措施的法律保护分为直接保护和间接保护，所谓直接保护就是禁止规避技术措施的行为，所谓间接保护就是禁止提供规避技术措施装置、部件、服务的行为。关于具体的保护模式，主要有三种立法例。其一，只禁止提供规避技术措施的设施和服务，不禁止直接规避技术措施的行为，亦即对版权技术措施只提供间接保护，不提供直接保护，澳大利亚 2000 年《数字议程法案》①、日本 1999 年《著作权法》②和新西兰 2008 年《版权法》是典型代表。其二，不但禁止提供规避手段，还禁止直接规避技术措施，且对于直接规避"接触控制措施"和"版权保护措施"的行为均加以禁止。欧盟、加拿大和我国均采取此种模式，很显然这种模式对技术措施提供了极高水平的保护。其三，以美国 1998 年的 DMCA 为代表，对技术措施同时给予直接保护和间接保护，但直接保护方面只禁止规避"接触控制措施"。规避版权保护措施的行为并不违法，也不会根据 DMCA 第

---

① 澳大利亚在与美国签署《美澳自由贸易协定》后，便对《版权法》有关保护技术措施的内容进行了修改，修改后的新法完全采用了美国 DMCA 的立法模式，即直接保护方面，只禁止规避接触控制措施；间接保护方面，禁止提供规避技术措施的设备和服务。

② 日本《著作权法》第 2 条第 20 款，见世界知识产权组织官网：http://www.wipo.int/wipolex/en/text.jsp? file_ id = 128360.

1203 条和第 1204 条予以赔偿或遭受处罚，只在后续使用行为构成侵权时承担一般意义上的侵犯版权责任。对于为什么不禁止规避版权保护措施的行为，美国参议院在关于 *DMCA* 的报告中指出："可以预见，大多数规避版权技术措施的行为将发生在行为过程中，而这一行为本身就涉及第 17 章所述的版权人的权利。本款无意以任何方式扩大或减少这些权利。当复制控制技术被用于防止对作品的未经授权的复制时，规避该技术本身并不会根据 1201 条款被起诉，但因此而促进的任何对作品的复制仍将受到第 17 章所述的保护。"① 因此，规避者行为的不法性不在于其规避了保护版权专有权的技术措施，而在于其后续行为是否侵犯了版权法保护的专有权。该种模式的保护水平介于前两种模式之间。

之所以出现不同的立法模式，一方面在于 *WCT* 第 11 条和 *WPPT* 第 18 条对于技术措施的保护只是提出了原则性要求，并未作出具体的制度安排，给各成员国留下了较大的裁量空间；另一方面在于，版权技术措施的保护与现行版权制度存在内在的冲突，其正当性从一开始就遭到了学界的广泛质疑，支持者和反对派的争论直到今天仍然没有停止，在这一背景下，各国具体的规则设置自然会出现不同的面貌。

（二）关于版权技术措施法律保护的争鸣

对于版权技术措施的法律保护，学术界褒贬不一。支持者认为，在数字网络环境下，作品不再受媒介的束缚，其固有的公共产品属性得到彻底释放，在此情况下，如果不对版权人采取的技术措施给予法律保护，数字作品市场将无法存在。② 保护版权专有权的技术措施可以阻止他人未经许可对作品进行复制、传播等，权利人无须等

---

① S. REP. NO. 105 – 190, at 29〔1998〕.
② 彭学龙:《论著作权语境下的获取权》,《法商研究》2010 年第 4 期。

到侵权行为实际发生之后再诉诸法律救济，可以防患于未然。① 如果版权法忽略接触控制将使得版权虚无化，从长远来看对消费者也不利，因此应当赋予版权人对其数字化作品的接触权。② 版权技术措施不仅是权利保护的新形式，能够确保对作品创作与传播进行持续激励，也给版权人提供了拓展知识产品市场的机会：版权人可以通过技术保护措施设置价格歧视，以多样化的作品许可机制和新型商业模式，满足作品使用者不同的消费需求，扩大作品的潜在受众，充分发挥作品的公共产品价值。③

批评的理由则更为全面。从相关立法规定来看，多数国家对版权技术措施的保护并不以规避者实施了传统意义上的侵犯版权行为为前提，而是直接以规避为中心，规避技术措施本身就构成侵权。尤其是对"接触控制措施"的保护，从实质上创设了一种允许版权人控制对作品的接触的新兴权利——接触权，远远超出了传统版权的权利范围。在各国版权法没有也不可能为版权人增设接触权的情况下，对"接触控制措施"的保护无法解决"以版权法保护非版权性的接触控制措施"的逻辑矛盾。④ 正因如此，在美国 *DMCA* 的审议过程中，消费电子产品生产商、图书馆等非营利性机构就批评其反规避立法"完全与版权保护的目的背道而驰，本末倒置"⑤。在 *Stevens v. Kabushiki Kaisha Sony Computer Entertainment* 案中，澳大利亚高级法院认为，涉案技术措施超越了版权，违反了宪法。⑥

也有学者将版权技术措施比喻为"花园的围墙"，认为技术措施

---

① 王迁：《论版权法对滥用技术措施行为的规制》，《现代法学》2018 年第 4 期。

② Ginsburg J. C. , "From Having Copies to Experiencing Works: The Development of an Access Right in U. S. Copyright Law", *Journal of the Copyright Society of the USA*, Vol. 50, No. 1 - 4, 2000, p. 124.

③ 王迁：《版权法保护技术措施的正当性》，《法学研究》2011 年第 4 期。

④ 林戈、宣喆：《论"接触控制"之"正当性"判断——以技术措施设置之"目的性"为依据》，《前沿》2012 年第 21 期。

⑤ Letter of October 26, 1998 from the Computers Systems Policy Project to the U. S. Secretary of Commerce.

⑥ Stevens v. Kabushiki Kaisha Sony Computer Entertainment, 221 ALR 448〔2005〕.

是权利人对自己版权的正当保护。① 然而，有形世界的规则并不能完全适用于无形世界，有形世界的所有权具有绝对性，所受限制极少，而无形的知识产品具有公共性和非排他性，版权制度的重要目的在于促进文化进步，因此必须预留出足够的公有领域。"接触权"的确立剥夺了公众合理使用作品的权利，还可能将处于公有领域的作品加以封锁从而收取许可使用费，甚至造成版权保护期限事实上的永久化，进一步加剧了技术措施保护的正当性危机。封锁数字作品的情形将导致事实上的信息商品化，而在访问控制技术和反规避法律出现之前，版权保护法无法涵盖这些信息。② 技术措施的广泛使用及其立法保护，受影响最大的是作为终端使用者的个人使用者，囿于技术能力有限以及对可能构成侵权的担忧，个人使用受到极大抑制，可能会损害重要的言论自由价值。在没有法律规定的公共访问的情况下，愿意为商业和非商业目的从事转换性或非转换性使用的用户可能会陷入一种自相矛盾的境地，他们不知道自己在支付什么。③ 如果所有的知识信息都被加密技术封锁，需要付费才能获取，将会剥夺公众创作新作品所需的知识来源，阻碍知识生产的螺旋式过程。

　　还有学者认为，不同于有形产品市场，内容市场上的替代性产品非常少，除了软件等功能性作品（事实上软件产品也存在兼容性问题），其他作品如电影、音乐的内容本身是促使消费者作出购买决定的关键因素。④ 技术措施对作品的绝对排他性控制可能造成一定程度的垄断，版权人由此收取高昂的作品使用费，会对希望获取和利

---

① Netanel N. W. , "Temptations of the Walled Garden: Digital Rights Management and Mobile Phone Carriers", *Journal on Telecommunication and High Technology Law*, Vol. 6, No. 1, 2007, pp. 77 – 100.

② Boyle J. , "The Second Enclosure Movement and the Construction of the Public Domain", *Law and Contemporary Problems*, Vol. 66, No. 1/2, 2003, pp. 33 – 74.

③ Cohen J. E. , "Lochner in Cyberspace: The New Economic Orthodoxy of 'Rights Management'", *Michigan Law Review*, Vol. 97, No. 2, 2019, p. 548.

④ 王东君：《数字版权管理的法律限制问题研究》，博士学位论文，武汉大学，2011 年。

用作品进行后续创作的使用者造成潜在的消极影响，从而导致创作领域"创造力丰富的人创作更丰富，创造力贫乏的人创作更加贫乏"的"马太效应"（Matthew Effect）。①

此外，随着版权技术措施的出现，使用者隐私与版权执行之间的冲突大大增加。能够监控最终用户行为和消费模式的技术的运行可能威胁到用户匿名使用受版权保护信息的权利，而匿名阅读与言论和思想自由密切相关。莱斯格认为，加密技术本身并不排除最终用户的隐私，而当这种技术的编程方式使得用户身份和消费模式不能对信息供应商隐藏时，用户隐私将会被牺牲。法律制定者可以采取的唯一措施是迫使这类技术的生产者按照各种形式的个人数据保护法规设计这些技术。②《欧盟信息社会版权指令》序言第 57 条也表明，欧洲日益认识到需要创建技术机制（即隐私增强技术）来确保对隐私利益的尊重，特别是在网络世界。③

正因为版权技术措施存在上述问题，各国在对其给予法律保护的同时，也会控制技术措施保护的适用范围，并规定了一定的限制和例外，在一定程度上平衡了版权人和社会公众的利益。例如，美国《DMCA》反规避条款中增加了 7 种例外情形，但范围过于狭窄且为穷尽式列举，缺乏关于例外的一般性条款。第 1201 条第（a）款第（1）项（C）还建立了三年一次的立法程序，该条要求国会图书馆检查"禁止规避技术措施的条款对批评、评论、新闻报道、教学、学术或研究的影响"。当某类版权作品的使用者表示他们"受到了或者有可能受到"技术措施的"不利影响"时，有权创设新的例外。尽管这一规定意在为设定新的例外留下灵活的法律空间，但其目的

---

① Isaac Getz, Todd Lubart, "Creativity and Economics: Current Perspectives", in Tudor Rickards, *Mark A Runco and Susan Moger*, *The Routledge Companion to Creativity*, London and New York: Routledge, 2009, p. 210.

② ［美］劳伦斯·莱斯格：《代码 2.0：网络空间中的法律》，李旭、沈伟伟译，清华大学出版社 2009 年版，第 245—247 页。

③ See Recital 57 of the InfoSoc Directive.

很难实现。其他国家和地区的立法也存在类似的缺陷。

(三) 作品使用者权观念下版权技术措施保护的重构

作品使用者权观念强调，版权人仅对其作品享有有限的法定权利，在该权利之外，属于公众可以自由行为的范围，包括合理使用在内的版权限制和例外不是仅在侵权诉讼中可以为使用者援引的抗辩事由，而是与版权平等的作品使用者的权利，是版权制度的重要组成部分，应当在事先得到尊重并通过相应的制度安排予以保障，不能以格式合同和技术措施的形式加以限制。此外，面临数字网络环境下新的作品利用方式，如果完全放弃对版权技术措施的法律保护，版权人的合法权利将面临极大的威胁。尤其是商业机构面向不特定的公众提供规避技术措施，将为侵犯版权行为提供便利和帮助。因此，出于平衡版权和作品使用者权的考虑，在国际条约框架内，应当在给予版权技术措施法律保护的同时对其进行严格的限制。针对版权技术措施保护的危害及其与版权法的冲突，有学者提出不应当禁止直接规避技术措施的行为，无论是"接触控制措施"还是"版权保护措施"，而只需要禁止提供规避技术措施的手段即可以达到保护版权的目的。① 事实上，如上文所述，曾经就有国家如澳大利亚、日本的立法采取了这种模式，但后来都基于各种原因进行了修改。对于王迁教授的上述观点，笔者不完全赞同，而认为一方面对版权技术措施的保护要以间接保护即禁止提供规避手段为主，另一方面也不能完全放弃对直接规避技术措施行为的规制，应区别对待。

1. 区别对待直接规避技术措施的行为

第一，在原则上禁止直接规避"接触控制措施"的行为。作品的获取同时关系到版权人和社会公众的利益，控制社会公众对作品内容的接触和获取一直以来都是版权人获得经济利益的重要手段，只是在传统环境下，受制于技术水平和交易成本，版权人主要通过

---

① 王迁：《技术措施保护与合理使用的冲突及法律对策》，《法学》2017 年第 11 期。

控制作品副本对作品获取进行间接控制。① 在少数情况下，作者还可以对作品进行直接控制，如对剧院表演收取门票，对书籍进行封装从而禁止读者接触。数字网络环境下，对作品的利用已经从拥有复制件转变为直接体验作品的内容，版权人也因势利导开发了新的经营模式如在线许可，在此背景下，能否控制对版权作品的接触和获取成为版权人能否获得经济回报的决定性因素，也直接关系到相关产业和新型业态的生死存亡。消费者付费阅读书籍与模拟环境下购买作品副本并无本质区别，允许直接规避"接触控制措施"将导致使用者可以在不付费的情况下阅读、欣赏作品，对权利人明显不公。因此，尽管可能面临"以版权法保护非版权性的接触控制措施"的逻辑层面的疑问，但该项保护措施毕竟与作品和版权相关，其目的在于确保权利人能从使用者对数字作品的阅读、欣赏等"接触"行为中获得合理报酬，具有正当性。况且，正如前文所言，作品使用者权的取得以合法获取版权作品为前提，当公众并未合法获得采取了"接触控制措施"的版权作品时，其自然不能对版权人及该作品主张权利，也不能擅自规避。另外，考虑到禁止规避"接触控制措施"可能会对社会公众合理使用版权作品、接受文化造成一定的障碍，可以在立法中规定，为了合理使用作品而直接规避"接触控制措施"的行为属于例外情形，不受禁止。当然，由于此时使用者并未获取作品，其无权要求版权人解除技术措施以供其合理使用。

第二，不禁止直接规避"版权保护措施"的行为。禁止规避"版权保护措施"的目的在于防止使用人破解技术措施之后实施受版权控制的行为如复制、传播作品等，从这个意义上看，"版权保护措施"与版权保护有着更大的关联性。然而，破解技术措施后实施的作品使用行为有可能属于版权的限制和例外，如果绝对禁止规避"版权保护措施"，必将给公众后续合理使用版权作品的自由造成障碍，不当扩张版权人的权利范围。正是基于此，在对"版权保护技

---

① 彭学龙：《论著作权语境下的获取权》，《法商研究》2010 年第 4 期。

术措施"给予保护的国家和地区，往往会规定一定的限制和例外，作为侵权的豁免。考虑到数字环境下非侵权使用的可能形式仍然处于发展变化之中，封闭式列举的版权例外和限制无法穷尽所有的非侵权使用行为，有学者主张，在规定禁止直接规避技术措施包括版权保护措施的同时，应当增加新的例外情形，尤其是与普通用户有关的例外，并引入一般例外条款，为未来留下足够的灵活性。[1] 还有学者提出，对于使用规避技术者，仅限于当其被用来侵犯著作权之情形时，才给予惩罚。[2] 上述的立法和学说有一定的价值，然而，如果规避"版权保护措施"之后实施了侵犯版权的行为，即便法律没有对"版权保护措施"专门保护，权利人也可以直接依据版权法追究侵权人的责任，维护自身合法权益，此时规避行为被实施行为吸收，无须单独评价。[3] 如果规避者的后续行为为合理使用，则原本就可以免责。如果没有实施后续的侵犯版权的行为，比如仅仅是为了炫技或测试，单独的规避行为不在权利人意图预防的行为范围之内，也不会损害版权人的合法权益，而且该规避行为处于规避者的私有领域，很难被发现，此时追究其侵权责任既缺乏正当性依据，也难以落实。目前，包括美国在内的一些国家并不禁止直接规避"版权保护措施"的行为。因此，与其选择"先禁止规避，再规定例外"的曲折而且复杂的做法，不如不禁止直接规避"版权保护措施"的行为。[4]

2. 适当放松对提供规避手段行为的管制

直接规避技术措施的行为无疑会给版权人的利益造成损害，尤其是考虑到网络用户为数众多，直接规避行为可能导致版权人无法

---

① 王东君：《数字版权管理的法律限制问题研究》，博士学位论文，武汉大学，2011 年。

② 朱晓睿：《数字时代技术措施的保护及其限制》，《华南理工大学学报》（社会科学版）2019 年第 3 期。

③ 李晓阳：《重塑技术措施的保护——从技术措施保护的分类谈起》，《知识产权》2019 年第 2 期。

④ 王迁：《技术措施保护与合理使用的冲突及法律对策》，《法学》2017 年第 11 期。

利用技术措施从用户处获得其原本需要支付的费用。然而，大多数网络用户既没有意愿也没有能力规避版权技术措施，因为成本高昂且十分困难。即便是个别网络用户拥有规避能力，单纯为了自己接触或使用作品而规避技术措施对版权人的影响很小，几乎可以忽略不计，而为不特定的主体提供规避设备或服务的行为由于可以不断叠加，则对版权人的影响很大。① 从这个意义上说，禁止提供规避设备和服务的行为对于预防侵犯版权、营造良好的网络版权环境、保护版权人的合法权益具有重要意义，对其进行立法规定具有正当性。对"提供规避设备或服务的行为"的规制，应当是版权技术措施法律保护的中心和重点，即便是对技术措施给予最低水平的保护，也应在原则上禁止提供规避技术措施的设施和服务。

此外，如果完全禁止提供规避技术措施的设施和服务，由于绝大多数人不具备规避技术措施的能力，在版权人采取技术措施的情况下，社会公众将无法接触版权作品，更不用说对版权作品进行合理使用。因此，在原则上禁止提供规避技术措施的设施和服务的同时，还应当加以限制。当前，一些国家和地区也规定了规避技术措施的限制和例外，但这些限制和例外要么不适用于提供规避技术措施的设施和服务的行为，比如欧盟；要么范围非常狭小，对作品使用者的利益考虑不足，比如美国。考虑到，一方面，禁止提供规避技术措施的设施和服务的目的在于防止向不特定多数公众提供规避技术措施的设施和服务从而帮助可能的侵权；另一方面，向特定的个别人提供规避技术措施的设施和服务，只要没有后续的利用作品行为，一般也不会构成版权侵权。因而法律可以明确规定，向特定的合法规避者提供规避设备和服务的行为不承担反规避立法下的责任，关于特定的合法规避者的范围由各国根据本国的版权法和具体国情确定。相反，向不特定公众提供规避设备或服务的，直接构成侵权，并且为了防止随意向他人提供规避设备和服务，可以对提供

---

① 王迁：《论禁止规避技术措施的范围》，《法学家》2016 年第 6 期。

者规定严厉的法律责任，包括刑事责任。或者，可以借鉴日本《著作权法》和《反不正当竞争法》，将反规避立法下的责任的适用限制为向"公众"而不是向特定的个人提供规避设备的行为，以避免反规避立法的适用范围过广。但是，该特定的个人应当向设备或服务提供者出具一份声明，包含其姓名、地址，并保证仅用于法律允许的用途，一旦该特定的个人规避技术措施后实施了侵犯版权行为，可以便于版权人提起诉讼。

二 版权合同与作品使用者权的冲突与协调

（一）版权合同与作品使用者权的冲突

1. 版权合同概述

合同一直以来就是版权法的重要组成部分，它们对版权制度的实施必不可少。作者和出版商利用合同来确定因版权保护产生的利润分成，商业版权使用者与作者或他们的代表（通常是集体协会）约定创造性作品的使用条款，私人用户根据销售合同的标准条款购买模拟媒介上受版权保护的作品（例如一本书）。数字环境下版权合同往往采取电子许可证的形式，如"拆封授权合同"（Shrinkwrap Contracts）、"点击授权合同"（Clickwrap Contracts）与"浏览授权合同"（Browsewrap Contracts）等，设置版权作品的使用规则。[1] 作为理性的经济人，受经济利益的驱使，版权人必然倾向于利用版权合同尽可能地扩张自己的权利范围，从而实现自身利益的最大化。这种权利扩张主要表现为两种类型：一是超越版权法的内容和期限寻求额外的权利，包括将不受版权保护的作品或信息纳入合同保护的范围，延长作品的保护期限，或者创制不属于版权法规定的权利等；二是限制版权法中的"限制和例外制度"，比如禁止受让人转售作品

---

[1] Nimmer, Brown E. and Frischling G. N., "The Metamorphosis of Contract into Expand", *California Law Review*, Vol. 87, No. 1, 1999, p. 63.

副本，限制使用者合理使用版权作品。通过对"权利限制和例外"的反限制，版权合同大幅缩小了作品用户的使用自由，扩充了版权人的权利范围。[①]

传统模拟环境下，版权合同一般是在版权人与使用者平等协商的基础上签订的，体现了双方的自由意志。版权合同对作品使用者的利益影响较小，版权合同可能不当扩张版权内容的问题尚未广泛进入人们的视野。而在数字网络环境下，数字许可条款往往由版权人单方面决定，没有给用户留下任何谈判的余地，用户面临着"接受还是放弃"的选择。[②] 尤其是版权合同与受法律保护的版权技术措施的结合，可以帮助版权人实现对数字作品的完美锁定。有学者因此指出，这些许可根本不是合同，而是权利人行使其财产权的单方面行动，并向用户表明希望排除哪些使用其作品的行为。[③] 在实际操作中，用户在互联网环境中也不会阅读这些冗长的合同条款，当他们了解到这些条款的具体含义时，他们会后悔当初表示了同意。最终用户许可证的措辞往往是普通用户无法理解的法律术语，即使它们容易理解，也不像其他信息如产品的价格那样清楚。这意味着作品使用者无法完全确定这些条款和条件对其利益的真正影响。例如，使用者难以事先得知其是否会受到特定作品的启发而创作后续作品。此外，合同通常与数字版权作品捆绑在一起，要么写在产品上（例如音乐 CD），要么在第一次使用产品或每次使用产品（例如计算机软件）时出现在阅读设备中。这意味着不仅产品的原始购买者，而且随后使用产品的每个人都要受到协议条款的约束。Elkin – Koren 就曾指出，美国 Pro CD 案的结果表明，对版权作品的每一次

---

① 杨涛、张钦坤：《版权网络授权合同的扩张及其应对》，《出版发行研究》2016 年第 6 期。

② Cohen J. E., "Copyright and the Jurisprudence of Self – Help", Berkeley Technology Law Journal, Vol. 13, No. 3, 1998, p. 1096.

③ Niva Elkin – Koren, "Copyright Policy and the Limits of Freedom of Contract", *Berkeley Technology Law Journal*, Vol. 12, No. 1, 1997, p. 98.

访问会实行完全的合同控制，不仅对原始合同方（购买者），而且对每一个后续用户都是如此。通过这种方式，版权合同创造了类似于财产权的权利，对每个人都可强制执行。在 Pro CD 案之后，实际上，任何第三方使用 CD 都有可能受到版权人和买方之间原始合同的约束。[①]

在此背景下，作品使用者的利益和社会公共利益遭受数字版权合同的重大冲击。如何协调数字环境下版权合同与版权法之间的冲突成为学术界的重要议题，许多国家也在立法和司法实践种对版权合同尤其是网络版权格式合同进行了一定程度的干涉与规制，由此形成了不同的学说、观点和做法。

2. 关于版权合同与版权法关系的争鸣

在评论版权人通过版权合同和技术措施对数字版权信息几乎完美的锁定时，学者分成了两派。版权合同自由观的拥护者支持实施数字版权管理系统，认为技术最终将为无摩擦的市场交易提供前所未有的环境，信息商品可以在一个非常灵活的价格范围内进行销售，反映了社会公众为获得和使用版权作品而支付费用的不同意愿。[②] 版权公有领域的捍卫者则声称，在缺乏立法调整和监督体系的情况下，这种私人秩序可能会抹掉版权公法的平衡性质。由私人强制执行的许可证将创造接触和使用的条件，这些条件在过去是受公共管制并最终通过司法审查保证执行的。而根据"公有领域"方法，只有通过公共规制，才能更好地理解版权客体的复杂性，而不是将其简化为一种单纯的商品。[③]

支持版权合同自由的学者还认为，强制性或不可豁免的例外将

---

① Niva Elkin – Koren, "Copyright Policy and the Limits of Freedom of Contract", *Berkeley Technology Law Journal*, Vol. 12, No. 1, 1997, p. 98.

② Merges R. P., "The End of Friction – Property Rights and Contract in the Newton World of On – Line Commerce", *Berkeley Technology Law Journal*, Vol. 12, No. 1, 1997, pp. 115 – 136.

③ Yochai Benkler, "An Unhurried View of Private Ordering in Information Transaction", *Vanderbilt Law Review*, Vol. 53, No. 6, 2000, pp. 2063 – 2080.

妨碍合同自由，并限制版权所有者利用其专有权的灵活性。① 例如，在澳大利亚版权法改革征求意见时，澳大利亚 BSA（软件联盟）指出："在数字经济中，合同自由对商业至关重要，因为版权所有者越来越依赖许可协议提供内容访问，而不是销售副本。自由商定许可协议的条款是开发新产品和服务的根本，这取决于新的商业模式，对于这些商业模式来说，能够就特定的许可条款达成协议是至关重要的。"② 有学者认为，通过可自动执行的电子许可证对作品使用者权的可能限制不应引起特别关注，这种版权内容的传播模式将使最终用户和社会更加富裕，因为他们追求的是以前版权例外所确保的目标。③ 正如贝尔所言，如果社会福利被定义为私人交易产生的财富的总和，那么在数字世界中用付费使用代替合理使用最符合公众利益。④ 因此，对于大多数来自法律经济学运动的学者来说，版权合同和权利管理技术所确保的无限控制，很可能允许对知识创造的权利进行最有效的分配。

上述争论涉及一个公共政策问题，即私人主体是否有权在法律之上建立技术和合同条件，将版权产品的不完全排他性转变为完全封闭性，从而取消先前在公有领域任何人都可以获得信息的权利。笔者认为，在私人秩序之下，作品的获取将完全取决于使用者的付费意愿，不给版权法的干预留下任何空间，法定的版权例外甚至会被完全取消，危害甚巨。正如科恩所言，通过合同和"代码"实现版权信息的完全锁定，将确保对此前未曾补偿的正外部性或利益的经济补偿，基于财产和契约的模式将从根本上改变社会福利等式，

① Barry Sookman, "Copyright Reform for Canada: What Should We Do? A Submission to the Copyright Consultation", *Intellectual Property Journal*, Vol. 22, No. 1, 2009, p. 12.

② ALRC, *Copyright and the Digtal Economy: Final Report*, November 2013 BSA, Submission 598.

③ Hardy T., "Property (and Copyright) in Cyberspace", *The University of Chicago Legal Forum*, Vol. 8, No. 1, 1996, p. 242.

④ Bell T. W., "Fair Use vs. Fared Use: The Impact of Automated Rights Management on Copyright's Fair Use Doctrine", *North Carolina Law Review*, Vol. 76, No. 2, 1998, p. 587.

一些共享的社会福利将被私人占有福利所取代。① 此外，基于合同的模式也会大大限制转换性和非转换性使用。对于非转换性使用，作品使用者的权利可能完全依赖于版权人提供的格式合同，这一事实将鼓励版权人为非商业使用设置狭窄的、标准化的许可，形成许可文化，扼杀文化自由。至于转换性的使用，使用者为了进行转换性使用而需要的版权作品越多，他们进行后续创作的成本就会越高昂，也越不可能。"按访问付费"和"按使用付费"模式的推广只会鼓励被动消费，而抑制进行再创作的主动使用。更为重要的是，数字版权内容的商业圈地将改变科学和艺术创新的迭代特征，降低新作品向公众披露的程度，有悖公共利益。

正是因为版权合同尤其是数字版权格式合同对作品使用者和社会公共利益的危害，司法实践中，也出现了通过宪法人权原则、反垄断法、合同法规则、版权滥用原则、公共政策和消费者权益保护法对版权合同自由进行干涉的做法。然而，传统上，宪法原则被用来保护公民不受国家侵害，在多数国家，宪法原则不能被用于制止私人之间的权利侵害。反垄断法的适用以滥用市场支配地位和获取或维持垄断地位为前提，这在版权领域很难成立。版权公共政策过于抽象，无法满足司法审判对于"清晰明了"的要求，况且保护版权与保护公有领域均属于公共利益的范畴，当二者发生冲突时如何取舍本身就是一个问题。版权滥用原则也存在与公共政策理论相同的缺陷。因此，限制合同以保护作品使用者的利益，除了在版权立法中进行外，在其他方面似乎很难有效地做到这一点。

关于如何在版权立法中限制版权合同，处理版权合同与版权例外的关系，学术界也有不同的观点，有人认为，版权的最终目标是促进文化流通，通过合同和技术对访问版权内容的行为进行严格控制，会产生负外部效应，阻碍新的创作。为避免数字版权功能失调，

---

① Cohen J. E. , "Lochner in Cyberspace: The New Economic Orthodoxy of 'Rights Management'", *Michigan Law Review*, Vol. 97, No. 2, 1998, p. 550.

版权法应当规定，所有的版权限制和例外都应当是强制性的，任何凌驾于版权限制和例外之上的合同条款均属无效。① 比利时版权法即采取了这种模式。也有人主张，应当区分版权限制和例外的类型，以基本人权为依据的版权限制和例外比如引用、评论、戏仿和教育使用等不能被合同排除，而基于市场失灵的版权限制和例外如个人使用则允许以合同进行排除，也就是说，该提议将创建一个合理使用的"等级制度"。② 对此，有学者提出反对意见，认为即使是某些基于市场失灵的版权限制，也可能对基本公共利益产生影响。例如，首次销售原则的依据是版权人无法控制已售版权作品的后续使用，但它也允许公众更多地接触该作品，从而加强了文化的流通。此外，私人复制的例外也包含了基本人权如言论自由和隐私权的保护需要。另外，通过强调目的而不是合理，破坏了合理使用例外的运作和理由，也就是说，对合同的限制将取决于使用是否属于特定的说明目的，而不是使用是否合理或公平。③

（二）作品使用者权观念下版权合同的限制

上文处理版权合同与版权限制和例外之间关系的观点从各自的立场和角度看都具有一定的合理性，合同自由需要得到尊重，这也是新技术背景下相关版权产业得以生存和发展的前提条件；与此同时，版权公共利益和制度平衡更需要得到维护。完全的合同自由和对版权合同的全面禁止均过于偏激。需要注意的是，上述观点基本上以"版权的限制和例外属于侵权抗辩"为前提，正因如此，有学者主张应充分尊重合同自由，因为版权合同覆盖的版权限制和例外

---

① Neil Weinstock Netanel, "Copyright and a Democratic Civil Society", *The Yale Law Journal*, Vol. 106, No. 2, 1996, pp. 283 – 387.

② Geiger C., "Constitutionalising Intellectual Property Law? The Influence of Fundamental Rights on Intellectual Property in the European Union", *International Review of Intellectual Property and Competition Law*, Vol. 37, No. 4, 2006, p. 382.

③ ADA and ALRC, Submission 586.

并不属于使用者的权利。从作品使用者权的角度看，版权的限制和例外属于作品使用者的权利而不仅仅是版权侵权的抗辩事由，对于扩大公有领域和促进文化繁荣有着重要的意义，在侵犯版权诉讼之前就应该得到充分考虑。从合同法的角度看，单方面制定的格式合同如果剥夺了对方主要权利，应属无效。实践中大量存在的未经协商的数字版权合同单方面剥夺了使用者的权利，破坏了版权平衡。因此，一个可行的做法是进行以下规定：单方面制定的格式协议不能剥夺任何作品使用者基于版权政策和版权限制和例外享有的权利，否则相关协议应当被宣告为无效；如果合同是双方权利人和使用者在平等协商的基础上签订的，情况则有所不同，一方面，涉及言论自由、文化参与和接受教育等宪法性权利（如个人使用、教育使用等）以及关乎公共利益（如图书馆使用、残疾人使用）的版权限制和例外不能被合同（无论是未经协商的合同还是平等协商的合同）剥夺，其他的限制和例外则允许作品使用者基于其自由意愿而放弃。

对于上述建议，必然会有很多人难以理解，甚至包括作品使用者都会在拥护之余表示困惑：通过合同获取版权作品，按照合同条款使用作品不是一件相当正常的事吗？为什么需要版权法的介入或干涉？这一方面表明，在国家和版权人的强势宣传下，当前的版权观念形成了极强的道德感召力，以致公众在面对高昂的版权定价时虽然多有抱怨甚至使用盗版，但内心深处对版权人的权利十分认同——这就是他的权利，他有权控制；同时亦表明，经过多年的版权实践，尤其是在数字网络环境下，许可文化已经深入人心。而这恰好是最为糟糕的局面。作品使用者权的提出，在很大程度上就是为了扭转上述观念，并让民众包括作者认识到，作品的创作凝聚了多方的贡献，绝非仅仅系作者个人天才的体现，版权并不意味着版权人对作品的绝对控制，使用者也有权利，由此形成更为自由的文化环境，造福于社会。

第四节　作品使用者权的保障与法律救济

版权法的默认规则是在分配版权人和作品使用者之间的权利和利益的同时，广泛促进和鼓励作品的创作与传播，以及更大的公共利益。如前所述，一些商业惯例对默认规则产生了不利影响，包括未经谈判的标准格式用户协议凌驾于版权限制和例外之上；版权技术措施的普遍采用和保护日益限制了作品使用者的权利和自由；大规模部署网络版权自动执法工具以发现可能的侵犯版权行为，是另一种形式的私人秩序，对版权法设定的旨在调解相互竞争的利益关系特别是关于版权使用者权益保护的默认规则提出了重大挑战。要认真对待作品使用者权，就有必要为了版权使用者的利益对版权所有人施加明确的义务，并且赋予作品使用者或社会公众获得救济的权利和途径。

一　让版权人对用户友好的版权框架负责

数字网络技术环境下，大规模的版权私人执法实践造成了对其合法性的有利偏见，导致对侵犯版权行为的错误评估，或在涉嫌侵犯版权的案件中缩小了作品使用者的权利范围。① 版权私人执法的结果缺乏透明度和合法性，还可能误导消费者和公众，使他们相信这种做法符合版权法，从而在他们心目中消除对妨碍作品使用行为提出索赔的可能性。② 相较于事后的法律救济，通过一定的技术预设降低 TPMs 等网络版权私人执法工具对作品使用者利益的不良影响，"以技术手段解决技术发展带来的问题"，无疑是一个成本更低的选

---

① Matthew Sag, "Internet Safe Harbors and the Transformation of Copyright Law", *Notre Dame Law Review*, Vol. 93, No. 2, 2017, pp. 526 – 527.

② Perel M., "Elkin – Koren N. Accountability in Algorithmic Copyright Enforcement", *Stanford Technology Law Review*, Vol. 19, No. 1, 2016, p. 488.

择，也能更加有效地减少错误的私人执法，从而为社会公众在不受不正当限制的情况下合法使用版权作品提供更加宽松和自由的社会环境，促进文化繁荣。然而，版权人并没有足够的动机去主动考虑或维护作品使用者的利益，相反，作为一个理性的经济人，他们希望最大限度地获取经济利益，有效预防可能发生的侵犯版权行为，并避免昂贵而漫长的诉讼程序，因此版权人尽可能地部署私人执法工具的动机会异常强烈，并且一般不会为公众合法使用版权作品预留多大空间。这意味着，如果希望对版权技术措施等私人执法工具进行技术限制，平衡版权人和作品使用者之间的利益关系，不能指望版权人的"良心发现"和"自我革命"，而有必要通过立法对版权所有者施加积极的义务，要求其为社会公众合法使用作品留出必要的空间，并且辅之以相应的法律责任。简单地说，就是让版权人对用户友好的版权框架负责。

对此，理论界已有不少学者提出过一些设想。例如，Daniel Burk 等学者针对版权私人执法对合理使用的过度限制，提出了一种混合式的合理使用代码基础架构。[1] 按照他们的设想：一方面，法律可以要求该技术架构嵌入对版权作品自动的最低水平的无争议的合理使用。例如，音乐提供商可以通过 TPMs 允许有限数量的音乐唱片用于非商业用途。另一方面，对于超出预先设定的合理使用许可范围的使用，设置一个可信的第三方中介来管理访问密钥。如果公众希望访问作品，可以向中介申请密钥，中介在对预期用途的合法性做出初步判断后决定是否发布密钥。如果版权所有者没有进行必要的密钥存储，他们部署的版权技术措施将无法获得法律保护，不能制裁他人的规避行为，亦即让位于"规避权"。国内也有学者进行了相关研究，如常江认为，为了解决版权技术措施与合理使用的冲突，可以从技术方面入手，实现 DRM 技术对合理使用的包容性，并提出

---

① Burk D. L. and Cohen J. E., "Fair Use Infrastructure for Rights Management Systems", *Harvard Journal of Law and Technology*, Vol. 15, No. 1, 2001, p. 66.

系统预定与可信第三方授权相结合的混合模式，与 Daniel Burk 等学者的设想大体一致。[①] 蔡丹琪主张通过立法要求版权技术措施为用户的合理使用留出空间，违反者其技术措施将不受法律保护。[②]

笔者认为，系统预设模式可以自动解决最低水平的合理使用问题，具有高效便捷的优势，在此之外，是否构成合理使用并不十分明确的情况下，可信第三方授权模式可以凭借其专业优势进行审查和判断，从而解决作品的使用问题，二者发挥作用的场合有所不同。混合模式吸收了系统预设模式和可信第三方授权模式各自的优势，总体而言，是一个更加可取的建议。为了保障上述方案得到落实，需要在立法中明确相应的法律责任。Daniel Burk 等学者关于版权人不向可信第三方交存密钥将导致技术措施不受法律保护的建议有一定的合理性。但考虑到现实生活中绝大多数的作品使用者尤其是个人使用者的技术能力有限，规避不能的情况下将面临无法合理使用版权作品的局面，因此可以直接规定对违反者的处罚措施。亦即，如果版权人未按照法律规定预设并允许最低水平的合理使用，没有向可信第三方交存密钥，将依法受到处罚，且其技术措施因为不符合法律规定不能获得保护。对此建议，定然会有人表示不解，并认为对版权人过于严苛，正如我国 2020 年 4 月 26 日公布的《著作权法修正案（草案）》曾规定"不得滥用著作权影响作品传播……否则将给予行政处罚"，就遭到了学者的激烈批评，一方面认为无须规定版权滥用，另一方面认为行政介入私法领域缺乏依据，后续出台的草案版本和最终通过的修正案删除了上述条款。笔者认为，如果从"版权限制和例外属于作品使用者权"这一观念出发，则本书的建议并无多大问题，版权人不履行预设义务和交存密钥义务不仅将广泛影响社会公众合法使用作品的权利，也会损害作品使用和传播

---

① 常江：《数字版权管理与合理使用权利冲突的解决路径》，《出版广角》2016 年第 16 期。

② 蔡丹琪：《技术措施保护与终端用户合理使用的冲突与协调》，硕士学位论文，华南理工大学，2019 年。

方面的公共利益，在数字网络和人工智能技术背景下，这一规定并不会给版权人造成过重的负担，因此相关的规定具有正当性和可行性。2010 年，巴西就曾发布过一项版权法提案，建议对妨碍或阻止版权限制和例外的行为给予处罚。这一提案与本书的建议异曲同工。此外，最低水平的合理使用的范围，申请密钥的前提条件（如是否应以社会公众不能以合理的条件获得并使用版权作品为前提），可信第三方在审查方面不尽职尽责或者错误授权的法律责任，在立法时都应当予以考虑并做出应对。

二　作品使用者权的法律救济

救济在本质上是一种权利，即当实体权利受到侵害时从法律上获得自行解决或请求司法机关及其他机关给予解决的权利。[①] 如本书第三章所述，能否获得法律救济不是决定作品使用者权的先决条件，从实体上承认作品使用者权并将这一观念内化到版权相关制度中可能对社会公众具有更为重要的意义。然而，面对实践中尤其是网络环境下普遍存在的损害作品使用者权的行为，要保证版权人履行版权法义务，真正落实作品使用者权，在立法上确立作品使用者在其权利遭受侵害时获得救济的途径和措施也是制度建构方面的一个重要内容。亦即当作品使用者权因为版权人或其他人的行为受到阻碍或侵害时，使用者或者公众可以向法院或其他机构提起诉讼或申请，要求排除妨碍；造成了实际损失的，可请求给予赔偿。[②] 事实上，当前部分国家的版权立法已经进行了初步的尝试。比如，针对"避风港规则"适用过程中可能存在的错误删除行为，美国数字千年版权法规定，版权人指控侵权不实导致网络服务提供者错误删除作品等给服务对象造成损失的，权利人应当承担赔偿责任。[③] 我国信息网络

---

① 程燎原、王人博：《权利及其救济》，山东人民出版社 1998 年版，第 356 页。
② 刘银良：《著作权法中的公众使用权》，《中国社会科学》2020 年第 10 期。
③ See 17 USC 512（f）.

传播权保护条例中也有类似规定。① 在美国 LENZ 案的判决中，法院认为合理使用是公众合法自行利用作品的权利，如果版权人的虚假权利主张导致使用者的合理使用权受到限制，使用人可以要求版权人赔偿损失。② 上述立法规定和法院判决，在一定程度上意味着合理使用属于作品使用者权而不仅仅是版权的限制和例外，同时也表明具有可诉性的合理使用权并非不可实现的权利，它既可以在版权法律规范中进行有效设置，也可以在司法实践中得到正当维护。2019年生效的欧盟版权指令一改"避风港规则"，对信息共享平台提出了实质性的版权内容过滤义务，为了防止错误屏蔽侵犯网络用户的言论自由以及合法使用作品的权利，指令要求各成员国建立各种机制，使在线服务提供商的用户有效享有版权例外：一方面，在线服务提供商有义务建立投诉和救济机制，以保障引用、批评、评论和模仿的有效享受；此外，成员国还应确保用户能够利用庭外救济机制使这些争端得到公正的解决；用户还应当有权诉诸法院或其他相关司法机关，以主张使用版权规则的例外或限制。③ 这一规定不仅间接承认了（部分）版权限制和例外的用户权利性质，也为用户维护自身权利提供了庭外和诉诸法庭或其他相关司法机关的救济途径，对其他国家和地区具有启示和借鉴意义。当然，通过一定的制度和技术安排，要求信息共享平台在过滤版权内容时就充分考虑版权的限制和例外，保证用户权利从一开始就得到保护而不仅仅是求诸事后的救济，可能是一个更好的安排。此外，比利时、爱尔兰、英国、希腊、丹麦、意大利、德国、荷兰、西班牙、法国等国家也在其版权法中明确规定了当版权人利用技术措施损害社会公众合法权益时社

---

① 我国《信息网络传播权保护条例》第二十四条规定："因权利人的通知导致网络服务提供者错误删除作品、表演、录音录像制品，或者错误断开与作品、表演、录音录像制品的链接，给服务对象造成损失的，权利人应当承担赔偿责任。"

② See Lenz v. Universal Music Corp., et al., Nos. 13 - 16106, 13 - 16107（9th Cir. Sept. 14, 2015）.

③ See Article 17（9）DSM Directive.

会公众获得救济的途径。[①]

（一）救济的对象

救济的对象是版权人或其他主体侵害作品使用者权的行为。就目前而言，最主要的是版权人利用版权技术措施影响作品使用者权的行为。从有关国家立法来看，哪些被技术措施影响的版权限制和例外可以获得救济，规定各不相同。笔者认为，从作品使用者权的角度来看，所有的版权限制和例外均应在其列。此外，救济的对象也可以是其他损害作品使用者权的版权私人执法行为，如通过版权内容过滤、"通知—删除"程序屏蔽、删除上传至网络平台的作品，以版权合同限制或取消作品使用者权等行为。当然，做出不同的侵害行为，可能需要承担不同形式的法律责任。

（二）救济的主体

权利遭受侵害的作品使用者自然可以以自己的名义向法定机构申请救济，此外，还有一些国家规定作品使用者的组织或协会可以代表作品使用者采取救济措施。对此，笔者亦表示支持。一方面，版权的限制和例外既是某一特定使用者的权利，也可以被认为是属于社会公众的权利。学术界甚至有人认为合理使用不是使用者的个人权利，而是社会公众的集体使用者权。[②] 这一观点当然过于极端，其忽略了现实生活中作为个体的作品使用者的利益及其被侵犯的情形，但是在作品使用者权的法律关系中，版权人面对的是所有潜在的作品使用者或者说全体社会公众，因此，将作品使用者权视为社会公众的集体权利有其合理的一面。当版权人的行为损害到某一具体使用者的版权利益时，该使用者本人自然应有权采取措施获得救

---

① Giuseppe Mazziotti, *EU Digital Copyright Law and the End – User*, Ph. D. dissertation, European University Institute, 2007, pp. 378 – 384.

② Haochen Sun, "Fair Use as A Collective User Right", *North Carolina Law Review*, Vol. 90, No. 1, 2011, p. 202.

济；如果版权人或其他第三人的行为对所有（潜在的）使用者的版权利益造成了损害，由作品使用者的组织或协会代表全体作品使用者采取救济措施，不仅具有正当性，也能够更好地制约版权的肆意扩张，维护社会公众的合法权益。

（三）救济管理机关

就目前的立法实践来看，有些国家规定由法院作为救济机关，有些国家规定由版权行政管理部门或者专门设立的机关负责，处理因技术措施损害作品使用者权益而引发的纠纷。例如：丹麦版权法规定由版权许可审裁处负责处理，版权许可法庭可以命令版权人向使用者提供从例外情况中获益的手段；这些方法可以是提供作品的模拟副本，也可以是告知代码、密钥、解密设备等；如版权人在四周内不遵守审裁处的命令，使用者有权规避技术措施。在希腊，版权人和从例外情况中受益的第三方可以要求从版权组织拟定的调解员名单中选出一名或多名调解员提供协助；调解员向各方提出建议，如果在提交建议后的一个月内没有任何一方提出异议，则认为所有各方都已接受该建议，否则，该争端应由雅典上诉法院裁决。意大利的争议处理机构是版权委员会，如果保留的例外的版权人和受益人的协会未能就行使这些例外的方式达成协议，每个协会都可以要求版权委员会执行根据版权法设立的强制性调解程序，这些程序预计将任命一个特别委员会，旨在提出解决争端的办法；调解不成的，每一方当事人有权在调解程序进行之日起 90 日后提起普通民事诉讼。德国法律规定，就必须的例外情况而言，凌驾于版权人义务之上的合同条款无效，没有依法提供必要手段的版权人将面临最高 50000 欧元的行政罚款，但没有再提供具体的救济途径。在英国，申诉通知可由保留的例外的受益人或被阻止实施许可行为的某类人的代表向国务大臣发出；如果国务大臣认为没有任何现存的自愿措施或协议向使用者提供执行保留的例外之一的手段，可命令实施该措施的版权人向申诉人提供实施许可行为的手段，以从该行为中获益，不遵守他的指示将构成违反法定义务。荷兰司法大臣可以颁布法令，责成作者或其版权继承人向文学、科学或艺术作品的使用者提供必要的手段，使其从保证的例外中获利。比利时《版权法》明确规定了版权例外的强制性特征，如果版权人不遵守第79条第2款第2项规定的在合理时间内采取充分和自愿措施的义务，初审法院院长可以确定是否违反了这一义务，并命令版权人提供可从保留的例外中获益的手段。西班牙的知识产权委员会可以对纠纷进行调解、裁决，如果权利人和/或利害关系方之间的协议未能提供行使《版权法》第161条第1款所规定的例外的手段，这些例外的受益人可以进行民事诉讼；此外，如果保留的例外的受益人是西班牙消费者保护法意义下的消费者，则有资格的实体即消费者协会可以代表消费者进行民事诉讼，这些实体有权在法庭上出于保护消费者的目的采取行动。《法国知识产权法》L. 335 – 1 第6节规定，技术措施不能合法地反对版权例外，也不能合法地反对版权人授予的权利；法国设立了技术措施法规管理局，该管理局被定义为一个独立的行政机构，如果某种版权例外受到技术措施的限制，保留的例外的受益人可以向技术措施管理局提起诉讼，如该局未能提出例外受益人及版权所有人均同意的解决方案，其有权驳回该申请，或命令版权所有人提供让受益人进行保留用途的手段。

上述国家的规定值得借鉴，本书认为，从便利和更好地保护作品使用者权的角度出发，亦考虑到相关纠纷的专业性，一方面，可以在版权管理部门下设专门机构负责处理相关纠纷；另一方面，也允许作品使用者向有管辖权的法院诉讼，保障其获得司法救济的权利。

（四）责任形式

针对不同的侵害行为，不同的主体寻求救济，以及不同的机构给予救济，应该有不同的责任形式。具体而言，如果版权人的技术保护措施侵害了作品使用者权，版权人应当提供使用作品的手段，例如，提供作品副本、告知密钥等；如果版权合同侵害了作品使用者权，应确认相关条款无效，并允许作品使用者依法使用作品。如果版权人或其他主体的版权过滤或删除行为侵害了作品使用者权，应确认侵权成立，责令恢复作品的上传；造成作品使用者实际损害的，应由责任主体承担赔偿责任。对于版权侵权指控，如被告认为自己的行为系依法行使作品使用者权，也可以请求法院作出确认使用合法的判决。此外，对于版权人或其他主体违反尊重作品使用者权的义务的行为，必要时可以要求其承担相应的行政法律责任。

本章小结

版权法哲学的选择直接影响到版权制度的安排，将版权的限制和例外明确为作品使用者权，应当摈弃自然权利劳动理论，而将功利主义理论确立为版权法的正当性依据。尽管作品使用者权并非在版权法上新设一项权利，其也不同于一般的民事权利，但是为了使公众对作品使用者权有一个更为清晰的认识，仍有必要明确其主体、客体、内容以及行使的条件。具体而言，作品使用者权的主体是使用版权作品的人，客体是版权作品，内容包括合法使用权、自行规避权，以及公众在创作、学习和文化参与等方面的更为宽泛的利益。合理使用是作品使用者权中最为重要的组成部分，作品使用者权制度因应的一个核心内容就是调整版权合理使用制度，建立灵活开放的合理使用立法模式，放松对个人使用行为的管制，宽泛解释合理使用目的，附条件豁免侵犯版权行为，实行有限的举证责任倒置。数字版权管理是对作品使用者权的最大威胁，因此需要加强和完善对数字版权管理系统的法律规制，一方面，对版权技术措施的保护要以间接保护即禁止提供规避手段为主；另一方面，也不能完全放弃对直接规避技术措施行为的规制，而应区别对待。禁止以单方面的版权格式合同剥夺任何作品使用者基于版权政策以及版权例外和限制应享有的权利，否则相关合同或条款应当被宣告为无效；如果合同是版权人和使用者在平等协商的基础上签订的，则应区别对待不同的版权限制和例外情况，其标准为是否与公共利益直接相关。此外，还应从技术和法律层面加强对作品使用者权的保障与救济，让版权人对用户友好的版权框架负责，赋予作品使用者在其权利受到侵害时向法院和有关机构寻求救济的权利。

第六章 "作品使用者权"观念对
我国著作权法的启示

　　历经十年的酝酿与争论后,我国《著作权法》第三次修正案终于在 2020 年 11 月 11 日通过并于 2021 年 6 月 1 日起生效实施。修正案总的基调是进一步加强对著作权的保护,无论是作品兜底条款的增设、广播权的合理扩张,还是惩罚性赔偿制度的增加和法定赔偿上限的提高,都体现了这一点。在平衡版权制度方面,修正案并未给出有效的应对方法。学术界关于合理使用等版权限制和例外的诸多建议并未在最终的修正案中体现。《著作权法修正案(草案)》一次审议稿中规定的禁止权利滥用条款也在二次审议稿中被删除,理由之一是与强化知识产权保护的潮流不符。[①] 鉴于有关作品使用者权的学术研究尚不成熟,短时间内在我国版权法中承认版权的限制和例外属于作品使用者权可能不太现实。然而,数字网络环境下版权制度的利益失衡客观存在,不容忽视。对作品使用者权的承认与强化版权保护并不冲突,二者可以并行。强化版权保护是指严格按照法律规定的版权客体、版权内容给予保护,而不能及于法定的内容之外,其针对的是侵犯版权的违法行为,而作为作品使用者权的版权限制和例外原本就不在版权的范围之内。况且,正如前文所述,对作品使用者权的承认与保护更加客观地反映了创作的过程和版权

---

① 陈婷:《著作权滥用的有关争议、误读及澄清》,《电子知识产权》2021 年第 2 期。

生态系统的运行机制，有助于后续创新和文化繁荣，能够更好地实现版权制度的目的宗旨，强化版权保护并非拒绝承认作品使用者权的有效事由。因此，我们可以先于制度，确立作品使用者权的理念和精神，在此观念的指引之下，我国《著作权法》未来的完善可以考虑从以下几个方面着手。

第一节　合理使用制度的完善

一　设置合理使用的一般条款，调整兜底条款

长期以来，由于我国著作权法只封闭列举合理使用的具体情形，缺乏合理使用的一般条款，以致在司法审判实践中引发了不少问题：一方面，一些本质上属于合理使用的行为因为不符合法定情形得不到法院的支持①，不尽公平合理；另一方面，少数法院突破合理使用的具体列举情形，依据公共政策进行了合理使用的判定②，在获得广泛支持的同时也在一定程度上损害了法律的严肃性和法律适用的统一性。此外，数字网络环境下的新型作品使用行为如机器人学习、用户创造内容（UGC）等是否构成合理使用所引发的争论，凸显了封闭列举立法模式在版权实践中存在的不足。关于是否应当增加合理使用一般条款，在我国学术界一直存在争议，多数学者持支持态度③，但反对的声音也不少见④。在《著作权法》的修订过程中，2014 年《著作权法修正案（草案）》送审稿在列举的具体合理使用情形之外增加了兜底条款"其他情形"以及一般性条款"以前

---

① 参见北京市高级人民法院〔2013〕高民终字第 1221 号民事判决书。
② 参见《最高人民法院公报》1996 年第 1 期；北京市第一中级人民法院〔2008〕一中民终字第 6512 号民事判决书。
③ 卢海君：《合理使用一般条款的猜想与证明——合理使用制度立法模式探讨》，《政法论丛》2007 年第 2 期。
④ 孙山：《合理使用"一般条款"驳》，《知识产权》2016 年第 10 期。

款规定的方式使用作品，不得影响作品的正常使用，也不得不合理地损害著作权人的合法利益"，但随后的版本以及最终通过的修正案出于各种考虑删除了该一般性条款；尽管也增加了"法律、行政法规规定的其他情形"作为兜底条款，但该兜底条款以法律、行政法规为前提，需要立法的另行明确规定，因此无助于提高合理使用的开放性与灵活性。基于前文的分析，如果承认著作权的限制和例外属于作品使用者权，意味着版权并不代表作者和权利人对作品的绝对控制，而仅仅是法律授予的特定权利，在法律授予的版权之外，属于公众的自由使用范围。封闭式合理使用的言外之意是，在列举的合理使用情形之外，均属于作者的控制范围，合理使用仅仅是对侵权的豁免，而非公众可以自由使用的权利。基于作品使用者权的观念，我国应当在今后的《著作权法》修改过程中参照《伯尔尼公约》三步检验法，确立合理使用的内涵或一般判定标准，作为合理使用的一般性条款，即"在特定情形下，不得影响作品的正常使用，也未不合理地损害著作权人的合法利益的，属于合理使用"，并在列举典型合理使用情形之余，将现行的兜底条款调整为"属于合理使用的其他情形"，以便更好地适应新的环境和社会公众合理使用作品的需求。

二　增加合理使用的列举情形

我国现行立法关于合理使用具体情形的列举亦较为狭窄，难以完全满足实践的需求。即便是增加合理使用的一般性条款，也应进一步明确列举一些重要的合理使用情形，从而提高法律适用的确定性，促进作品的合法使用。

首先，应在我国版权法合理使用条款的列举情形中增加文本与数据挖掘例外（Text and Data Mining, TDM）。文本与数据挖掘是通过机器学习、自然语言处理和推理分析等方法，根据文本内容完成信息抽取、关系发现、热点预测、文本分类和自动摘要等具体任务的信息处理技术。① 数据的价值不在于孤立的数据或文本，而在于对这些价值的提取，这就要求对海量的文本和数据进行分析，从而发现新的模式和关系，这一任务实际上是不可能手动执行和完成的，TDM 在此可以发挥作用。TDM 的潜力在于从大量数据和文本中处理、重新组合和提取进一步的知识，识别模式和似乎无关信息之间的关联，对于科技创新与社会创新都有着非常重要的意义。TDM 活动可以通过不同的程序和不同的目标进行，但其共同点则是分析和提取文本，三个常见的步骤包括：获取内容（步骤 1），内容提取和复制（步骤 2）；文本数据挖掘、知识发现和内容输出（步骤 3）。在此过程中，TDM 活动尤其是步骤 2 很难符合版权限制和例外的条件，可能存在侵犯版权的风险，在采取封闭合理使用立法模式的国家更甚。正因如此，西方许多发达国家的版权法中都陆续明确规定了文本与数据挖掘例外，旨在应对新的技术环境和创新需求。我国显然没有理由置身事外，在大数据和人工智能技术迅猛发展的今天，文本与数据挖掘例外对于扫清人工智能相关产业发展的障碍意义重大，文本与数据挖掘例外阙如将严重影响社会的创新能力，导致我们在国际竞争中处于不利位置。尤其值得注意的是，从版权法理层面看，文本与数据挖掘过程中对作品的使用（提取和复制）并非版权性使用行为，在很大程度上并不属于版权控制的范围，也与版权人的市场利益不相冲突，而属于作品使用者自由行为的范畴，理应获得立法层面更加清晰的支持。当前我国理论界对机器人学习创作中的版权合理使用问题展开了探讨，莫衷一是。事实上，机器人学习和创作本质上就是一个文本与数据挖掘的过程。机器人一方面通过数字网络技术获取、提取、复制作品等数据文本并进行自我学习，另一方面根据指令输出相应的内容。从作品使用者权和文本与数据挖掘例外的角度出发，一个应然的立场应当是：将为了机器人学习、创作而使用版权作品的行为确定为不影响版权人市场利益的合理使用，

---

① 宗成庆、夏睿、张家俊：《文本数据挖掘》，清华大学出版社 2019 年版，第 3 页。

至于机器人输出的内容，则以该内容是否与原作品构成实质相似判断其合法性，即如果实质相似则落入权利人的控制范围，构成侵权，反之则不构成侵权。

其次，可以借鉴加拿大版权现代化法案，增加"用户创造内容"（UGC）例外。所谓"用户创造内容"，是指在已有作品基础上增加新内容进行创作和传播。随着数字网络技术的发展和大众参与创新的兴起，用户创造内容呈井喷之势，原先主要由社会精英阶层把持的作品创作，已经成为普通百姓的寻常生活，正所谓"人人都是创作者，人人都是传播者"，以抖音为代表的网络短视频日趋火爆就是一个典型的例证。由于用户创造内容往往以已有的作品为基础，并且会通过网络等媒介加以传播而非局限于私人领域，其合法性问题在我国版权实践中引发了广泛的争议，亦即用户创作内容到底是合法使用还是侵犯改编权和信息网络传播权的行为。其原因在于：我国现行版权合理使制度用并没有将用户创造内容纳入其中，个人使用、引用例外又难以涵盖这一行为；同时，用户创造内容对于保障公民的言论自由、促进版权作品的后续创作、激发社会整体创新能力又有着重要的价值，不应当受到过分限制。可见，上述争议从本质上看涉及版权人、公众和社会公共利益的取舍和平衡。从作品使用者权语境出发，一方面，版权应当受到严格保护；另一方面，社会公众在版权范围之外合法使用作品的权利和自由也应得到尊重，引入"用户创造内容"版权例外恰逢其时。具体而言，可以将"转换性使用"与否作为判断"用户创造内容"合法性的标准。[1] 即如果某一用户创造内容基于或利用原作品增加了新的表达、新的含义或新的功能，则该行为应该被视为合理使用或合法使用；那些仅仅是单纯地摘录、剪辑、压缩原作品的行为，并未产生独立于原作的新的价值和功能，可能替代原作品、损害版权人市场利益的，应当认定为版权侵权行为。当然，现实的情况绝非如此泾渭分明，更多

---

[1] 熊琦：《"用户创造内容"与作品转换性使用认定》，《法学评论》2017 年第 3 期。

时候，处在争议旋涡的往往是那些介于二者之间，部分使用了原作品但确实有一些创新的行为，对此，可能要综合考虑使用的目的（是否具有商业性）、使用的比例（占原作的比例和占新作的比例）、使用部分在新作品中的作用等因素判断其合法性，并适当向作品使用者倾斜。

第二节 版权技术措施保护条款的重构

一 我国版权技术措施保护制度及其不足

版权技术措施的法律保护为版权人提供了"超版权"保护，"作品使用者权"就是与"超版权"保护相伴而生的制度安排，旨在平衡版权利益关系。我国对版权技术措施的保护可以追溯至1998年原电子工业部颁布的《软件产品管理暂行办法》，其中第三章第7条规定："禁止生成盗版软件和解密软件产品以及主要功能是解除技术措施的软件。"2001年出台的《计算机软件条例》第二十四条规定，故意避开或破坏著作权人为保护其软件著作权而采取的技术措施的，应依法承担民事、行政或刑事责任。2001年修订的《著作权法》亦增加了关于技术措施保护的规定，禁止故意避开或破坏版权技术措施的行为；2010年《著作权法》第二次修改时该规定也没有变更。2006年最高人民法院出台的《关于审理涉及计算机网络著作权纠纷案件适用法律若干问题的解释》第六条将提供规避技术措施的方法、设备或材料的行为也纳入禁止范围，扩大了版权技术措施的保护范围。总体而言，上述规定十分粗疏，均是从禁止的角度给予技术措施法律保护，并无对技术措施的明确界定，也没规定可以规避技术措施的例外情况。为加入网络条约（即 *WCT* 和 *WPPT*），2006年，我国出台《信息网络传播权保护条例》，首次对版权技术措施的法律保护进行了系统规定，该条例明确了技术措施的定义，同时禁止直接规避和间接规避技术措施的行为，并列举了四项例外情形，即学校课堂教学和科研例外、为视障者提供作品例外、执行公务例外、计算机安全性能测试例外。2020 年 11 月 11 日通过的《著作权法》第三次修正案以《信息网络传播权保护条例》相关规定为蓝本，将技术措施的保护从信息网络领域延伸至一般领域，并且增设了加密研究和计算机软件反向工程研究例外。通过上述梳理可知，我国现行立法对版权技术措施的保护十分严格，不仅给予间接保护，也给予直接保护，在直接保护中，同时保护"接触控制措施"和"版权保护措施"，例外规定亦非常有限。从比较法的角度看，我国对版权技术措施的法律保护超越了网络条约的规定，也超过了美国 *DMCA* 的保护水平，与欧盟的强保护十分接近。不可否认，这一立法模式在强化版权保护方面发挥了十分重要的作用，但也对公众接触、使用作品的权利和自由造成了十分不利的影响。诚然，在网络盗版日益泛滥的当下，对版权技术措施给予一定的保护具有现实的必要性和正当性，然而，版权保护并非版权法的唯一目的，促进文化的传播与繁荣才是最终的目标，过强的版权技术措施保护制度会极大地侵蚀合理使用、法定许可使用的空间，与版权法的政策目标不符，也与作品使用者权观念相悖。再者，我国立法将直接规避技术措施尤其是版权保护措施的行为确定为独立的版权侵权行为缺乏法理上的支撑。因为侵犯著作权的行为应当是非法利用作品的行为①，如果行为人规避版权技术措施后实施了非法复制、传播等侵权行为，构成侵犯版权自无异议，但将同一行为人的规避行为与后续的作品利用行为割裂开来，单独认定规避技术措施的行为为侵犯版权行为，在逻辑上是行不通的。从实践的角度看，也可能导致版权人权利无限扩大的风险。超出国际公约的要求给予版权技术措施更高水平的保护，对于我国的国际竞争也可能造成不利影响。

---

① 李琛：《论知识产权法的体系化》，北京大学出版社 2005 年版，第 96 页。

二 完善建议

考虑到绝大多数普通民众不具备规避技术措施的能力，极少数人的自行规避行为对版权人的利益影响甚微，也难以追究，同时考虑到版权人通过技术措施保护自身版权的正当利益和现实需要，建议在我国今后的版权立法完善过程中，对技术措施以间接保护为主，即主要规制提供规避技术措施的设备或服务的行为，并可以对提供者规定更为严厉的法律责任甚至包括刑事责任，但应将责任限制在向"公众"而不是向特定的个人提供规避设备或服务的行为，以避免反规避立法的适用范围过广。同时，该特定的个人应当向设备或服务提供者出具一份声明，包含其姓名、地址，并保证仅用于法律允许的用途，一旦该特定的个人规避技术措施后实施了侵犯版权的行为，可以便于版权人提起诉讼。

对于直接规避技术措施的行为也应区别对待，不再单独禁止规避"版权保护措施"的行为，仅需依据著作权法的一般侵权规则追究规避"版权保护措施"之后的非法利用作品行为，因为规避行为只是侵犯版权行为过程的一个组成部分，当然，如果规避行为和作品非法利用行为分别由两个主体实施，一定情况下可以认定为共同侵权。原则禁止规避"接触控制措施"行为，同时规定为了对作品进行合理使用而对"接触控制措施"的直接规避行为属于例外情形，不构成侵权。

第三节 限制版权合同的法律效力

版权合同与版权法的冲突是普遍存在的，在我国版权实践中亦不例外，既包括开发商利用优势地位通过版权开发合同限制作者获得合理报酬的权利，如2020年5月我国发生的阅文集团旗下起点中文网签约作家集体"断更"事件，就是作者阶层针对版权利益长期分配不均的一次集中爆发与抗争；也包括版权人利用版权格式合同限制甚至取消作品使用者合理使用作品的权利、对作品副本的财产权，以及延长版权保护期限、增加权利内容等，如许多网络游戏经营者就在"最终用户许可协议"中要求用户不得开发兼容性软件，而这原本属于用户基于版权法可以实施的行为，版权人单方面谋求"准版权"或"超版权"保护的做法损害了用户的合法权益，实际上架空了版权法规则，以致有学者发出"版权已死"的感叹。

我国《著作权法》关于版权合同的规定非常简单，仅在第三章第二十六条和第二十七条规定了著作权许可使用合同和著作权转让合同的内容，至于版权合同与版权限制和例外之间的冲突如何解决，现行立法并无涉及。一种观点认为，应当尊重合同当事人的意思自治，承认相关合同条款的法律效力，积极干预可能损害自由竞争市场的自我矫正能力。在司法实践中，有法院对创设新兴权利的版权格式合同条款的效力给予了确认。① 也有学者认为，网络环境下版权格式合同对版权限制和例外的反限制违反了版权法的规定，不当扩张了版权人的权利范围，应当将其置于合同法范畴之内进行规制，依据版权法的规范和原则对其合法性进行审查。② 还有学者认为，在许多版权交易中，当事人一方尤其是作品使用者无法有效行使自由选择权，公权力对私人合同的介入十分必要，但是，单纯依靠合同法规则难以解决版权合同与版权法之间的冲突，需要发展一套新的版权法授权体系规制违反版权限制的不当条款，实现版权法的价值目标③。

基于作品使用者权观念，版权限制和例外关乎版权制度宗旨和

---

① 参见北京市海淀区人民法院〔2017〕京 0108 民初 23743 号民事判决书。

② 贾引狮、林秀芹：《互联网环境下版权许可格式合同的兴起与应对》，《大连理工大学学报》（社会科学版）2019 年第 6 期。

③ 杨斌、刘智鹏：《论网络授权合同与著作权限制的冲突与协调》，《湖北社会科学》2012 年第 5 期。

社会公众合法利益，应当得到尊重并保障其实现。因此，可以在《著作权法》中明确规定，对版权限制和例外实施限制的格式合同条款应被认定为无效。经过协商的版权合同条款限制或取消强制性版权限制和例外的，该条款亦为无效。当然，如何确定强制性版权限制和例外的范围或情形还需要学界进一步探讨，本书的观点是，涉及言论自由、文化参与和接受教育等宪法性权利（如个人使用、教育使用等）以及关乎公共利益（如图书馆使用、残疾人使用）的版权限制和例外不能被合同剥夺，其他的限制和例外则允许作品使用者在协商的基础上基于其自由意愿而放弃。此外，为防患于未然，还可以建立版权格式合同的公共审查制度，由版权主管部门对版权格式合同尤其是限制作品使用者权的条款进行查核，告知版权人相关条款无效及理由，并指导其制定规范、合法的版权合同。①

第四节　避风港规则的完善

避风港规则实施过程中，网络服务提供商对网络用户上传的涉嫌侵权作品的事先过滤以及依据"通知—删除"规则对上传作品的屏蔽或移除等版权在线执法，在有效保护版权人合法权益的同时，也可能因为错误过滤或错误删除从而直接影响到网络用户合法使用版权作品的权利。如何平衡版权保护和用户权利之间的关系，在世界范围内存在着不同的认识，也形成了不同的法律规则。2019年通过的《欧盟数字化单一市场版权指令》对在线内容分享平台提出实质性版权内容过滤义务要求，引发了广泛的争议。基于作品使用者权观念，我国《著作权法》避风港规则应从以下两个方面进行应对。

---

① 杨涛、张钦坤：《版权网络授权合同的扩张及其应对》，《出版发行研究》2016年第6期。

一 暂缓引入过滤条款

我国现行立法包括《著作权法》和《信息网络传播权保护条例》均未规定网络服务提供者的版权内容过滤义务，《最高人民法院关于审理侵害信息网络传播权民事纠纷案件适用法律若干问题的规定》第八条则明确否定了网络服务提供者一般意义上的审查义务。① 面对不断增加的网络版权侵权以及避风港规则的应对不足，学者们从技术可行性、交易成本理论、利益平衡需求等方面对网络服务提供者版权内容过滤义务的正当性进行了论证。② 实践中，有关国家机关对于版权内容过滤措施已经表现出一定的接纳态度③，个别司法判例也暗示网络服务商负有内容过滤义务④。目前，我国支持增设网络服务商过滤义务条款的呼声颇高，当然，最近通过的《著作权法修正案》对此并未予支持。修正案的这一立场需要继续坚持，事实上，虽然欧盟版权指令实质上确立了内容共享平台版权内容过滤义务，但学术界对作为过滤义务正当性基础的"价值差"（Value gap）是否实际存在争议颇大，关于过滤义务如何实施也有着重大分歧。过滤义务的实施对平台经营自由和创新的长期影响如何还有待观察，尤其是现有的过滤技术本身无法识别合法使用，其普遍实施可能造成过度屏蔽，从而妨碍用户的言论自由和使用作品的权利。在此情况下，我国不宜仓促效仿欧盟，贸然引入过滤义务条款，而应静观其效，视情况做出选择。况且，司法实务中一些法院在适用避风港

---

① 第八条第二款规定："网络服务提供者未对网络用户侵害信息网络传播权的行为主动进行审查的，人民法院不应据此认定其具有过错。"

② 参见崔国斌《论网络服务商版权内容过滤义务》，《中国法学》2017 年第 2 期；马勇、张荣霞《版权保护中网络服务商承担事先审查义务的理论分析》，《中国出版》2018 年第 21 期。

③ 国家版权局于 2015 年发布的《关于规范网盘服务版权秩序的通知》第二条规定："网盘服务商应当建立必要管理机制，运用有效技术措施，主动屏蔽、移除侵权作品，防止用户违法上传、存储并分享他人作品。"

④ 参见上海市浦东新区人民法院〔2010〕浦民三（知）初字第 789 号民事判决书。

规则时通过加大网络服务提供者的注意义务，也有效平衡了网络服务提供者和版权人之间的利益关系。

二 在避风港规则适用过程中重视对作品使用者权的保护

国内一些大型平台如腾讯、百度为了应对打击盗版的压力，也为了避免可能承担的侵权风险，早在数年前就已经建立内容过滤系统。然而，一些平台使用的过滤算法非常不合理，将匹配阈值降得很低，极有可能导致错误屏蔽。[1] 另外，实践中权利人滥用"通知—删除"规则损害网络平台利益和作品使用者权的情况也时有发生。[2] 为此，需要充分重视对作品使用者权的保护与救济。

（一）建立版权公有领域数据库

为防止平台错误过滤和屏蔽用户上传的处于公有领域的作品，遏制虚假的版权主张，可以考虑由政府牵头组织建立版权公有领域数据库。该数据库应当完全透明，并不断更新，可以为所有人查询，并为全体网络服务提供者采信。任何过滤和屏蔽必须与该数据库进行匹配和比对，对处于公有领域作品的上传不得阻止与删除，这既是对权利人的要求，也是对网络服务提供者的要求。网络服务提供者未按照上述要求进行数据匹配导致错误屏蔽或删除上传内容的，不能享受对网络用户的责任豁免。

（二）反通知制度的完善

考虑到版权主张和删除要求存在错误的可能，我国《信息网络传播权保护条例》第十五条借鉴美国避风港规则引入了反通知规则，即用户认为其提供的作品等未侵犯他人权利的，可以向网络服务提

---

① 万勇：《人工智能时代的版权法通知—移除制度》，《中外法学》2019 年第 5 期。

② 司晓、范露琼：《知识产权领域"通知—删除"规则滥用的法律规制》，《电子知识产权》2015 年第 1 期。

供者提交书面说明，要求恢复被删除的作品或其链接；网络服务提供者接到通知后，应当立即恢复被删除的作品。然而，由于成本高昂，用户维权的动力不足，该项制度在实践中运行的效果并不理想。[①] 为更好地保护用户权利，我们可以部分借鉴加拿大版权法中的"通知—通知"机制。具体而言，对于上传作品与参考作品完全匹配，或者上传作品中包含了参考作品的部分内容而无其他内容的，则沿用原先的"通知—删除—反通知"规则。对于并非完全匹配的情形，为防止错误删除侵害用户的合法使用权，网络服务提供者在收到删除通知后，应当立即告知用户而非"删除"作品，并为用户预留 24—48 小时的异议期，以通俗易懂的语言告知其上传可能构成合理使用或属于其他的限制和例外。如果用户没有异议，则删除上传作品，用户保留申诉权利；如果用户有异议，则应依照反通知程序提供相关的材料主张合法使用权，服务提供商组织专业人士进行判定后决定删除或保留。当然，无论是权利人还是用户均享有进一步救济的权利。"通知—通知"机制与反通知机制的结合，既照顾了对权利人进行及时保护的需要，也为用户尤其是创造性用户合法使用作品提供了预防性保障。

（三）滥用权利的救济与制裁

我国《信息网络传播权保护条例》第二十四条和《最高人民法院关于审理涉及计算机网络著作权纠纷案件适用法律若干问题的解释》第八条均规定，著作权人指控侵权不实导致网络服务提供者错误删除作品等给服务对象造成损失的，权利人应当承担赔偿责任。这些规定对于版权用户具有积极意义，但没有为版权人"善意"的指控设置责任豁免，不利于权利人善意主张权利，应予调整。[②] 该规

---

① 孙那：《避风港制度中反通知机制的完善——以 UGC 内容为分析视角》，《私法》2019 年第 2 期。

② 熊文聪：《避风港中的通知与反通知规则——中美比较研究》，《比较法研究》2014年第 4 期。

定限定了"造成损失"的适用条件，当用户无法证明其实际损失时，则难以认定版权人构成滥用"通知—删除"程序，不利于遭受侵害的用户获得充分救济。① 应当明确损失不仅包括实际的物质损害，作品被错误删除本身也构成损失。对于权利人善意主张权利而导致错误删除、屏蔽用户的上传内容的，应当恢复上传，但免于赔偿。对于非善意的不实指控造成误删或屏蔽的，在恢复上传内容的同时，应当给予赔偿；其中恶意对公有领域的材料和自己不享有著作权的作品主张权利的行为不仅损害了用户权利和言论自由，也侵蚀了对文化繁荣至关重要的公有领域，损害了公共利益，还可以考虑给予行政处罚。美国《版权法》第 506 条第（C）款对欺诈性版权标记的处罚规定值得借鉴。② 我国 2020 年 4 月公布的《著作权法修正案（草案）》一次审议稿曾明确禁止著作权滥用并规定了行政处罚，也是考虑到了这一点；虽然相关条文因为各种原因最终被删除，但制裁恶意主张版权的欺诈行为实有必要。

---

① 阮开欣：《网络版权法下滥用"通知与移除"程序的规制——兼评美国"跳舞婴儿"案》，《中国版权》2015 年第 6 期。
② 郭德忠：《论版权滥用的法律规制——以禁止版权滥用原则为视角》，《科技与出版》2020 年第 11 期。

参考文献

一 中文著作

曹新明：《促进我国知识产权产业化制度研究》，知识产权出版社 2012 年版。

冯晓青：《知识产权法利益平衡理论》，中国政法大学出版社 2006 年版。

冯晓青：《知识产权法哲学》，中国人民公安大学出版社 2003 年版。

胡开忠编著：《知识产权法比较研究》，中国人民公安大学出版社 2004 年版。

黄海峰：《知识产权的话语与现实——版权、专利与商标史论》，华中科技大学出版社 2011 年版。

黄汇：《版权法上的公共领域研究》，法律出版社 2014 年版。

李琛：《论知识产权法的体系化》，北京大学出版社 2005 年版。

李明德：《知识产权法》，法律出版社 2008 年版。

李明德等：《欧盟知识产权法》，法律出版社 2010 年版。

李杨：《著作权法个人使用问题研究——以数字环境为中心》，社会科学文献出版社 2014 年版。

李雨峰：《著作权的宪法之维》，法律出版社 2012 年版。

李宗辉：《历史视野下的知识产权制度》，知识产权出版社 2015 年版。

梅术文：《网络知识产权法：制度体系与原理规范》，知识产权出版社 2016 年版。

宁立志主编：《知识产权法（第二版)》，武汉大学出版社 2011 年版。

宋慧献：《版权保护与表达自由》，知识产权出版社 2011 年版。

王洪友：《版权制度异化研究》，知识产权出版社 2018 年版。

王迁：《网络环境中的著作权保护研究》，法律出版社 2011 年版。

王迁：《知识产权法教程（第五版)》，中国人民大学出版社 2016 年版。

王迁：《中欧网络版权保护比较研究》，法律出版社 2008 年版。

韦景竹：《版权制度中的公共利益研究》，中山大学出版社 2011 年版。

吴汉东：《无形财产权基本问题研究（第三版）》，中国人民大学出版社 2013 年版。

吴汉东：《知识产权多维度学理解读》，中国人民大学出版社 2015 年版。

吴汉东等：《知识产权制度变革与发展研究》，经济科学出版社 2013 年版。

吴汉东：《知识产权法（第三版)》，中国人民大学出版社 2013 年版。

吴汉东：《著作权合理使用制度研究》，中国政法大学出版社 2005 年版。

吴汉东等：《知识产权基本问题研究》，中国人民大学出版社 2005 年版。

吴伟光：《数字技术环境下的版权法危机与对策》，知识产权出版社 2008 年版。

熊琦：《著作权激励机制的法律构造》，中国人民大学出版社 2011 年版。

易健雄：《技术发展与版权扩张》，法律出版社 2009 年版。

于玉：《著作权合理使用制度研究——应对数字网络环境挑战》，知识产权出版社 2012 年版。

郑成思：《知识产权论》，社会科学文献出版社2007年版。

郑重：《数字版权法视野下的个人使用问题研究》，中国法制出版社2013年版。

周叶中主编：《宪法（第二版)》，高等教育出版社2005年版。

朱理：《著作权的边界——信息社会著作权的限制与例外研究》，北京大学出版社2011年版。

二 中文译著

[美] E. 博登海默：《法理学：法哲学与法律方法》，邓正来译，中国政法大学出版社2004年版。

[印] 阿马蒂亚·森：《正义的理念》，王磊、李航译，中国人民大学出版社2012年版。

[美] 保罗·戈斯汀：《著作权之道：从古登堡到数字点播机》，金海军译，北京大学出版社2008年版。

[澳] 彼得·达沃豪斯、约翰·布雷斯韦特：《信息封建主义》，刘雪涛译，知识产权出版社2005年版。

[澳] 彼得·达沃豪斯：《知识的全球化管理》，邵科、张南译，知识产权出版社2013年版。

[澳] 彼得·德霍斯：《知识财产法哲学》，周林译，商务印书馆2017年版。

[澳] 布拉德·谢尔曼、[英] 莱昂内尔·本特利：《现代知识产权法的演进：英国的历程（1760—1911)》，金海军译，北京大学出版社2012年版。

[美] 劳伦斯·莱斯格：《代码2.0：网络空间中的法律》，李旭、沈伟伟译，清华大学出版社2009年版。

[美] 劳伦斯·莱斯格：《免费文化：创意产业的未来》，王师译，中信出版社2009年版。

[美] 劳伦斯·莱斯格：《思想的未来：网络时代公共知识领域的警世喻言》，李旭译，中信出版社2004年版。

［德］M. 雷炳德：《著作权法》，张恩民译，法律出版社 2005 年版。

［美］理查德·波斯纳：《论剽窃》，沈明译，北京大学出版社 2010 年版。

［美］莱曼·雷·帕特森、斯坦利·W. 林德伯格：《版权的本质：保护使用者权利的法律》，郑重译，法律出版社 2015 年版。

［美］罗伯特·考特、托马斯·尤伦：《法和经济学（第六版）》，史晋川等译，格致出版社、上海三联出版社、上海人民出版社 2012 年版。

［美］约翰·罗尔斯：《正义论》，何怀宏等译，中国社会科学出版社 1988 年版。

［法］罗杰·夏蒂埃：《书籍的秩序：14 至 18 世纪的书写文化与社会》，吴泓缈、张璐译，商务印书馆 2013 年版。

［美］迈克尔·A. 艾因霍恩：《媒体、技术和版权：经济与法律的融合》，赵启杉译，北京大学出版社 2012 年版。

［加］迈克尔·盖斯特主编：《为了公共利益——加拿大版权法的未来》，李静译，知识产权出版社 2008 年版。

［日］田村善之编：《日本现代知识产权法理论》，李扬等译，法律出版社 2010 年版。

［日］田村善之：《日本知识产权法（第 4 版）》，周超等译，知识产权出版社 2011 年版。

［美］威廉·M. 兰德斯、理查德·A. 波斯纳：《知识产权法的经济结构》，金海军译，北京大学出版社 2016 年版。

［美］谢尔登·W. 哈尔彭等：《美国知识产权法原理》，宋慧献译，商务印书馆 2013 年版。

［日］中山信弘：《多媒体与著作权》，张玉瑞译，专利文献出版社 1997 年版。

三　中文论文

曹新明：《知识产权法哲学理论反思——以重构知识产权制度为视

角》，《法制与社会发展》2004 年第 6 期。

曹阳：《论公有领域——以知识产权与公有领域关系为视角》，《苏州大学学报》（哲学社会科学版）2011 年第 3 期。

陈琛：《信息产品使用者权利研究：论信息记录支配权之确立——兼谈虚拟财产保护"物权"说的理论缺陷》，《河北法学》2016 年第 12 期。

丁婧文：《论我国〈著作权法〉合理规避制度的完善》，《北方法学》2021 年第 4 期。

丁丽：《版权制度的诞生：从古登堡印刷术到安娜女王法》，《编辑之友》2016 年第 7 期。

丁宇峰、赵俊岭：《著作权经济范式的修正——由作品共享机制切入》，《经济问题》2021 年第 7 期。

董炳和：《合理使用：著作权的例外还是使用者的权利》，《法商研究（原中南政法学院学报）》1998 年第 3 期。

董慧娟：《公共领域理论：版权法回归生态和谐之工具》，《暨南学报》（哲学社会科学版）2013 年第 7 期。

杜娟：《德国〈版权服务提供商法案〉的解读及对我国的借鉴》，《科技与出版》2020 年第 11 期。

冯晓青、刘淑华：《试论知识产权的私权属性及其公权化趋向》，《中国法学》2004 年第 1 期。

冯晓青、周贺微：《公共领域视野下知识产权制度之正当性》，《现代法学》2019 年第 3 期。

冯晓青：《论知识产权的若干限制》，《中国人民大学学报》2004 年第 1 期。

冯晓青：《论知识产权法与竞争法在促进有效竞争方面的平衡与协调》，《河北法学》2008 年第 7 期。

冯晓青：《知识产权法的公共领域理论》，《知识产权》2007 年第 3 期。

冯晓青：《知识产权法目的与利益平衡关系的实证分析——以美国

〈宪法〉知识产权条款为例》，《北京科技大学学报》（社会科学版）2008 年第 3 期。

冯心明、丘云卿：《现代著作权法公共领域的危机和出路》，《华南师范大学学报》（社会科学版）2011 年第 4 期。

何炼红：《论算法时代网络著作权侵权中的通知规则》，《法商研究》2021 年第 4 期。

何鹏：《漫谈知识产权的权利边界：缺乏目的性变形的使用权能》，《知识产权》2018 年第 6 期。

和育东：《从权利到功利：知识产权扩张的逻辑转换》，《知识产权》2014 年第 5 期。

胡超：《国际法视野下的著作权个人使用例外》，《知识产权》2016 年第 9 期。

胡光志、雷云：《版权、表达自由与市民社会》，《法学评论》2008 年第 2 期。

胡开忠、赵加兵：《英国版权例外制度的最新修订及启示》，《知识产权》2014 年第 8 期。

胡开忠：《知识产权法中公有领域的保护》，《法学》2008 年第 8 期。

胡开忠：《著作权限制与反限制的法哲学基础研究》，《法商研究（原中南政法学院学报）》1996 年第 1 期。

华劼：《共享经济视域下重混创作版权法律制度的构建》，《南京社会科学》2018 年第 9 期。

黄玉烨、何蓉：《数字环境下首次销售原则的适用困境与出路》，《浙江大学学报》（人文社会科学版）2018 年第 6 期。

黄玉烨：《知识产权与其他人权的冲突及其协调》，《法商研究》2005 年第 5 期。

黄玉烨：《著作权合理使用具体情形立法完善之探讨》，《法商研究》2012 年第 4 期。

贾引狮、林秀芹：《互联网环境下版权许可格式合同的兴起与应对》，《大连理工大学学报》（社会科学版）2019 年第 6 期。

金利锋、许海英：《论著作权法的三元权利构建模式——使用者权初论》，《大连民族学院学报》2015 年第 2 期。

乐俊刚：《数字版权管理与版权合理使用的冲突与化解》，《中国出版》2013 年第 10 期。

李军：《视障者影视作品获取权研究进展及改进策略》，《残疾人研究》2020 年第 3 期。

李晓阳：《重塑技术措施的保护——从技术措施保护的分类谈起》，《知识产权》2019 年第 2 期。

李杨、任蓉：《著作权法"个人使用"的价值考察》，《湖北社会科学》2013 年第 1 期。

李杨：《从"复制"到"传播"：著作财产权的权利基础审视》，《中国出版》2012 年第 12 期。

李杨：《个人使用利益平衡问题的欧盟阐释进路及启示》，《苏州大学学报》（哲学社会科学版）2015 年第 4 期。

李雨峰：《版权法上公共领域的概念》，《知识产权》2007 年第 5 期。

李雨峰：《版权扩张：一种合法性的反思》，《现代法学》2001 年第 5 期。

李雨峰：《表达自由与合理使用制度》，《电子知识产权》2006 年第 5 期。

李云：《电子书版权保护与最终用户利益的平衡——对亚马逊删除电子书事件的思考》，《图书馆建设》2011 年第 11 期。

梁祺琳、梁伟：《论网络环境下作品使用者的权利侵害——以禁止规避技术措施为视角》，《科技与出版》2017 年第 10 期。

梁志文：《论版权法改革的方向与原则》，《法学》2017 年第 12 期。

梁志文：《论版权法上使用者利益的保护》，《法律科学（西北政法大学学报)》2013 年第 6 期。

林秀芹、刘文献：《作者中心主义及其合法性危机——基于作者权体系的哲学考察》，《云南师范大学学报》（哲学社会科学版）2015 年第 2 期。

刘昂：《守成与补正：版权侵权举证责任转移规则构建》，《中国出版》2021 年第 14 期。

刘华、黄金池：《我国知识产权文化政策的优化及其逻辑——基于消费者立场的考量》，《大连理工大学学报》（社会科学版）2018 年第 6 期。

刘建：《论版权法中的接触权原则》，《中国出版》2017 年第 17 期。

刘京华、张华荣：《知识产权保护驱动版权产业发展的实证研究》，《东南学术》2020 年第 6 期。

刘小砚：《智能时代数字版权合理使用的司法扩张适用》，《出版发行研究》2021 年第 7 期。

刘银良：《著作权兜底条款的是非与选择》，《法学》2019 年第 11 期。

刘银良：《著作权法中的公众使用权》，《中国社会科学》2020 年第 10 期。

刘颖：《版权法上技术措施的范围》，《法学评论》2017 年第 3 期。

陆幸福：《权利话语的批判与反批判——围绕批判法学展开》，《法制与社会发展》2014 年第 4 期。

吕炳斌：《数字时代版权保护理念的重构——从以复制权为中心到以传播权为中心》，《北方法学》2007 年第 6 期。

马利：《版权技术措施的反思与完善——以"使用者权"为研究视角》，《郑州大学学报》（哲学社会科学版）2012 年第 2 期。

马治国、王渊：《现代知识产权法律制度目的之反思》，《华中科技大学学报》（社会科学版）2008 年第 6 期。

马治国、赵龙：《价值冲突：公共领域理论的式微与著作权扩张保护的限度》，《山东社会科学》2020 年第 10 期。

梅术文：《DRM 著作权许可中的消费者利益保护》，《南京理工大学学报》（社会科学版）2015 年第 1 期。

梅术文：《从消费性使用视角看"微博转发"中的著作权限制》，《法学》2015 年第 12 期。

梅术文：《论技术措施版权保护中的使用者权》，《知识产权》2015

年第 1 期。

梅术文：《消费者运动与数字著作权法的完善》，《法学》2013 年第 8 期。

梅术文：《著作权期限的延长与消费者利益保护》，《现代经济探讨》2013 年第 8 期。

米竞：《对网络时代版权过度保护的制度性反思——以 DRM 技术为例》，《河南工业大学学报》（社会科学版）2018 年第 5 期。

倪受春：《数字版权管理技术下的用户权利保护》，《电信科学》2008 年第 3 期。

彭桂兵：《网络转载许可制度研究：版权生态学与法哲学的视角》，《南京社会科学》2016 年第 6 期。

彭学龙：《"复制"版权之反思与重构》，《知识产权》2005 年第 2 期。

彭学龙：《公共产品与版权保护》，《中南财经政法大学学报》2006 年第 5 期。

彭学龙：《技术发展与法律变迁中的复制权》，《科技与法律》2006 年第 1 期。

彭学龙：《论著作权语境下的获取权》，《法商研究》2010 年第 4 期。

彭学龙：《知识产权：自然权利亦或法定之权》，《电子知识产权》2007 年第 8 期。

乔磊、陈凡：《科技进步与知识产权变迁》，《科学学研究》2011 年第 3 期。

瞿昊晖：《论 3D 打印产品设计图作品的使用者利益——以美国判例为启示》，《中南大学学报》（社会科学版）2015 年第 5 期。

任寰：《论知识产权法的利益平衡原则》，《知识产权》2005 年第 3 期。

邵科：《知识产权公众阵营之后现代主义倾向》，《政法论丛》2014 年第 6 期。

宋慧献、周艳敏：《冲突与平衡：知识产权的人权视野》，《知识产权》2004 年第 5 期。

宋慧献：《版权生态与版权创新初论》，《知识产权》2006 年第 6 期。

苏贵友：《网络时代版权制度的扩张与重构——技术发展视角下的著作权未来》，《出版广角》2014 年第 14 期。

孙昊亮：《表达自由权在版权制度中的实现——以网络戏仿作品版权纠纷为视角》，《社会科学家》2015 年第 12 期。

孙山：《未上升为权利的法益——合理使用的性质界定及立法建议》，《知识产权》2010 年第 3 期。

孙山：《重释知识产权法定原则》，《当代法学》2018 年第 6 期。

孙新强：《论作者权体系的崩溃与重建——以法律现代化为视角》，《清华法学》2014 年第 2 期。

王翀：《论知识产权法对利益冲突的平衡》，《政治与法律》2016 年第 1 期。

王国柱：《作品使用者权的价值回归与制度构建——对"著作权中心主义"的反思》，《东北大学学报》（社会科学版）2013 年第 1 期。

王宏军：《知识产权法定主义与公共利益维护》，《知识产权》2012 年第 5 期。

王烈琦：《知识产权激励论再探讨——从实然命题到应然命题的理论重构》，《知识产权》2016 年第 2 期。

王迁：《技术措施保护与合理使用的冲突及法律对策》，《法学》2017 年第 11 期。

王迁：《论版权法对滥用技术措施行为的规制》，《现代法学》2018 年第 4 期。

王清、杨萍：《印度版权法教育使用例外制度：立法规范与司法审查的借鉴价值》，《出版科学》2018 年第 3 期。

王太平、杨峰：《知识产权法中的公共领域》，《法学研究》2008 年第 1 期。

王新华、梁伟栋：《知识产权法律保护的经济学分析——以利益平衡观为视角》，《江西社会科学》2011 年第 6 期。

王翼泽：《版权许可格式合同扩大版权人权利范围的应对》，《中国
出版》2020 年第 8 期。

王英：《网络知识产权正当性问题研究——以激励论和利益平衡论为
视角》，《情报理论与实践》2010 年第 11 期。

闻媛、付丛笑：《关于〈著作权法〉的经济学考量——以音乐产品
为例》，《电子知识产权》2020 年第 2 期。

巫慧：《软法与硬法协同治理下的图书馆使用者权保障研究》，《图
书馆研究》2020 年第 3 期。

吴汉东：《试论知识产权限制的法理基础》，《法学杂志》2012 年第
6 期。

吴汉东：《网络版权的技术革命、产业变革与制度创新》，《中国版
权》2016 年第 6 期。

吴汉东：《知识产权的多元属性及研究范式》，《中国社会科学》
2011 年第 5 期。

吴汉东：《知识产权法价值的中国语境解读》，《中国法学》2013 年
第 4 期。

吴汉东：《知识产权领域的表达自由：保护与规制》，《现代法学》
2016 年第 3 期。

吴汉东：《知识产权领域的表达自由：保护与规制》，《现代法学》
2016 年第 3 期。

吴汉东：《中国知识产权法律变迁的基本面向》，《中国社会科学》
2018 年第 8 期。

向波：《知识产权正当性之批判解读——以利益冲突为基本视角》，
《法学杂志》2015 年第 8 期。

肖尤丹：《建构和谐网络著作权生态的制度路径》，《电子知识产权》
2009 年第 4 期。

谢惠加：《版权作品消费者的权益保护》，《知识产权》2014 年第
10 期。

谢晓尧、吴楚敏：《转换的范式：反思知识产权理论》，《知识产权》

2016 年第 7 期。

信春鹰：《异军突起的美国批判法学派》，《法学研究》1987 年第
1 期。

熊琦：《论"接触权"——著作财产权类型化的不足与克服》，《法
律科学（西北政法大学学报)》2008 年第 5 期。

熊琦：《中国著作权法立法论与解释论》，《知识产权》2019 年第
4 期。

熊琦：《中国著作权立法中的制度创新》，《中国社会科学》2018 年
第 7 期。

熊琦：《著作权的法经济分析范式——兼评知识产权利益平衡理论》，
《法制与社会发展》2011 年第 4 期。

熊琦：《著作权法定与自由的悖论调和》，《政法论坛》2017 年第
3 期。

熊琦：《著作权合理使用司法认定标准释疑》，《法学》2018 年第
1 期。

熊琦：《著作权转换性使用的本土法释义》，《法学家》2019 年第
2 期。

徐瑄、吴雨辉：《论版权立法的对价技艺》，《知识产权》2013 年第
10 期。

徐瑄：《知识产权的正当性——论知识产权法中的对价与衡平》，
《中国社会科学》2003 年第 4 期。

徐瑄：《知识产权对价论的理论框架——知识产权法为人类共同知识
活动激励机制提供激励条件》，《南京大学法律评论》2009 年第
1 期。

严永和、甘雪玲：《知识产权法公共利益原则的历史传统与当代命
运》，《知识产权》2012 年第 9 期。

杨利华：《从应然权利到实然权利：文化权利的著作权法保障机制研
究》，《比较法研究》2021 年第 4 期。

杨利华：《公共领域视野下著作权法价值构造研究》，《法学评论》

2021 年第 4 期。

姚鹤徽：《交易成本和价格歧视理论在著作权合理使用中的定位与适用》，《知识产权》2012 年第 3 期。

张今、宁静：《技术变迁中的个人使用》，《电子知识产权》2008 年第 1 期。

周晓冰：《接触权的性质及行使条件研究》，《电子知识产权》2014 年第 3 期。

朱理：《合理使用的法律属性——使用者的权利、著作权的限制还是其他》，《电子知识产权》2010 年第 3 期。

四　外文专著

Craig C. J. , *Copyright, Communication and Culture：Towards a Relational Theory of Copyright law*, Cheltenham：Edward Elgar Publishing Limited, 2011.

David Vaver, *Copyright Law*, Toronto：Irwin Law, 2000.

Drassinower Abraham, *What's Wrong with Copying?*, Cambridge：Harvard University Press, 2015.

Haggart B. , *Copyright：The Global Politics of Digital Copyright Reform*, Toronto：University of Toronto Press, 2014.

Henry Jenkins, *Confronting the Challenges of Participatory Culture：Media Education for the 21st Century*, Cambridge：MIT Press, 2009.

Hugh Breakey, *Intellectual Liberty：Natural Rights and Intellectual Property*, New York：Routledge, 2016.

Jessica Litman, *Digital Copyright*, New York：Prometheus Books, 2001.

Jessica Reyman, *The Rhetotic of Intellectual Property：Copyright Lawand the Regulation of Digital Culture*, New York：Routledge, 2010.

L. Ray Patterson, Stanley W. Lindberg, *The Nature of Copyright：A Law of Users' Rights*, Georgia：University of Georgia Press, 1991.

Merges R. P. , *Justifying Intellectual Property*, Cambridge：Harvard University Press，2011.

Michael Geist，*The Copyright Pentalogy：How the Supreme Court of Canada Shook the Foundations of Canadian Copyright Law*，Ottawa：University of Ottawa Press，2013.

Niva Elkin - Koren ed.，*The Commodification of Information*，California：Aspen Publishers，Inc.，2002.

Pascale Chapdelaine，*Copyright User Rights：Contracts and the Erosion of Property*，Oxford：Oxford University Press，2017.

Robert P. Merges ed.，*Intellectual Property in the New Technological Age (Sixth Edition)*，New York：Wolters Kluwer Law & Business，2012.

Roberta Rosenthal Kwall，*The Soul of Creativity：Forging A Moral Rights Law for the United States*，Stanford：Stanford University Press，2010.

Ruth L. Okediji，*Copyright Law in An Age of Limitations and Exceptions*，New York：Cambridge University Press，2017.

Stokes S.，*Digital Copyright：Law and Practice (Second Edition)*，Oxford：Hart Publishing，2007.

五 外文论文

Abraham Drassinower，"From Distribution to Dialogue：Remarks on the Concept of Balance in Copyright Law"，*The Journal of Corporation Law*，Vol. 34，No. 4，2009.

Amy Kaufman，"A Different Question of Open Access：Is There a Public Access Right to Academic Libraries in the United States and Canada"，*Law Library Journal*，Vol. 103，No. 3，2011.

Amy Lai，"The Natural Right to Parody：Assessing the (Potential) Parody/Satire Dichotomies in American and Canadian Copyright Laws"，*Windsor Yearbook of Access to Justice*，Vol. 35，No. 1，2018.

Bob Tarantino，"Calvinball：Users' Rights，Public Choice Theory and Rules Mutable Games"，*Windsor Yearbook of Access to Justice*，

Vol. 35, No. 1, 2018.

Burton Ong, "Fissures in the Facade of Fair – Dealing: Users' Rights in Works Protected by Copyright", *Singapore Journal of Legal Studies*, Vol. 14, No. 1, 2004.

Carys J. Craig, "Globalizing User Rights – Talk: On Copyright Limits and Rhetorical Risk", *American University International Law Review*, Vol. 33, No. 1, 2017.

Chapdelaine P., "The Ambivalent Nature of Copyright Users' Rights", *Intellectual Property Journal*, Vol. 26, No. 1, 2013.

Darren Hudson Hick, "Mystery and Misdirection: Some Problems of Fair Use and Users' Rights", *Journal of the Copyright Society of the USA*, Vol. 56, No. 2 – 3, 2009.

David Vaver, "Copyright and the Internet: From Owner Rights and User Duties to User Rights and Owner Duties", *Case Western Reserve Law Review*, Vol. 57, No. 4, 2007.

David Vaver, "Copyright Defenses as User Rights", *Journal of the Copyright Society of the USA*, Vol. 60, No. 4, 2013.

Derek Khanna, "Reflection on the House Republican Study Committee Copyright Report", *Cardozo Arts & Entertainment Law Journal*, Vol. 32, No. 6, 2013.

Diaz A. S., "Fair Use & Mass Digitization: The Future of Copy – Dependent Technologies after Authors Guild v. HathiTrust", *Berkeley Technology Law Journal*, Vol. 28, No. 1, 2013.

Elena Izyumenko, "The Freedom of Expression Contours of Copyright in the Digital Era: A European Perspective", *The Journal of World Intellectual Property*, Vol. 19, No. 3 – 4, 2016.

Estelle Derclaye and Marcella Favale, "Copyright and Contract Law: Regulating User Contracts: The State of the Art and a Research Agenda", *Journal of Intellectual Property Law*, Vol. 18, No. 1, 2010.

Ezieddin Elmahjub and Nicolas Suzor, "Fair Use and Fairness in Copyright: A Distributive Justice Perspective on Users' Rights", *Monash University Law Review*, Vol. 43, No. 1, 2017.

Ginsburg J. C., "Tale of Two Copyrights: Literary Property in Revolutionary France and America", *Tulane Law Review*, Vol. 64, No. 5, 1990.

Gupta R., "Copyright v. Copyleft: A Feminist Perspective on Marginalization under Copyright Law", *NUJS Law Review*, Vol. 4, No. 1, 2011.

Haochen Sun, "Copyright Law as An Engine of Public Interest Protection", *Northwestern Journal of Technology and Intellectual Property*, Vol. 16, No. 3, 2019.

Igor Slabykh, "Ambiguous Commercial Nature of Use in Fair Use Analysis", *Aipla Quarterly Journal*, Vol. 46, No. 3, 2018.

Jan Bernd Nordemann, "Internet Copyright Infringement: Remedies against Intermediaries – The European Perspective on Host and Access Providers", *Journal of the Copyright Society of the USA*, Vol. 59, No. 4, 2011.

Jane C. Ginsburg, "Authors and Users in Copyright", *Journal of the Copyright Society of the USA*, 1997, Vol. 45, No. 1, 1997.

Jed Rubenfeld, "The Freedom of Imagination: Copyright's Constitutionality", *Yale Law Journal*, Vol. 112, No. 1, 2002.

Jenny Lynn Sheridan, "Copyright's Knowledge Principle", *Vanderbilt Journal of Entertainment & Technology Law*, Vol. 17, No. 1, 2014.

Joseph P. Liu, "Copyright Law's Theory of the Consumer", *Boston College Law Review*, Vol. 44, No. 2, 2003.

Judith Bannister, "Open Government: From Crown Copyright to the Creative Commons and Culture Change", *University of New South Wales Law Journal*, Vol. 34, No. 3, 2011.

Julie E. Cohen, "Creativity and Culture in Copyright Theory", *University of California Davis Law Review*, Vol. 40, No. 3, 2007.

Julie E. Cohen, "DRM and Privacy", *Communications of the ACM*, Vol. 46, No. 4, 2003.

Julie E. Cohen, "The Place of the User in Copyright Law", *Fordham Law Review*, Vol. 74, No. 2, 2005.

Kouletakis J., "No Man Is An Island: A Critical Analysis of the UK's Implementation of the Marrakesh Treaty", *Scripted, A Journal of Law, Technology & Society*, Vol. 17, No. 1, 2020.

Laura N. Gasaway, "The New Access Right and Its Impact on Libraries and Library Users", *Journal of Intellectual Property Law*, Vol. 10, No. 2, 2003.

Litman J., "Readers' Copyright", *Journal of the Copyright Society of the USA*, Vol. 58, No. 2, 2011.

Madison M. J., "Beyond Creativity: Copyright as Knowledge Law", *Vanderbilt Journal of Entertainment & Technology Law*, Vol. 12, No. 4, 2010.

Marcella Favale, "The Right of Access in Digital Copyright: Right of the Owner or Right of the User", *Journal of World Intellectual Property*, Vol. 15, No. 1, 2012.

Molly Shaffer Van Houweling, "Distributive Values in Copyright", *Texas Law Review*, Vol. 83, No. 6, 2005.

Mossoff A., "Saving Locke from Marx: The Labor Theory of Value in Intellectual Property Theory", *Social Philosophy and Policy*, Vol. 29, No. 2, 2012.

Niva Elkin – Koren and Orit Fischman – Afori, "Taking Users' Rights to the Next Level: A Pragmatist Approach to Fair Use", *Cardozo Arts & Entertainment Law Journal*, Vol. 33, No. 1, 2015.

Niva Elkin – Koren, "The New Frontiers of User Rights", *American University of International Law Review*, Vol. 32, No. 1, 2016.

Pamela Samuelson, "Possible Futures of Fair Use", *Washington Law Review*, *Vol.* 90, No. 2, 2015.

Pascale Chapdelaine, "Copyright User Rights and Remedies: An Access to Justice Perspective", *Laws*, Vol. 7, No. 3, 2018.

Paul Edward Geller, "Copyright History and the Future: What's Culture Got to Do with It?", *Journal of the Copyright Society of the USA*, Vol. 47, No. 1, 2000.

Peter S. Menell, "In Search of Copyright's Lost Ark: Interpreting the Right to Distribute in the Internet Age", *Journal of the Copyright Society of the USA*, Vol. 59, No. 2, 2011.

Peter S. Menell, "This American Copyright Life: Reflections on Re – Equilibrating Copyright for the Internet Age", *Journal of the Copyright Society of the USA*, Vol. 61, No. 2, 2014.

Philip Alston, "Conjuring up New Human Rights: A Proposal for Quality Control", *American Journal of International Law*, Vol. 78, No. 3, 1984.

Saleh Al – Sharieh, "Securing the Future of Copyright Users' Rights in Canada", *Windsor Yearbook of Access to Justice*, Vol. 35, No. 1, 2018.

Shyamkrishna Balganesh, "The Obligatory Structure of Copyright Law: Unbundling the Wrong of Copying", *Harvard Law Review*, Vol. 125, No. 7, 2012.

Tao E. J. , "A Picture's Worth: The Future of Copyright Protection of User – Generated Images on Social Media", *Indian Journal of Global Legal Studies*, Vol. 24, No. 2, 2017.

Tatiana Eleni Synodinou, "Lawfulness for Users in European Copyright Law: Acquis and Perspectives", *Journal of Intellectual Property, Information Technology & Electronic Commerce Law*, Vol. 10, No. 1, 2019.

Thomas Heide, "Copyright in the EU and U. S. : What Access – Right",

Journal of the Copyright Society of the USA, Vol. 48, No. 3, 2001.

Tyler T. Ochoa, "Origins and Meanings of the Public Domain", *University of Dayton Law Review*, Vol. 28, No. 2, 2002.

Wendy J. Gordon, "Fair Use as Market Failure: A Structural and Economic Analysis of the Betamax Case and Its Predecessors", *Columbia Law Review*, Vol. 82, No. 8, 1982.

Yahong Li and Weijie Huang, "Taking Users' Rights Seriously: Proposed UGC Solutions for Spurring Creativity in the Internet Age", *Queen Mary Journal of Intellectual Property*, Vol. 9, No. 1, 2019.

六 重要案例

2002, 2 S. C. R. 336, 210 D. L. R. (4th) 385. [Théberge].

Alberta (Education) v. Canadian Copyright Licensing Agency, 2012 S. C. C. 37.

CA 2687/92 Geva v. Walt Disney Inc. 48 (1) PD 251 [1993] (Isr.).

CA 5097/11 Telran Commc'n [1986] Ltd. v. Charlton Ltd., 45 Int'l Rev. Intell. Prop. & Competition L. 233 (Isr. Sept. 2, 2013).

CA 7996/11 Safecom Ltd. v. Raviv (Isr. Nov. 18, 2013).

CA 9183/09 Football Ass'n Premier League Ltd. v. Anonymous (2012) (Isr.).

Cambridge Univ. Press v. Becker (11th Cir. Oct. 17, 2014).

Campbell v. Acuff - Rose Music, Inc., 510 U. S. 569.

Canal et al v S Perquin and Union fédérale des consommateurs Que choisir, CA, Paris, 4 April 2007, Gaz Pal 18/07/2007 No 199, 23.

CC (TA) 1636/08 Football Ass'n Premier League Ltd. v. Anonymous (Sept. 2, 2009) (Isr.).

CCH Canadian v. Law Soc'y of Upper Can., 1 S. C. R.

CJEU, 1 December 2011, case C - 145/10, Painer.

CJEU, 11 September 2014, Case C - 117/13, Ulmer.

CJEU, 27 March 2014, case C −314/12, UPC Telekabel.

CJEU, 3 September 2014, case C −201/13, Deckmyn.

Eldred v. Ashcroft, 537 U. S. 186, 219 −221 〔2003〕.

Harper & Row, Publisher, Inc. v. Nation Enterprises, 471 U. S. 539.

Lenz v. Universal Music Corp. 815 F. 3d 1145, 1153 (9th Cir. 2016).

Michélin v. CAW Canada, 1997, 71 C. P. R. (3d) 348, 2 F. C. 306.

Padawan SL v. Sociedad General de Autores y Editores de Espana (SGAE), Case C −467/08 〔2010〕.

Ranks and Vasiļevičs v. Finanšu un ekonomisko noziegumu izmeklēšanas prokoratūra, Case C −166/15 〔2016〕.

Society of Composers, Authors and Music Publishers of Canada v. Bell Canada et al. , 2012 SCC 36.

Sony Corp. of America v. Universal City Studios, Inc. , 464 U. S. 417, 433 〔1984〕.

SunTrust Bank v. Houghton Mifflin Co. , 268 F. 3d 1257 n. 3 (11th Cir. 2001).

Tekla Corporation & Anr v. Survo Ghosh & Anr. AIR 2014 Del 184.

The Chancellor, Masters & Scholars of University of Oxford & ORS v. Rameshwari Photocopy Services & ORS, RFA (OS) 81/2016.

VCAST Limited v. RTI SpA, Case C −265/16 〔2017〕.